나의
모든 즐거움이

그들에게
있도다

## 나의 모든 즐거움이
## 그들에게 있도다

| | |
|---|---|
| **발행일** | 2024년 1월 4일 |
| **2쇄** | 2025년 8월 31일 |
| 지은이 | 안상혁 |
| 펴낸이 | 김기영 |
| 펴낸곳 | 도서출판 영음사 |
| 주 소 | 서울특별시 강남구 광평로 56길 8-13, 1406호 |
| 전 화 | 02-3412-0901 |
| 팩 스 | 02-3412-1409 |
| 이메일 | biblecomen@daum.net |
| 등소록 | 2008년 4월 21일 제2021-000311호 |

ISBN 978-89-7304-182-4 (03230)

※ 신저작권법에 의하여 보호받는 저작물이므로 무단 전재와 무단 복제를 금합니다.
※ 책 값은 뒷표지에 있습니다.
※ 잘못된 책은 구입처에서 교환하여 드립니다.

# 나의
# 모든 즐거움이
# 그들에게
# 있도다

As for the saints who are on the earth,
they are the majestic ones; all My delight is in them
(Psalm 16:3)

안상혁 지음

도서출판 **영음사**

## 추천사

『나의 모든 즐거움이 그들에게 있도다』는 안상혁 교수님이 자신의 설교문을 묶어서 출간한 첫번째 책입니다. 책 제목에 설교의 내용이 다 녹아 있습니다. 신앙의 선배들이 확신한 인생의 최고 목적은 하나님을 영화롭게 하고 그를 영원토록 기뻐하는 것입니다. 저자는 하나님을 진심으로, 전심으로 기뻐하는 자입니다. 언제나 좋은 것을 주시고 모든 것으로 선을 이루시는 하나님에 대한 믿음과 기대가 있습니다. 그는 성경을 하나님에 대한 사랑과 신뢰의 빛 속에서 숙독할 때마다 설렘과 감격이 준비되어 있고 하나님의 깊은 기쁨에 빠집니다. 교회에 대한 사랑이 커서 그 기쁨을 독식하지 못합니다. 그래서 지금까지 설교와 강의의 방식으로 나누어 왔습니다. 그러다가 드디어 그 기쁨을 저술의 방식으로 나뉩니다. 이 책의 모든 페이지는 하나님의 사랑과 즐거움에 대한 감격으로 빼곡히 채워져 있습니다. 저자의 학식과 인생도 버무려져 있습니다. 독자를 향한 저자의 배려와 친절함 때문에 각 페이지는 단문으로 이루어져 있고 표현은 담백해서 이해하기 쉽지만 진실 함유량이 높아서 마음 깊은 곳에서 공감과 감동을 퍼 올립니다. 뭉클한 진리를 생각지 못한 지점에서 만나면 탄성이 저절로 나옵니다. 누구든지 읽으시면 큰 은혜를 받습니다. 하나님의 사랑을 느낍니다. 하나님을 사랑하고 싶어집니다. 다음 장으로 넘어갈 때마다 사랑과 은혜의 키가 잔뜩 달라져 있습니다. 사랑하지 않았음에 대한 죄책감도 자랍니다. 그리고 회개의 무릎을 꿇습니다. 그런데 회개로 젖은 가슴에 기이한 기쁨이 고입니다. 순수한 행복이 쌓입니다. 그냥 가슴에 담아둘 수 없어서 타인과 나누고 싶어집니다. 이것을 경험한 저는 이 책을 모든 성도가 읽으시면 좋겠다고 추천을 드립니다.

'신학자 안상혁'이 아니라 '설교자 안상혁'의 진면목을 경험할 수 있는 책입니다. 이 얇은 단행본에 이토록 벅찬 은혜를 담아내는 저술가의 기량도 심히 돋보이는 책입니다. 은혜가 고갈되는 듯한 침체에 빠질 때마다 회복의 펌프로 사용하면 좋을 책입니다.

한병수 교수
전주대학교, 교의학

# 서문

설교자는 예배자입니다. 설교를 통해 선포되는 하나님의 말씀을 설교자와 회중이 함께 듣습니다. 주님이 설교자의 입을 통해 말씀하신다는 측면에서, 또한 설교를 준비하는 과정에서 설교자에게 먼저 말씀하신다는 면에서 설교자는 회중과 구별될 따름입니다. 본서는 예배 중 설교자인 제가(예배자로서) 회중과 함께 은혜받았던 열다섯 편의 설교를 모아서 편집한 책입니다. 신학생 때 처음 작성했던 설교문을 신학자가 되어 다시 작성하여 선포한 설교, 극심한 고난 중에 하나님께서 마음에 깨닫게 하신 설교, 하나님께서 임종을 앞둔 아버지와 그 곁을 지키는 아들의 마음에 깨닫게 하신 설교, 인생의 고민을 해결해 주었거나 전환점을 마련해 준 설교 등이 본서에 포함되어 있습니다.

본서를 출판해 주신 영음사 직원들께 감사드립니다. 따뜻한 격려의 추천사를 작성해 주신 오랜 친구 한병수 교수님께 감사드립니다. 초고를 편집해 주신 형수님의 귀한 섬김에 마음 깊이 감사드립니다. 합신에서의 사역을 늘 후원해 주시고 극심한 고난 중에도 항상 설교를 듣고 통찰력 있는 피드백을 나누어 주시는 정충호 회장님께 특별히 감사드립니다. 부족한 아들을 위해 늘 기도해 주시는 어머님께 진심으로 감사드립니다. 설교의 녹취부터 마지막 교정 작업에 이르기까지 모든 과정을 도와준 사랑하는 아내 정임에게 지극한 애정과 감사의 마음을 전합니다. 마지막으로 한없이 무익하고 불충함에도 설교자의 직무를 감당하도록 끊임없는 은혜를 베푸시는 나의 주님께 모든 감사와 영광을 돌려드립니다.

2023년 12월
안상혁

나의 모든 즐거움이
그들에게 있도다

# 목차

제1장   오병이어                             013
제2장   그리스도의 기쁨                     031
제3장   아브라함: 믿음으로                   053
제4장   모세: 너는 행복한 사람이로다         079
제5장   기드온: 여호와의 전쟁                103
제6장   삭개오: 아브라함의 자손임이라        121
제7장   베드로: 더 확실한 예언이 있어        137
제8장   하나님의 안식                        151
제9장   충성                                  175
제10장  새 언약의 일꾼                       185
제11장  하나님의 의                          203
제12장  그리스도의 영광                     217
제13장  확실한 구원                          235
제14장  부활 논쟁                            251
제15장  진리가 무엇이냐?                    267

# 나의
# 모든 즐거움이
# 그들에게
# 있도다

As for the saints who are on the earth,
they are the majestic ones; all My delight is in them
(Psalm 16:3)

# 제1장
# 오병이어

### 마가복음 6:34-44

³⁴ 예수께서 나오사 큰 무리를 보시고 그 목자 없는 양 같음으로 인하여 불쌍히 여기사 이에 여러 가지로 가르치시더라. ³⁵ 때가 저물어가매 제자들이 예수께 나아와 여짜오되 이 곳은 빈 들이요 날도 저물어가니 ³⁶ 무리를 보내어 두루 촌과 마을로 가서 무엇을 사 먹게 하옵소서. ³⁷ 대답하여 이르시되 너희가 먹을 것을 주라 하시니 여짜오되 우리가 가서 이백 데나리온의 떡을 사다 먹이리이까? ³⁸ 이르시되 너희에게 떡 몇 개나 있는지 가서 보라 하시니 알아보고 이르되 떡 다섯 개와 물고기 두 마리가 있더이다 하거늘 ³⁹ 제자들에게 명하사 그 모든 사람으로 떼를 지어 푸른 잔디 위에 앉게 하시니 ⁴⁰ 떼로 백 명씩 또는 오십 명씩 앉은지라. ⁴¹ 예수께서

떡 다섯 개와 물고기 두 마리를 가지사 하늘을 우러러 축사하시고 떡을 떼어 제자들에게 주어 사람들에게 나누어 주게 하시고 또 물고기 두 마리도 모든 사람에게 나누시매 42 다 배불리 먹고 43 남은 떡 조각과 물고기를 열두 바구니에 차게 거두었으며 44 떡을 먹은 남자는 오천 명이었더라.

― … ―

오늘 살펴볼 말씀은 오병이어의 표적입니다. 이 사건이 얼마나 중요한지 마태, 마가, 누가, 요한 사복음서에 다 기록되어 있습니다. 마태복음 14장, 마가복음 6장, 누가복음 9장, 요한복음 6장에 기록된 중요한 사건이고 예수 그리스도의 공생애 3년의 사역 가운데 예수님을 널리 유명하게 만들었던 대표적인 표적입니다. 모든 표적은 의미하는 바가 있습니다. 그 표적이 가지고 있는 폭과 넓이가 풍성합니다. 오늘 저와 함께 이 말씀을 살펴보면서 하나님께서 설교자에게 깨닫게 하시고 은혜와 풍성한 진리를 먼저 맛보게 하셨던 그 여정을 함께 따라가도록 하겠습니다. 본문의 풍성함을 드러내기 위해서는 다른 성경 말씀에 비추어 본문을 조명할 필요가 있는데, 그렇게 할 때 본문에 감춰졌던 깊은 진리들이 잘 드러납니다. 이제 네 가지 시각에서 본문에 접근해 보도록 하겠습니다.

첫째, 우리는 오병이어의 표적을 예수 그리스도의 긍휼 사역이라는 관점에서 살펴볼 수 있습니다.

이 사건은 예수 그리스도께서 행하신 긍휼의 사역이었습니다. 사실 이 표적이 예수 그리스도의 긍휼 사역임을 전제할 때야 비로소 우리는 본문의 난제를 해결할 수 있습니다. 예수 그리스도께서는 공생애를 시작하기 직전 광야에서 시험을 받으셨습니다. 첫 번째 시험은 마귀가 나타나서 돌들을 가지고 떡 덩이가 되게 하라고 요구하는 시험입니다. 그 의미가 무엇일까요? 마귀의 입장에서는 "왜 그렇게 메시아의 길을 어렵게 가려고 하느냐?" "내가 너에게 메시아가 되는 쉬운 길을 가르쳐 주겠다"라고 말하는 것입니다. 이스라엘에는 돌이 많습니다. 돌을 떡으로 만들라는 것은 인류의 빵 문제를 손쉽게 해결하라는 제안입니다. 이 세상에서는 자기 국민의 빵 문제(경제 문제)를 해결하는 것이 정권의 안정성을 유지하는 데 핵심 요소라는 사실을 우리는 잘 알고 있습니다. 대통령 선거철만 되면 후보의 경제정책이 무엇인가에 관심을 둡니다. 과연 인류의 시급한 문제는 빵 문제, 즉 먹고사는 문제라는 것입니다. 빵 문제를 해결하면 가만히 있어도 이 세상의 메시아가 되는 것입니다. 이것은 십자가의 길이 아니고 쉬운 길로 메시아가 되라는 유혹입니다.

예수님께서는 이 유혹을 단호히 물리치셨습니다.

> 예수께서 대답하여 이르시되 기록되었으되 사람이 떡으로만 살 것이 아니요 하나님의 입으로부터 나오는 모든 말씀으로 살 것이라 하였느니라 하시니(마 4:4).

예수 그리스도께서 인도하시는 천국 운동의 방향은 처음부터 그 길이 아니라고 예수님께서 말씀하신 것입니다. 그런데 오늘 이 원칙이 깨집니다. 대중 앞에서 예수 그리스도께서 오병이어의 기적을 일으키시고 먹고사는 문제를 해결해 주셨습니다. 그랬더니 금방 대중의 마음이 예수님께로 향합니다. 무리의 즉각적인 반응이 요한복음에 기록되어 있습니다.

> 그 사람들이 예수께서 행하신 이 표적을 보고 말하되 이는 참으로 세상에 오실 그 선지자라 하더라. 그러므로 예수께서 그들이 와서 자기를 억지로 붙들어 임금으로 삼으려는 줄 아시고 다시 혼자 산으로 떠나 가시니라(요 6:14-15).

이것은 예고된 혼란이었습니다. 예수님의 천국 운동이 지금까지는 영적인 운동으로 잘 전개되어왔습니다. 그런데 예수님께서 말씀으로 은혜롭게 집회를 이끄시다가 마지막에 오병이어의 기적을 일으켜서 오천 명이나 되는 사람들을 먹이시니, 사람들의 눈이 휘둥그레졌습니다. '아, 우리가 기다리던 메시아가 드디어 왔다!' 그래서 억지로 잡아다가 자기들의 임금으로 삼겠다고 달려듭니다. 과연 사탄의 유혹과도 같이 메시아가 되는 쉬운 길이 열린 것입니다. 예수님은 얼른 자리를 피하십니다. 어떤 의미에서 광야의 은혜로운 집회가 대혼란에 빠지게 된 것입니다. 우리 민족에게 필요한 메시아를 보내주셨으니까 이 사람을 반드시 우리의 임금으로 삼겠다고 무리는 작심했습니다. 그래서 예수님은 도망가시고 이들은 예수님을 잡으려고 기다립니다.

이 상황에서 예수님은 제자들과 함께 탈출을 계획하셨습니다. 일단 예수님은 산으로 도망가셨습니다. 무리의 성인 남자 수가 오천 명이니 상당히 많이 모였습니다. 그 많은 사람들이 산을 에워쌌습니다. 산 밑에는 바다가 있고 그 바다에는 예수님과 제자들이 타는 배가 한 척 있습니다. 무리는 그 배를 지키며 예수님을 기다립니다. 예수님은 해가 뉘엿뉘엿 어두워질 때까지 기다리다가 제자들을 먼저 내려보내십니다. 제자들은 배에 올라탑니다. 무리는 제자들 사이에 예수님이 계시지 않는다는 사실을 확인합니다. 그리고 제자들이 배를 타고 떠나는 것을 봅니다.

> 이튿날 바다 건너편에 서 있던 무리가 배 한 척 외에 다른 배가 거기 없는 것과 또 어제 예수께서 제자들과 함께 그 배에 오르지 아니하시고 제자들만 가는 것을 보았더니(요 6:22).

제자들을 보내고 예수님께서는 밤늦게까지 혼자서 기도하십니다. 한편 탈출하는 제자들은 바다 위에서 풍랑을 만납니다. 그때 예수님께서 바다 위를 걸어가셔서 그들을 만나십니다. 예수님이 물 위를 걸으신 사건을 마태복음, 마가복음, 요한복음이 기록하고 있습니다. 그런데 마태, 마가, 요한은 모두 예수께서 오병이어 표적을 행하신 후에 물 위를 걸으신 것으로 기록하고 있습니다. 오병이어의 사건과 예수님께서 물 위를 걸으신 사건은 동전의 양면처럼 서로 연관된 사건입니다. 요한은 그 논리적인 연결고리를 요한복음 6장에서 자세히 설명합니다. 탈출 과정에서 필요에 의해 주님은 물 위를 걸으신 것입니다. 어둠 속에서 예수님은 무리의 시선을 피해 산 아래로 내려오셨습니다. 예수님께서 포위망을 뚫고 호숫가에 나와 보니 배가 없습니다. 그래서 물 위를 걸어가신 것입니다. 예수님이 물 위를 걸어가신 이유는 배가 없어서입니다. 예수님께서 이유 없이 이적을 베푸시지는 않습니다. 예수님은 물 위에서 제자들과 만납니다. 그러고 나서 바다 건너편으로 갑니다.

날이 밝아 소문이 들립니다. 저쪽 바다 건너편에 예수님이 나타나셨다는 소리를 듣고 부리나케 무리가 건너갑니다. 그 지역에 있던 사람들이 다 모입니다. 무엇이 제일 궁금했을까요? '예수님은 언제 어떻게 이곳으로 건너오셨을까?'

> 이튿날 바다 건너편에 서 있던 무리가 배 한 척 외에 다른 배가 거기 없는 것과 또 어제 예수께서 제자들과 함께 그 배에 오르지 아니하시고 제자들만 가는 것을 보았더니(요 6:22).
>
> 24 무리가 거기에 예수도 안 계시고 제자들도 없음을 보고 곧 배들을 타고 예수를 찾으러 가버나움으로 가서 25바다 건너편에서 만나 랍비여 언제 여기 오셨나이까 하니(요 6:24-25).

예수님은 이 질문에 대답하지 않으셨습니다. 바다 위를 걸어왔다고 대답하면, 그렇지 않아도 오병이어의 기적을 본 사람들이 더욱더 예수님을 억지로 붙잡으려 하지 않겠습니까? 예수님이 대답하지 않으시고 "너희가 이렇게 나를 찾는 이유는 표적을 본 까닭이 아니고 떡 먹고 배불러서 나를 찾는구나!" 하고 자존심 상하는 말씀을 하십니다. "썩는 양식을 위하여 일하지 말고 썩지 않는 양식을 위하여 하라." 예수님의 의도는 명확합니다. 이때부터는 무리를 해산시키려고 하셨던 것입니다. 주님은 제자들도 알아듣기 힘들어하는 생명의 떡에 관한 긴 강설을 이어가십니다. 무리는 어려운 말이라고 불평합니다. 논쟁이 벌어집니다.

> 그 때부터 그의 제자 중에서 많은 사람이 떠나가고 다시 그와 함께 다니지 아니하더라(요 6:66).

얼마나 잘 해산시키셨는지 제자들에게 "너희도 가려느냐?" 이렇게 물으셨습니다. 제자들 12명만 남겨놓고 다 흩으십니다. 이 같은 결과는 어떻게 보면 혼돈이지만 예수님이 의도적으로 이렇게 무리를 흩으신 것입니다. 여태까지 광야에서 은혜로운 집회를 인도하고 마지막에 오병이어의 기적을 행하셨을 때 사람들이 예수야말로 "우리가 기다리던 메시아"라고 하면서 그를 잡으려 하는 것과 예수님께서 무리를 흩으시는 이런 모든 상황을 예수님은 아셨습니다. 그런데 어떻게 보면 자기 모순적인 이런 표적을 왜 행하셨을까요? 그 이유가 첫머리에 나옵니다.

> 예수께서 나오사 큰 무리를 보시고 그 목자 없는 양 같음으로 인하여 불쌍히 여기사 이에 여러 가지로 가르치시더라(막 6:34).

표면적으로 볼 때, 자기모순적으로 보이는 기적을 베푸신 동기는 무리를 불쌍히 여기시는 마음이었습니다. 오병이어의 기적과 평행구조를 갖는 칠병이어의 기적이 마가복음 8장에 기록되어 있습니다. 2절과 3절을 읽어봅시다.

> ² 내가 무리를 불쌍히 여기노라. 그들이 나와 함께 있은 지 이미 사흘이 지났으나 먹을 것이 없도다. ³ 만일 내가 그들을 굶겨 집으로 보내면 길에서 기진하리라 그 중에는 멀리서 온 사람들도 있느니라 (막 8:2-3).

여기서 우리는 예수님의 따뜻한 마음을 읽을 수 있습니다. 비록 예수님의 천국 운동의 원칙에 조금 어긋나는 것 같지만, 육신을 가진 무리가 피곤하고 배고프고 목마른 것을 예수님께서 견디지 못하십니다. 그래서 이들을 불쌍히 여기셔서 어떻게 보면 무리수를 두신 것입니다. 공생애를 시작하면서 "내가 이러한 방법으로는 천국 운동하지 않겠다"라고 천명하신 그런 방식으로 예수님께서 오늘 기적을 일으키신 것입니다. 성경에 기록된 가장 중요한 표적 가운데 하나는 긍휼히 여기시는 예수님의 마음에서 비롯되었다는 것이 우리에게 얼마나 큰 위로가 되는지 모릅니다. 여러분이 배고파할 때 예수님께서 마음 아파하십니다. 불쌍히 여기십니다. 우리에게 먹을 것을 주시고, 힘을 주시고, 쓰러졌을 때 일으켜 세워주시는 참 좋으신 하나님이십니다.

둘째, 교훈적인 시각입니다.

> ² 네 하나님 여호와께서 이 사십 년 동안에 네게 광야 길을 걷게 하신 것을 기억하라. 이는 너를 낮추시며 너를 시험하사 네 마음이 어떠한지 그 명령을 지키는지 지키지 않는지 알려 하심이라. ³ 너를 낮추시며 너를 주리게 하시며 또 너도 알지 못하며 네 조상들도 알지 못하던 만나를 네게 먹이신 것은 사람이 떡으로만 사는 것이 아니요 여호와의 입에서 나오는 모든 말씀으로 사는 줄을 네가 알게 하려 하심이니라(신 8:2-3).

광야 40년 길에 하나님께서 이스라엘 백성에게 만나를 먹이신 데에는 특별한 목적이 있었습니다.

> 사람이 떡으로만 사는 것이 아니요 여호와의 입에서 나오는 모든 말씀으로 사는 줄을 네가 알게 하려 하심이니라(신 8:3).

사실 이런 교훈을 주기 위해서는 쫄쫄 굶겨야 합니다. 오히려 만나를 안 주고 배가 고픈데도 은혜만으로도 즐겁게 사는 체험을 해야 하는 것 아니겠습니까? 그런데 하나님은 참 이상하십니다. 오히려 배부르게 만나를 주심으로써 '사람이 떡으로만 사는 것이 아니구나!'라는 사실을 깨닫게 했다는 것입니다. 제가 신학생이었을 때, 수업 시간에 박영선 교수님이 본문을 이렇게 주해해 주셨습니다. 이스라엘의 불만이 무엇입니까? "왜 우리를 이렇게 척박한 광야로 인도했습니까?" "우리는 원래 괜찮은 사람인데, 지금 이렇게 나쁘게 행동하는 이유는 의식주와 같은 기초적인 필요가 채워지지 못하기 때문입니다. 만일 환경만 개선해주신다면 우리는 아무 불평 없이 모두 착해질 것입니다." 이렇게 하나님 앞에서 항변하는 것입니다. 광야 40년 기간 동안 하나님은 이스라엘 백성에게 의식주를 제공하셨습니다. 이들은 노동의 대가로 먹고산 것이 아니었습니다. 하나님께서 값없이 베풀어주시는 은혜로 그들은 먹을 것과 입을 것을 공급받았습니다. 또한 하나님은 낮에는 구름 기둥으로 밤에는 불기둥으로 이동식 냉방과 온방 시스템을 동원하여 거처를 마련해 주셨습니다. 이 또한 공짜로 베풀어주신 것 아니겠습니까?

> 이 사십 년 동안에 네 의복이 해어지지 아니하였고 네 발이 부르트지 아니하였느니라(신 8:4).

40년 동안 단지 옷이 안 해어졌다는 뜻이겠습니까? 의복의 필요를 끊임없이 채워주셨다는 뜻입니다. 의식주 문제를 다 해결해 주셨습니다. 이것은 노동의 대가로 얻은 게 아닙니다. 누군가가 "너 40년 동안 먹고사는 것 해결해 주겠다. 너 하고 싶은 것 다 하고 살아라"라고 하면 얼마나 좋겠습니까? 이스라엘 사람들의 기본적인 필요를 하나님께서 무차별적으로 다 공급해 주셨습니다. 하나님께 반항하는 그날에도 만나는 내렸습니다. 하나님의 신실하심입니다.

그 결과 이들이 순종하는 사람들이 되었나요? 아닙니다. 의식주 문제가 해결되어도 여전히 목이 곧은 백성이고 회개를 거부하며 하나님에게 반항하는 아주 악한 백성임을 스스로 알게 된 것입니다. 그래서 '인간은 환경을 개선한다고 해서 의인이 되는 것이 아니구나!' 이것을 깨달았다는 것입니다.

> 26 예수께서 대답하여 이르시되 내가 진실로 진실로 너희에게 이르노니 너희가 나를 찾는 것은 표적을 본 까닭이 아니요 떡을 먹고 배부른 까닭이로다. 27 썩을 양식을 위하여 일하지 말고 영생하도록 있는 양식을 위하여 하라. 이 양식은 인자가 너희에게 주리니 인자는 아버지 하나님께서 인치신 자니라(요 6:26-27).

이들에게 그리스도가 필요하다는 것입니다. 주님은 오병이어 사건을 통해 이스라엘의 교만을 꺾으셨습니다. "우리는 제사장 나라이고 하나님의 선민이다. 우리는 메시아를 기다리는 하나님의 거룩한 백성이다." "너희가 말로는 그렇게 이야기했지만 결국 떡 문제가 해결될 때 너희의 마음이 확 움직이지 않았느냐?" 바로 여기서 이들의 수준이 드러났다는 것입니다. "결국 너희도 이방 사람들과 마찬가지로 떡 문제를 해결하기 위해서 너희도 발버둥 치는 것 아니냐? 자기의 필요 앞에 무릎을 꿇는 존재들이 아니냐? 너희가 무슨 선민이고, 너희가 무슨 제사장 나라이며 너희의 메시아 신앙에 무슨 고상한 것이 있느냐?" 예수님께서 이것을 드러내신 것입니다. "너희에게 필요한 것은 썩는 양식이 아니고 영생이다. 내가 그 생명의 양식이다." 말씀하시며 자신의 존재를 드러내신 것입니다. 이런 의미에서 보면 구약에서 만나의 기능이 필수적이었던 것처럼 오병이어의 표적 사건도 예수님의 공생애 사역에 있어서 예수 그리스도의 천국 운동을 드러내는 데 필수적인 사건이었던 것입니다.

셋째, 성례전적 해석입니다.
성경은 오병이어의 사건과 주님의 성만찬을 기록하며 의도적으로 동일한 네 개의 동사를 사용합니다. 원문도 그렇고 영어 번역도 그렇고 우리나라 번역도 같습니다. 성령님께서 그렇게 사용하신 것입니다.

오병이어 사건:
예수께서 떡 다섯 개와 물고기 두 마리를 가지사 하늘을 우러러 축사하시고 떡을 떼어 제자들에게 주어 사람들에게 나누어 주게 하시고 또 물고기 두 마리도 모든 사람에게 나누시매 (막 6:41).

성만찬 사건:
22 그들이 먹을 때에 예수께서 떡을 가지사 축복하시고 떼어 제자들에게 주시며 이르시되 받으라 이것은 내 몸이니라 하시고 23 또 잔을 가지사 감사 기도하시고 그들에게 주시니 다 이를 마시매
(막 14:22-23).

네 개의 동사가 원문에도 그대로 사용됩니다. 마태, 마가, 누가, 요한복음에 다 똑같이 사용됩니다. 예수님의 행동이 정확히 일치하고 있습니

다. 예수님 자신은 이것을 성례전적 표적으로 행하신 것입니다. 주님은 오병이어의 표적을 행하시며 얼마 후 자신의 살과 피를 십자가에서 우리에게 주실 것을 미리 보셨습니다. 오병이어가 큰 무리의 양식이 된 것처럼 자신의 살과 피가 오고 오는 수많은 사람에게 충분히 먹이고도 남을 영적 양식이 되는 것을 보시면서 마음으로 기뻐하셨을 것입니다. 연변 과기대 정진호 교수님이 『떡의 전쟁』(2005)에서 이 부분을 그런 식으로 주해하셨습니다. 이처럼 두 본문이 서로 병행한다는 사실은 오병이어 사건이 그리스도의 십자가를 예표하는 핵심적인 표적임을 잘 보여 줍니다. 이 사실을 깨달았을 때 저는 많이 울었습니다. 예수님의 심정이 제 마음에 전달되면서, 예수님이 이 오병이어의 사건을 이렇게 사복음서에 다 기록하게 하시고 정말 중요하게 생각하신다는 것을 알았습니다. 1529년에 루터파와 개혁파 사이에 성만찬 논쟁이 있습니다. 종교개혁자들의 성만찬 논쟁의 핵심 본문 가운데 하나가 바로 요한복음 6장입니다. 요컨대 오병이어 표적과 성만찬 텍스트가 서로 연결되어 있습니다.

또한, 널리 알려진 주경신학자이며 합동신학대학원에서 가르치셨던 박윤선 목사님도 오병이어 표적에 대한 성례전적 해석을 지지하십니다. 이 오병이어 이적은 예수님께서 십자가에 못 박혀 죽으심으로 그 살과 피로 우리의 영혼을 살리신 일에 대한 예표라고 박 목사님은 주해합니다.

넷째, 제자도입니다.
이 해석을 처음 배웠을 때, 저는 큰 은혜를 받았습니다. 저는 신학생이

자 주님의 제자로서 주님 앞에 저절로 제 무릎을 꿇게 되었습니다.

대답하여 이르시되 너희가 먹을 것을 주라 하시니 여짜오되 우리가 가서 이백 데나리온의 떡을 사다 먹이리이까(막 6:37).

예수께서 이르시되 갈 것 없다 너희가 먹을 것을 주라. 제자들이 이르되 여기 우리에게 있는 것은 떡 다섯 개와 물고기 두 마리뿐이니이다(마 14:16-17).

예수께서 이르시되 너희가 먹을 것을 주라 하시니 여짜오되 우리에게 떡 다섯 개와 물고기 두 마리밖에 없으니 이 모든 사람을 위하여 먹을 것을 사지 아니하고서는 할 수 없사옵나이다 하니(눅 9:13).

예수님은 오병이어의 표적을 행하실 때, 의도적으로 제자들을 참여시키십니다. 오병이어의 표적 사건은 가만히 읽어보면 두 단계 기적입니다. 지금 성인 남자의 수만 오천 명에 이르는 큰 무리가 있습니다. 여자와 어린이들을 합치면 두세 배 되는 큰 회중이었을 것입니다. 그 앞에서 어쩔 줄을 몰라 하는 제자들이 있습니다. 제자들에게 물었죠. "너희에게 있는 것이 무엇이냐?" "보리떡 다섯 개와 물고기 두 마리입니다." 예수님은 이것을 가지고 먼저 제자들에게 나누어 주십니다. 거기서 1차 기적이 일어났습니다. 1인분이 12인분으로 변한 것입니다. 제자들의 눈이 휘둥그레졌겠죠. 그러고 나서 그 감격을 채 누리기 전에 주님은 각자의 손에 들린 기적의 보리떡과 물고기를 가지고 흩어져서 모여 앉아 있는 각 회중에게 가서 음식을 나누어 주라고 말씀합니다.

생각해보십시오. 제자들의 마음이 어떠했겠습니까? 굉장히 두려웠을 것입니다. 예수님은 12인분으로만 불려놓으셨잖아요. 나는 예수님도 아니고 내 뒤에 배고파서 나를 바라보는 오십 명, 백 명, 천 명이 있는데 과연 예수님의 기적이 나에게도 재현될 것인가? 과연 나는 아무것도 가진 것이 없는데 이 사람들을 무엇으로 먹이겠는가? 얼마나 두려웠겠습니까? 그럼에도 주님은 이들을 무리에게 파송하셨습니다. 그 짧은 길을 걷는 동안에 제자들은 한편으로는 예수님이 일으키신 기적에 감격하면서도 다른 한편으로는 염려와 의심으로 인해 마음이 복잡했는지도 모릅니다. 그런데 기적은 예수님의 손에서뿐만 아니라 제자들의 손을 통해서도 펼쳐졌습니다. 제자들이 이 기적을 통해 하나님 앞에서 큰 훈련을 받은 것입니다.

신학생들은 졸업을 앞두고 마음이 두려워집니다. 여태까지는 학교라는 울타리가 있었는데 지금부터는 보호 장치가 없는 목회 현장으로 나아갑니다. 전도사들 마음에 불안함이 있습니다. 잘 풀린 전도사들도 잘 풀린 대로 걱정입니다. "교수님 제가 가는 교회는 터가 센 교회래요. 거기는요 교인은 몇 명 안 돼도 대학교수가 여섯 명이나 되는데 과연 이분들이 제 설교를 들어줄까요?" "저는 잘 배우지 못하고 졸업하는데 과연 하나님은 저같은 사람도 사용하실까요?" 이런 신학생들이 많습니다. 선교사 후보생들도 마음 가운데 불안함이 있습니다. 이 학생들에게 저는 오늘 본문의 말씀을 상기시켜줍니다. 우리가 무엇이기에 수많은 사람들이 예배 시간에 설교를 듣고 있는가? 비록 주님은 "너희가 먹을 것을 주라"고 말씀했지만, 설교는 내 것으로 나누는 게 아니라 예수님의 것을 가지고 가서 나누는 것입니다. 예수님은 주어진 시점에서 내가 감당할 수 있을 만큼의 은혜만 주십니다. 한 사람에게 백인분의 양식을 배달하라는 무리한 요구를 하지 않으십니다. 열두 명의 제자는 각자 일인분의 양식을 들고 흩어져서 모여 있는 무리에게로 다가갔습니다. 각자 맡은 작은 무리 앞에 섰을 때 주님의 기적이 재현되었습니다. 초대교회 교부 아우구스티누스는 『기독교 교양』*De Doctrina Christianae, 396-426* 제1권 제1장에서 다음과 같이 말합니다.

> 저 기적의 떡 덩이는 제자들이 굶주린 사람들에게 나눠주기 전에는 다섯 개와 일곱 개였다. 그러나 그들이 나눠주기 시작하자 수천 명이 먹고 배가 불렀지만, 남은 부스러기를 여러 바구니에 가득 채울 수 있었다. 떡 덩이들이 다른 사람들에게 떼어주는 과정에서 이렇게 불어난 것과 같이, 주님께서 이 일로 인해서 나에게 이미 주신 그 생각들은 내가 다른 사람들에게 나눠주기 시작하자마자 하나님의 은혜로 더 불어날 것이다. 그러므로 이렇게 나눠주는 일을 할 때 손해를 보거나 가난해지는 것이 아니라 더욱 놀랍고 불어나고 풍성해질 것이다.

기적은 현장에서 일어납니다. 현장으로 나아갈 때는 무거운 짐을 들고 갈 필요가 없습니다. 가볍게 걸어가면 됩니다. 그래서 고민하는 사람일수록 빨리 보내야 합니다. 빨리 현장에 가면 좋은 소식들이 들립니다.

원래 사역자들은 다 보냄을 받은 자들입니다. 하나님께서 언제 어디로 보내실지 모릅니다. 그러나 두려워하지 마세요. 내 것으로 나누는 게 아닙니다. 하나님의 것을 가지고 나누는 것입니다. 내가 가지고 있는 간증을 가지고 목회합니까? 저도 해봤습니다. 여덟 번 설교하니까 간증이 바닥났습니다. 이것을 가지고 목회하고 설교하는 것 아닙니다. 하나님의 말씀을 가지고 나눌 때 성령께서 역사하셔서 기적을 일으키시고 배부르게 하시는 것입니다. 사실 오늘도 우리가 그런 체험을 하지 않습니까? 담임 목사님이 생각하길 '나 혼자 말씀 준비하고 은혜를 받았는데 과연 이 은혜가 백 배, 천 배, 만 배가 될까?' 한 사람에게 주신 은혜로 말씀을 준비해서 하나님의 말씀을 선포할 때 우리 온 회중이 그 말씀을 듣고 은혜를 받는 것입니다. 하나님께서 한 사람에게 깨닫게 하신 말씀의 은혜가 이 강단을 통해 선포될 때 온 회중이 그 말씀을 먹고 배부른 것입니다.

목회자들의 사역이란 결국 하나님의 것을 가지고 나누는 것입니다. 오병이어는 주님께서 향하여 하나님께서 "너희들은 두려워할 것이 없다"라고 가르치시는 표적입니다. 조금 있으면 예수님이 십자가에서 달려 돌아가시고 조금 있으면 승천하십니다. 제자들이 얼마나 두렵겠습니까? 그리고 땅끝까지 가서 복음을 전하라고 하시는데 다 낯선 사람들, 낯선 지역입니다. '과연 예수님과 3년 동안 생활하면서 체험했던 그 은혜가 나 혼자 가는 그곳에서도 재현될까?' 아마도 대위임령을 받고 떠나는 제자들의 마음에 이 오병이어의 표적이 깊이 각인되었을 것입니다. '그래, 그때 그랬지, 그때 일 인분을 들고 갔는데 백 명, 천 명으로 풍성하게 나누었지.' 바로 이러한 생각을 가지고 제자들이 세계 곳곳으로 간 것 아니겠습니까?

여러분, 하나님께서 우리를 크고 작은 교회를 섬기라고 불러 주실 때, 두려워하지 마시길 바랍니다. 교회는 여러분의 것을 가지고 섬기는 것이 아닙니다. 하나님의 백성에게 하나님의 것을 가지고 섬기는 것입니다. 일찍이 오병이어의 표적을 통해 제자들에게 교회 섬김의 도를 가르치신 주님께서 지금 우리에게도 동일한 교훈을 주십니다. 이 교훈을 일평생 마음에 새기며 여러분 각자에게 맡기신 소명의 자리로 담대하게 나아가시길 주님의 이름으로 축원합니다. 아멘.

# 제2장
# 그리스도의 기쁨

### 시편 16:1-11

¹ 하나님이여 나를 지켜 주소서. 내가 주께 피하나이다. ² 내가 여호와께 아뢰되 주는 나의 주님이시오니 주 밖에는 나의 복이 없다 하였나이다. ³ 땅에 있는 성도들은 존귀한 자들이니 나의 모든 즐거움이 그들에게 있도다. ⁴ 다른 신에게 예물을 드리는 자는 괴로움이 더할 것이라. 나는 그들이 드리는 피의 전제를 드리지 아니하며 내 입술로 그 이름도 부르지 아니하리로다. ⁵ 여호와는 나의 산업과 나의 잔의 소득이시니 나의 분깃을 지키시나이다. ⁶ 내게 줄로 재어 준 구역은 아름다운 곳에 있음이여 나의 기업이 실로 아름답도다. ⁷ 나를 훈계하신 여호와를 송축할지라. 밤마다 내 양심이 나를 교훈하도다. ⁸ 내가 여호와를 항상 내 앞에 모심이여 그가 나의

오른쪽에 계시므로 내가 흔들리지 아니하리로다. ⁹ 이러므로 나의 마음이 기쁘고 나의 영도 즐거워하며 내 육체도 안전히 살리니 ¹⁰ 이는 주께서 내 영혼을 스올에 버리지 아니하시며 주의 거룩한 자를 멸망시키지 않으실 것임이니이다. ¹¹ 주께서 생명의 길을 내게 보이시리니 주의 앞에는 충만한 기쁨이 있고 주의 오른쪽에는 영원한 즐거움이 있나이다.

---

신자는 교회로 부름을 받았습니다. 성령님은 신자 안에 내주하십니다. 성경은 이러한 신자를 가리켜 성전이라고 부릅니다. 신자의 삶은 교회를 중심으로 이루어지고 있습니다. 이런 면에서 신자가 교회와 교회의 기원에 대해 관심을 가지는 것은 지극히 자연스럽습니다. '교회는 언제 어떻게 시작되었을까?' 특히 초대교회의 기원을 살펴보는 것은 우리의 신앙생활에 많은 유익을 가져다줍니다.

감사하게도 성경은 초대교회가 탄생하는 장면을 자세하게 기록했습니다. 바로 오순절 성령 강림 사건입니다. 오늘의 설교 본문은 시편 16편과 사도행전 2장입니다. 특히 초대교회의 탄생을 기록한 사도행전 2장에서 시편 16편이 어떻게 인용되고 주해되었는지 살펴보겠습니다.

사도행전 2장은 오순절에 성령께서 강림하셨다고 선포합니다. 예루살렘에 있는 한 다락방에 모여 기도하던 무리는 성령 강림을 체험했습니다. 방언의 표적을 통해 "하나님의 큰 일"을 각자의 언어로 듣습니다. 이 신기한 현상을 목격한 사람들이 우왕좌왕하고 있을 때, 베드로 사도가 이들 가운데 일어나서 설교를 시작합니다. 베드로의 설교를 듣고 그날 삼천 명이 회심했습니다. 삼천 명은 성인 남자의 숫자입니다. 이들의 가족을 고려하면 약 만 명 정도에 이르는 규모로 초대교회가 출발했다고 볼 수 있습니다. 이날에 선포된 베드로의 설교는 과연 어떤 내용이었을까요? 사도행전 2장에는 이 설교의 개요가 잘 기록되어 있습니다.

> **16** 이는 곧 선지자 요엘을 통하여 말씀하신 것이니 일렀으되 **17** 하나님이 말씀하시기를 말세에 내가 내 영을 모든 육체에 부어 주리니 너희의 자녀들은 예언할 것이요 너희의 젊은이들은 환상을 보고 너희의 늙은이들은 꿈을 꾸리라. **18** 그 때에 내가 내 영을 내 남종과 여종들에게 부어 주리니 그들이 예언할 것이요(행 2:16-18).

> 누구든지 주의 이름을 부르는 자는 구원을 받으리라 하였느니라 (행 2:21).

베드로는 오순절 성령 강림은 요아스의 재위 기간 BC 835-796에 활동한 요엘 선지자의 예언이 역사적으로 성취된 것이라고 선포합니다. 그런데 이것이 베드로 설교의 전부라고 생각하면 안 됩니다. 요엘 2장의 내용으로 구성된 사도행전 2:16-21이 설교의 서론에 해당한다고 말할 수 있습니다. 서론 부분의 결론은 "주의 이름을 부르는 자는 구원을 받으리라"입니다. 사도행전 2:22-33의 내용이 설교의 본론에 해당합니다. 본론의 주제는 예수 그리스도의 구속 사역입니다. 특히 예수 그리스도의 십자가와 부활이 핵심 주제입니다. 25절에서 33절까지 시편 16편의 말씀을 인용하면서 베드로는 예수 그리스도의 육체 부활을 논증합니다. 사도행전 2:34-36은 설교의 결론부에 해당합니다. 여기에서 베드로는 시편 110편을 인용하며 예수 그리스도의 승천과 보좌 우편에 앉으심(재위)을 논증합니다.

요컨대 초대교회가 탄생한 날에 선포된 하나님의 말씀은 전혀 새로운 계시가 아니었습니다. 성령님은 베드로 사도를 통해 이미 이스라엘 사람들에게 익숙한 본문이었던 구약의 계시 말씀을 새롭게 주해해 주셨습니다. 설교의 서론, 본론, 결론이 구약 본문에 대한 주해 설교입니다. 물론 주해의 핵심에는 예수 그리스도와 그분의 구속 사역이 있습니다. 그리스도의 십자가와 부활, 그리고 승천과 재위가 그날 설교의 주제입니다. 신학적 표현을 빌리자면 기독론적인 설교입니다. 오순절 날 선포된 설교가 주해 설교이며, 기독론적인 설교였다는 사실을 마음에 새겨 둘 필요가 있습니다.

베드로가 인용한 시편 16편과 110편은 장르상 메시아 시편에 해당합니다. 시편 16편은 사도행전 13장에 기록된 사도 바울의 설교에도 등장합니다. 비시디아 안디옥에서 복음을 전할 때, 사도 바울은 베드로와 동일한 방식으로 시편 16편을 주해하면서 예수 그리스도의 육체 부활을 논증합니다. 참 흥미롭습니다. 그러니까 초대교회 공동체 안에서 시편 16편은 특별히 중요하게 여겨졌던 메시아 시편이었음을 알 수 있습니다. 시편 16편의 말씀을 제대로 이해하기 위해 먼저 메시아 시편의 특징을 잠시 살펴보겠습니다.

모두 150장으로 구성된 시편 가운데 십분의 일 정도가 메시아 시편으로 분류됩니다. 물론 학자마다 조금씩 다른 견해를 가지고 있습니다. 그럼에도 대다수의 학자들은 적어도 시편 2편, 16편, 22편, 110편이 메시아 시편임을 의심치 않습니다. 이 네 편은 예수님의 가르침과 베드로의 설교 그리고 히브리서 안에서 매우 중요하게 인용됩니다. 메시아 시편에 대해 잘 모르는 분들도 시편 22편의 첫 구절은 잘 아실 것입니다.

내 하나님이여 내 하나님이여 어찌 나를 버리셨나이까?
(엘리 엘리 라마 사박다니)(시 22:1).

많이 들어보신 구절이지요? 예, 예수님께서 십자가에서 말씀하신 내용입니다. "엘리 엘리 라마 사박다니"라고 말씀하셨지요. 물론 이는 예수님의 기도입니다. 동시에 주님께서는 그때 틀림없이 시편 22:1을 암송하셨던 것이라고 생각합니다. 시편 22편 전체가 예수님의 십자가 사건을 자세히 예언한 메시아 시편이기 때문입니다. 십자가 앞에서 당황하는 제자들에게 주님께서는 시편 22편을 상기시키신 것입니다. 일종의 성경공부를 시키신 것이죠. "지금 이런 상황을 이해하기 힘들 거야. 그런데 시편 22편을 읽어보렴. 그러면 지금 너희 눈앞에 보이는 십자가는 우발적인 사건이 아니고 이미 천 년 전에 다윗 선지자를 통해서 예언된 하나님의 말씀이 역사적으로 성취된 것임을 알 수 있을 거야." 이렇게 가르쳐 주신 것입니다. 시편 22편의 내용을 한 구절 한 구절 읽어보면 주님의 의도를 잘 이해할 수 있습니다. 시편 22:7-8을 읽어봅시다.

> **7** 나를 보는 자는 다 나를 비웃으며 입술을 비쭉거리고 머리를 흔들며 말하되 **8** 그가 여호와께 의탁하니 구원하실 걸 하나이다
> (시 22:7-8).

마태와 누가는 마태복음 27장과 누가복음 23장에서 이 예언이 성취된 것으로 기록하고 있습니다. 계속하여 시편 22:14-15을 봅시다.

> **14** 나는 물 같이 쏟아졌으며 내 모든 뼈는 어그러졌으며 내 마음은 밀랍 같아서 내 속에서 녹았으며 **15** 내 힘이 말라 질그릇 조각 같고 내 혀가 입천장에 붙었나이다(시 22:14-15).

요한복음 19장에서 주님은 극심한 목마름을 호소하며 십자가의 고통을 당하십니다. 앞의 말씀이 성취되는 것이지요. 다음은 시편 22편 16절과 18절의 말씀입니다.

> **16** 개들이 나를 에워쌌으며 악한 무리가 나를 둘러 내 수족을 찔렀나이다...**18** 내 겉옷을 나누며 속옷을 제비 뽑나이다(시 22:16, 18).

수족을 찔렀다는 것은 그리스도의 손과 발이 못 박힌 것을 의미합니다.

또한 십자가 앞에서 로마 군병들이 주님의 속옷을 두고 제비 뽑는 장면이 묘사되고 있습니다. 마태복음 27장과 요한복음 19장에서 이 예언이 성취되었습니다. 다윗 선지자는 마치 십자가의 사건을 눈으로 보는 것처럼 예언을 하는 것 같습니다.

어떤 분은 왜 예수님께서 시편 22편 말씀 전체를 암송하지 않으셨을까 궁금해하실 수 있습니다. 아마도 숨이 차서 그러실 수밖에 없었다고 추론할 수 있습니다. 전문가들의 견해에 따르면 십자가에서 돌아가신 예수님의 사인은 질식사였습니다. 다소 뜻밖이죠? 로마인들이 고안해 낸 가장 잔인한 사형 도구가 바로 십자가입니다. 어떻게 하면 고통을 가장 오랫동안, 또한 극심하게 느끼도록 하면서 사람을 처형시킬까 고심하며 당대의 고문 기술자들은 십자가 처형법을 고안해 내었습니다. 사형수의 손과 발에 못을 박아 조금씩 피를 흘리게 만듭니다. 십자가에 매달린 사형수의 몸은 아래쪽으로 처지게 됩니다. 사형수는 숨을 쉴 때마다 발에 힘을 주고 상체를 일으키게 됩니다. 그때마다 발목과 손목의 뼈가 갈리는 고통을 느낍니다. 이 고통을 길게는 며칠씩 감내하며 천천히 죽어가는 것이 바로 십자가형입니다. 얼마나 고통스럽겠습니까? 십자가에 달린 사형수에게 자비를 베푸는 방법이 있습니다. 고통을 빨리 끝내기 위해 무릎뼈를 탈골 시켜 몸을 일으키지 못하도록 하는 것입니다. 그렇게 되면 숨을 제대로 쉬지 못해 일찍 사망하게 됩니다. 결국 질식사로 죽는 것을 좀 더 앞당기는 셈이지요. 예수님의 경우는 뼈를 꺾기 전에 이미 숨을 거두셨습니다. 그래서 로마 군은 허리에 창을 찔러서 죽음을 확인했습니다.

다시 첫 질문으로 돌아가 보겠습니다. 왜 주님께서는 시편 22편 전체를 암송하지 않으셨을까요? 예, 십자가 위에서 숨 쉬는 것 자체가 고통이기 때문에 주님은 많은 말씀을 할 수 없었기 때문입니다. 예수님께서는 십자가 위에서 겨우 일곱 마디를 남기셨을 뿐입니다. 비록 1절만 암송하셨지만, 예수님은 시편 22편 전체가 자신에 관한 메시아의 시편임을 잘 드러내 주셨습니다.

메시아 시편에서 일인칭 화자가 메시아 자신으로 묘사되는 경우가 종종 발견됩니다. 쉽게 설명하기 위해 이사야 53장과 시편 22편의 인칭을 비교해 보겠습니다. 이사야 53장은 십자가의 사건에 대한 유명한 예언입니다. 우리가 고난주간에 많이 암송하고 있지요. 이사야 53장에서 화자는 메시아를 삼인칭으로 지칭하고 있습니다.

> 그가 찔림은 우리의 허물 때문이요 그가 상함은 우리의 죄악 때문이라 그가 징계를 받으므로 우리는 평화를 누리고 그가 채찍에 맞으므로 우리는 나음을 받았도다(5절).

그렇지요? 매우 자연스럽습니다. 그런데 시편 22편에서는 화자가 일인칭입니다. "개들이 나를 에워쌌으며 악한 무리가 나를 둘러 내 수족을 찔렀나이다." 여기서 일인칭 "나"는 누구일까요? 이 시편은 다윗의 시편입니다. 그런데 이 구절에서 화자는 다윗이라기보다는 메시아 자신입니다. 그리스도의 영이 다윗 선지자를 감동시켜서 다윗의 입을 통해 메시아 자신이 말씀하신 것 같습니다. 실제로 다윗은 죽기 전에 남긴 유언적인 찬양을 통해 다음과 같이 고백합니다.

> 여호와의 영이 나를 통하여 말씀하심이여 그의 말씀이 내 혀에 있도다(삼하 23:2).

이처럼 메시아 자신이 일인칭 화자가 되는 것은 메시아 시편이 가진 특징들 가운데 하나입니다.

이제 오늘의 본문 시편 16편으로 돌아오겠습니다. 마치 시편 22편에서 1절만 인용되었음에도 그 전체가 메시아의 시편인 것처럼, 시편 16편에서 8-11절만 인용되었음에도 시편 16편 전체가 메시아의 시편임을 주목해야 합니다. 베드로 사도는 특히 예수 그리스도의 육체 부활을 논증하기 위해 시편 16:8-11을 인용합니다.

> 25 다윗이 그를 가리켜 이르되 내가 항상 내 앞에 계신 주를 뵈었음이여 나로 요동하지 않게 하기 위하여 그가 내 우편에 계시도다. 26 그러므로 내 마음이 기뻐하였고 내 혀도 즐거워하였으며 육체도 희망에 거하리니 27 이는 내 영혼을 음부에 버리지 아니하시며 주의 거룩한 자로 썩음을 당하지 않게 하실 것임이로다(행 2:25-27).

위의 구절에서 화자는 누구일까요? 예, 다윗이라기보다는 메시아 자신입니다. 만일 화자가 다윗이라면 본문은 다윗의 죽은 몸이 썩지 않고 보존되었음을 주장하는 내용이 되었을 것입니다. 그러나 이는 합리적인 해석이 아닙니다. 이런 이유에서 베드로는 "다윗이 죽어 장사되어 그 묘가 오늘까지 우리 중에 있도다"(29절)라고 말합니다. 그렇다면 본문의 화자는 다윗일 리가 없다고 베드로는 논증합니다. 마찬가지의 논리가 시편 110:1에도 적용됩니다. "다윗은 하늘에 올라가지 못하였으나"(34절)라고 베드로는 못 박습니다. 그렇다면 하늘로 승천하신 분은 누구일까요? 예, 바로 그리스도십니다. 따라서 시편 110편 말씀의 화자는 바로 메시아라고 베드로는 논증하고 있습니다. 요컨대 두 시편의 화자가 모두 그리스도임을 밝힘으로써 베드로는 구약 계시에 근거하여 그리스도의 부활과 승천을 입증한 것입니다.

이제 시편 16편 1절부터 읽어보겠습니다.

하나님이여 나를 지켜 주소서 내가 주께 피하나이다(시 16:1).

여기서 화자는 다윗인 동시에 다윗 선지자를 통해 말씀하시는 메시아입니다. 예수 그리스도는 십자가를 앞에 두고 그분 자신의 아버지 하나님께 피하셨습니다. 육체적인 고통보다는 십자가에서 감당해야 할 저주의 무게가 메시아를 심하게 짓누르고 있었던 것 같습니다.

내가 여호와께 아뢰되 주는 나의 주님이시오니 주 밖에는 나의 복이 없다 하였나이다(시 16:2).

역시 그리스도의 고백입니다. 누구를 향한 고백입니까? 예, 하나님을 향한 사랑의 고백입니다. 참 신기합니다. 하나님께서는 당신의 교회로 하여금 삼위 하나님 사이에 일어나는 친밀한 대화를 엿듣게 하십니다.

> 땅에 있는 성도들은 존귀한 자들이니 나의 모든 즐거움이 그들에게 있도다(시 16:3).

이 구절도 그리스도의 사랑 고백입니다. 지금 십자가를 향해 나아가시는 그리스도께서 누구를 향해 사랑의 고백을 하실까요? 예, "땅에 있는 성도"입니다. 영광을 입은 천상의 흠 없는 성도를 이야기하는 것이 아닙니다. 지금 그리스도께서는 저와 여러분을 포함하여 이 땅에 있는 교회를 향해 지극한 사랑을 고백하시는 것입니다. "땅에 있는 성도들은 존귀한 자들이니 나의 모든 즐거움이 그들에게 있도다." 잠시 이 말씀을 묵상하며 우리의 가슴에 새겨보도록 하겠습니다.

"나의 모든 기쁨이 당신에게 있습니다"라는 고백은 사실 쉽지 않은 내용을 포함하고 있습니다. 보통 사람이 정직한 마음으로는 할 수 없는 고백입니다. 우리의 경우 아무리 누군가를 좋아해도 그 대상이 자신의 "모든 기쁨"이라고 말할 수 없기 때문입니다. 연애를 하면서도 우리는 각자의 일상과 취미활동, 그리고 다양한 인간관계 안에서 나름대로 기쁨을 누리며 살아갑니다. 사랑하는 한 사람 안에서만 "나의 모든 기쁨"을 찾는 것은 아니라는 말이지요.

그런데 본문은 하나님의 사랑이 우리와는 다른 차원임을 선언합니다. 거짓말하실 수 없는 하나님께서 당신의 모든 즐거움이 당신의 백성<sup>교회</sup>

에게 있다고 말씀하실 때, 이는 전혀 과장되지 않은 진실입니다. 졸지도 주무시지도 않는 하나님이 그분 자신의 모든 즐거움을 우리에게 두신다는 말씀이 얼마나 우리의 가슴을 울리는지 모르겠습니다. 세상에 존재하는 모든 사랑의 고백들보다 탁월한 사랑입니다.

저는 이러한 사실을 신학교에 입학해서 처음 알게 되었습니다. 합동신학대학원 1학년 첫 학기 수업 시간이었습니다. 구약을 가르치시는 김성수 교수님께서 시편 16편 말씀을 수업 시간에 풀어 주셨습니다. 많은 시간을 할애하여 베드로의 설교와 베드로가 인용한 시편 16편 말씀을 한 구절 한 구절 주해하셨습니다. 그때 저는 본문 말씀이 메시아 시편이라는 사실, 그리고 선지자 다윗을 통해 그리스도의 영이신 성령께서 이렇게 말씀하셨음을 깊이 깨달았습니다. 그 순간 저도 모르게 마음이 울컥했습니다. 눈물이 주르르 흘렀습니다. 예수님의 마음이 제 마음 깊은 곳에 전달되는 것 같았습니다. 하염없이 흘러내리는 눈물을 주체하기 힘들었습니다. '천지를 창조하신 주님께서 당신의 모든 즐거움을 나에게 두신다니!' 이보다 더한 사랑의 고백이 어디에 있겠습니까? 나 같은 사람이 무슨 자격으로 이런 고백을 받겠습니까? 과연 이보다 더 큰 은혜가 또 있을까요? '주님, 이제 더 이상의 은혜를 구하지 않겠습니다. 이 말씀 하나로 저는 충분합니다. 일평생 이 말씀을 붙잡고 주님께서 부르신 이 길을 가겠습니다.' 이렇게 하나님께 기도드렸던 기억이 납니다. 확실히 이후의 제 삶이 달라졌습니다. 조금 과장하자면 제 인생은 이 말씀의 깊은 은혜를 깨닫기 전과 후로 나뉜다고 말할 수 있습니다.

흥미로운 것은 하나님께서 시편 16편에만 이러한 사랑의 고백을 기록하신 것이 아니라는 사실입니다. 이후 성경을 배워가며 이사야 62:4-5의 의미를 다시금 깨닫게 되었습니다.

> 다시는 너를 버림 받은 자라 부르지 아니하며 다시는 네 땅을 황무지라 부르지 아니하고 오직 너를 헵시바라 하며 네 땅을 쁄라라 하리니 이는 여호와께서 너를 기뻐하실 것이며 네 땅이 결혼한 것처럼 될 것임이라(사 62:4).

"헵시바"의 뜻을 영어로 표현하면 다음과 같습니다. "My Delight is in her." "나의 기쁨이 그녀에게 있다"라는 의미입니다. "그녀"는 예루살렘, 곧 교회를 의미합니다. 결국 시편 16:3 말씀과 동일한 의미입니다. 알고 보니 하나님께서는 당신의 교회를 향해 늘 이러한 사랑의 고백을 해오셨던 것입니다. "쁄라"라는 말은 "결혼한 여인"이라는 뜻입니다. "헵시바"와 "쁄라"를 연결 지어 해석하면 다음과 같습니다. 여기 한 청년이 있습니다. 한 여자를 만나 사랑에 빠집니다. 그녀에게 가서 사랑을 고백합니다. 그녀는 프러포즈를 받아줍니다. 이에 큰 기쁨으로 청년은 그녀를 아내로 삼았습니다. 그 청년은 자신의 모든 기쁨을 신부에게서 발견합니다. 이제 쉽게 이해하시겠지요? 이처럼 우리가 공감할 수 있는 언어로 하나님은 그분 자신과 교회의 관계를 비유하신 것입니다.

> 마치 청년이 처녀와 결혼함 같이 네 아들들이 너를 취하겠고 신랑이 신부를 기뻐함 같이 네 하나님이 너를 기뻐하시리라(사 62:5).

주님께서는 교회를 향한 하나님의 사랑을 이제 막 결혼한 신랑 신부의 뜨거운 사랑에 비유하십니다. 신혼 때에는 직장에 있는 동안에도 자신의 배우자를 생각하며 미소 짓습니다. 잠시 떨어져 있는 동안에도 서로를 그리워합니다. 신혼의 단꿈을 꾸는 것이지요. 하나님의 사랑을 생각할 때 바로 이러한 감정을 연상하라고 본문은 우리를 독려합니다. 피부에 와 닿는 방식으로 나를 향한 하나님의 사랑을 느끼며 기쁨과 확신을 누리라는 뜻입니다.

지금 저는 초대교회 이래 교회가 경험한 가장 달콤한 말씀을 여러분과 나누고 있습니다. 여러분께 드리는 선물입니다. 하나님께서는 이천 년 전 예루살렘에서 베드로의 설교를 듣고 있던 3천 명의 회중에게 이 선물을 주셨습니다. 예수 그리스도의 복음 안에 담겨있는 하나님의 이러한 애절한 사랑이 이들의 마음속에서 풀어졌을 때, 이 말씀은 사람들의 마음을 울렸습니다. 사람들은 자신의 가슴을 찢고 회개하며 주님께 돌아왔습니다. 그리고 바로 그곳에서 초대교회가 탄생했습니다.

베드로의 설교에 인용된 시편 16:8-11 말씀에는 반복하여 등장하는 단어가 있습니다. 바로 "기쁨"이라는 단어입니다. 시편 22편 말씀이 십자가의 고통을 자세하게 보여주고 있다면 시편 16편은 뜻밖에도 그리스도의 기쁨을 부각시키고 있습니다. 우리는 3절 말씀 주해를 통해 그리스도의 "모든 즐거움"에 대해 살펴보았습니다("땅에 있는 성도들은 존귀한 자들이니 나의 모든 즐거움이 그들에게 있도다"). 이제 사도행전 2:25-28에서 인용된 시편 16:8-11을 살펴보겠습니다.

⁹이러므로 나의 마음이 기쁘고 나의영도 즐거워하며 내 육체도 안전히 살리니…¹¹주께서 생명의 길을 내게 보이시리니 주의 앞에는 충만한 기쁨이 있고 주의 오른쪽에는 영원한 즐거움이 있나이다 (시 16:9, 11).

이 구절의 주제는 확실히 "기쁨과 즐거움"입니다. 종교개혁자 마르틴 루터가 시편 16편을 소개하면서 라틴어로 "*Voluntates Christi*"라는 표현을 사용했습니다. 우리말로 번역하면 "그리스도의 기쁨"이라는 의미입니다. 시편 16편을 통해 큰 은혜를 체험했음에도, 저 역시 처음에는 "그리스도의 기쁨"을 깊이 있게 이해하지 못했습니다. 신학교 2학년이 되었을 때, 어떤 사건을 계기로 비로소 "그리스도의 기쁨"을 실존적으로 깨닫게 되었습니다.

2학년 첫 학기 때의 일입니다. 생후 16개월이던 우리 아이가 희귀병을 앓았습니다. 랑거한스세포조직구증식증Langerhans cell histiocytosis이라는 질병이었습니다. 당시에는 백혈병의 일종으로 분류되었습니다. 우리 아이는 소아백혈병 병동에 입원하여 항암치료를 받았습니다. 이 병은 뼈와 장기를 포함한 신체의 모든 조직에서 발병할 수 있고, 한번 발병하면 매우 짧은 시간 안에도 주변 조직을 침범하여 파괴해 버리는 무서운 병이었습니다. 뇌나 척수 그리고 주요 장기에서 발병한 경우는 치사율이 매우 높다고 합니다. 다행히도 우리 아이는 왼팔 뼈의 중심에서 발병했습니다. 처음에는 단순히 팔이 삔 줄 알고 정형외과로 찾아갔습니다. 엑스레이 사진이 나왔을 때 의사도 저희도 모두 깜짝 놀랐습니다. 왼쪽 팔

뼈 하나가 거의 없어질 정도로 녹아 있는 상태였습니다. 그 다음 날 아침에 수술을 받았습니다. 이때부터 생사를 넘나드는 길고 긴 연단이 시작되었습니다. 그사이에 경험한 크고 작은 은혜를 시간 관계상 다 말씀드릴 수는 없습니다. 결론을 말하자면 결국 하나님께서 우리 아이를 기적적으로 치료해 주셨습니다. 지금은 정상적으로 성장하여 어엿한 대학생이 되었습니다. 담당하신 의사 선생님도 기적과 같다고 말씀했습니다.

돌이켜보면 신학교에서 약 2년을 거의 병원에서 살다시피 한 것 같습니다. 백혈병 병동에서 겪었던 여러 어려움 가운데 첫 번째 골수 검사를 받았을 때가 특히 기억에 남습니다. 성인 환자들도 힘들어한다는 골수 검사를 받는 날, 간호사님이 병실에 들어왔습니다. 엄마는 병실에 있으라고 말하고, "아빠만 함께 가실게요"라고 말했습니다. 제가 따라가며 왜 엄마는 올 수 없느냐고 물었습니다. 대답이 기막혔습니다. "아기 엄마들은 골수 검사가 진행될 때 아기를 지켜보다가 기절하는 경우가 종종 있거든요." 속으로 겁이 덜컥 나며 괜히 질문했다고 생각했습니다. 이윽고 처치실에 도착해서 우리 아이를 수술대에 올려놓았습니다. 저는 문밖에 서 있으라고 합니다. 담당 선생님과 간호사 네 명이 아이를 붙잡았습니다. 잠시 후 아이가 자지러지게 울기 시작합니다. 마침 사람이 오가며 몇 차례 문이 열렸습니다. 문이 열릴 때마다 아이와 눈이 마주쳤습니다. 수술대에는 아이의 피가 묻어 있는 것이 보입니다. '왜 아빠가 저기 있는데 나를 구해주지 않을까?'라는 표정으로 아이는 울부짖습니다. 저는 아이와 눈을 마주치면서도 어떤 표정을 지어야 할지 참으로 난

감했습니다. 아이를 안심시키자고 평안한 미소를 지을 수는 없었습니다. 그렇다고 맘껏 울자니 아이는 더 불안해할 테니 이러지도 저러지도 못한 채 표정이 일그러졌습니다. 그저 가슴이 찢어지는 슬픔을 당할 수밖에 없었습니다. 한순간 가슴에 통증이 시작되었습니다. 정말 물리적으로 가슴 부위가 너무 아팠습니다. '아, 이런 식으로 엄마들이 혼절하는구나!' 이런 생각을 했습니다.

그런데 참 이상합니다. 그때 뜬금없이 이런 생각이 떠올랐습니다. '예수님께서는 참 행복하셨겠다!' 예수님이 너무 부러웠습니다. 인간 부모는 사랑하는 자식을 대신하며 단 한 번의 주사도 대신 맞아줄 수 없는데, 예수님은 사랑하는 자녀들을 위해 대신 죽을 수 있었으니 얼마나 행복했을까? 이런 생각이 들었습니다. 지금이라도 간호사 선생님이 문을 열고 나와서 "도저히 안 되겠어요. 아무래도 아빠의 골수를 대신 채취해야겠습니다"라고 말한다면 얼마나 좋을까? 비록 주삿바늘 앞에서 잠깐 비명을 질러도, 이는 기쁨의 비명이 아닐까 하는 생각이 들었습니다. 이 순간 다시 시편 16편 말씀이 떠올랐습니다. 특히 베드로가 인용한 본문에서 반복되는 "기쁨"과 "즐거움"이 이해되기 시작했습니다. 바로 "그리스도의 기쁨"입니다. 인간 부모의 사랑은 사랑한다는 고백을 부끄럽게 할 만큼 아무것도 해 줄 수 없는 나약한 사랑입니다. 그런데 예수님의 사랑은 다릅니다. 말씀한 대로 책임을 지시는 사랑입니다. "나의 모든 즐거움이 너에게 있다"라고 우리에게 사랑을 고백하신 후에는 사랑하는 자녀의 죽음을 실제로 대신 담당하신 참으로 실력 있는 사랑입니다. 사랑하는 사람을 대신할 수 있는 예수님이 얼마나 부러웠는지 모르겠습니다. 이제 십자가를 향해 나아가는 그리스도의 마음을 묘사한 시편 16편이 왜 그토록 "기쁨"을 노래했는지 잘 이해되었습니다. 이 기쁨은 하나님의 전능한 사랑에 기초하고 있습니다.

신학을 공부하다 보니 별 이상한 신학도 있더군요. 이 세상에 존재하는 악을 설명하기 위해서 하나님의 전능하심을 훼손시키는 신학이 있습니다. 이 세상에는 온갖 부조리와 악이 가득하지만 나름 하나님도 최선을 다하시니까 그분을 이해해 드려야 한다는 식으로 설명합니다. 어떻게 보면 하나님을 편들어드리는 것 같지만 결국 하나님의 전능한 능력을 부정하는 신성모독적인 사상입니다. 이러한 생각을 하는 사람들의 시각에서 십자가는 하나님의 약함weakness으로 보일 수 있습니다. 그러나 이는 사실이 아닙니다. 십자가에는 오히려 하나님의 강함이 계시되어 있습니다. 세상에 존재하는 모든 피조물의 사랑과 차별화되는 하나님의 사랑, 곧 하나님의 전능한 사랑이 계시된 장소가 바로 십자가입니다. 오늘 본문의 말씀을 통해, 그리고 오순절에 선포된 베드로의 설교를 통해 저는 앞서 언급한 현대 신학이 잘못됐다는 것을 확신하게 되었습니다. 이 당시 저는 중등부를 담당하고 있었는데, 이후로 학생들에게 십자가를 설교할 때마다 제 목소리가 커졌던 것으로 기억합니다. "십자가야말로 전능하신 하나님의 전능한 사랑이 계시된 사건이다. 인간이나 천사의 사랑과 근본적으로 차별화되는 하나님의 사랑이 계시되었다."라고 외치며 확신을 가지고 십자가의 복음을 전하기 시작했습니다.

"그리스도의 기쁨"은 제가 오랜 기간 품어 왔던 또 다른 의문을 해결해 주었습니다. 우리가 전도하러 나갈 때 보통 요한복음 3:16 말씀을 사용합니다.

> 하나님이 세상을 이처럼 사랑하사 독생자를 주셨으니 이는 그를 믿는 자마다 멸망하지 않고 영생을 얻게 하려 하심이라(요 3:16).

'하나님의 사랑은 정말 크시구나. 세상을 지극히 사랑하셔서 그분의 독생자까지 주셨구나!' 이 구절을 암송할 때마다 이렇게 깨닫습니다. 그런데 다른 한편으로 저는 주일학교 때부터 조금 다른 생각을 했습니다. '하나님께서 우리를 사랑하셨다는 것은 잘 이해하겠지만, 아버지로부터 세상으로 보내심을 받은 예수님은 참 많이 힘드셨겠다!'
그런데 '그리스도의 기쁨'이 무엇인지 알게 된 이후로 이러한 의문이 해결되었습니다.

> 땅에 있는 성도들은 존귀한 자들이니 나의 모든 즐거움이 그들에게 있도다(시 16:3).

보냄을 받아 성육신하신 독생자의 마음, 곧 십자가를 향해 나아가는 그리스도의 마음에는 기쁨이 있었습니다. 억지로 십자가를 진 것이 아닙니다. 자발적으로 지신 십자가입니다. 당신의 모든 즐거움을 두시는 대상을 위해 십자가를 지러 나가는 주님의 발걸음에는 기쁨과 즐거움이 충만했습니다.
몇 년 전 돌아가신 제 아버지는 일평생 한 교회를 목회하시고 은퇴하셨습니다. 아버지께서 시무하시던 목양실 한쪽 벽에 다음과 같은 성경 구절이 걸려 있었습니다.

> 네 양 떼의 형편을 부지런히 살피며 네 소 떼에게 마음을 두라
> (잠 27:23).

비단 아버지뿐만 아니라 모든 목회자의 마음 서재에 이 말씀이 새겨져 있다고 생각합니다. 섬김을 받는 사람은 자신이 사랑받고 있다는 사실을 본능적으로 알게 됩니다. 목회자의 따뜻한 마음이 성도의 마음으로 전달되는 것이지요. 목회자뿐만이 아닙니다. 주일학교 학생들은 지금 담임 교사의 마음이 어디에 있는지 직감적으로 압니다. 구역 식구들은 우리 구역장의 마음이 자신들을 향하고 있다는 사실을 잘 압니다. '우리 구역장님은 자기 식구만큼, 아니 어쩌면 그보다 더 우리를 사랑해!' '참 신기하지. 그분은 우리밖에 몰라. 우리를 섬기면서 모든 기쁨을 누리는 것 같아.' 우리의 섬김을 받는 사람들 마음에서 이러한 생각이 동의를 얻고 서로 공유될 때, 그 모임은 생명력 있게 살아 움직이고 성장합니다.

오늘 베드로의 설교를 듣고 있는 회중의 마음 가운데 그리스도의 기쁨이 계시되었습니다. 지난 오랜 세월 동안 하나님의 사랑을 의심했던 마음이 깨끗이 사라졌습니다. 알고 보면 구약 교회의 유대인들도 적지 않은 고난과 상처를 받았습니다. '과연 우리가 선민이고 하나님의 백성이 맞는가? 그렇다면 우리가 이토록 고난을 받는 동안 하나님께서는 어디

에 계셨는가? 정말 하나님이 우리를 사랑하시는가?' 일제 강점기를 경험한 우리는 이들의 입장을 잘 이해할 수 있습니다. 36년의 식민 통치가 남긴 상흔도 큰데 이보다 몇 배 이상 지속된 압제를 받은 유대인들은 얼마나 큰 고통을 경험했겠습니까? '비록 우리가 잘못했지만, 하나님도 너무하시지 않은가? 우리를 아예 잊어버리신 것은 아닌가?' 이스라엘 교인들의 마음엔 이런 응어리가 있었습니다.

하나님께서는 이들의 굳은 마음을 십자가의 사랑으로 따뜻하게 녹여 주셨습니다. 예수 그리스도의 십자가는 한 달 전에 있었던 사건이었습니다. 그런데 베드로의 설교를 통해서 선포된 내용은 참 놀라웠습니다. 그리스도의 십자가는 이미 천 년 전에 선지자 다윗을 통해서 예언되었다는 것입니다. '이미 천 년 전부터 하나님은 우리를 십자가의 사랑으로 품으셨구나!' 얼마의 시간이 지난 후 작성된 베드로 서신에서 베드로는 십자가 사랑의 기원을 창세 전으로 끌고 갑니다.

> 이 그리스도께서는, 세상이 창조되기 전에 예정되고, 이 마지막 때에 여러분을 위하여 나타나셨습니다(벧전 1:20; 표준새번역).

하나님께서는 세상을 창조하기 전부터 우리를 십자가의 사랑으로 품으셨다는 선언입니다. 그리스도의 복음을 믿은 사람들은 하나님의 사랑에 대한 모든 의심과 오해를 풀고, "우리가 어찌할꼬!"라고 통회하며 주님께 돌아왔습니다. 그리고 집으로 돌아갈 수가 없었습니다. 그래서 그 자리에서 눌러앉았습니다. 이들의 모임에서 초대교회가 탄생한 것입니다. 하나님의 십자가 사랑이 계시되고, 하나님 백성이 가슴을 찢고 돌아와 마음과 마음의 교제가 이루어진 곳에서 초대교회가 세워진 것이지요.

오늘도 주님께서는 우리에게 동일하게 말씀하십니다. 이 말씀 속에 계시된 주님의 마음도 동일합니다. 우리가 일평생 붙들고 살아갈 위로와 사랑을 전해 주셨다고 믿습니다. 다시 한번 이 말씀을 우리의 가슴에 새기시기 바랍니다. "주님은 당신의 모든 즐거움을 나에게, 또한 우리에게 두셨습니다." 하나님이 이곳에 주님의 모든 즐거움과 마음을 두셨다면 우리 또한 이곳에 우리의 마음을 두어야 하지 않을까요? 하나님께서 지금 우리 가운데서 모든 즐거움을 취하신다면, 우리 또한 주님이 그토록 사랑하신 주님의 교회 안에서 지고의 행복과 기쁨을 누려야 하지 않겠습니까? 이러한 주님의 마음과 그리스도의 몸이요 그분의 사랑 받는 신부인 우리의 마음이 만나 사랑과 기쁨을 나누는 곳에서 지금 이 순간에도 크고 작은 주님의 교회가 생명력을 회복하고 든든히 세워져 나간다고 믿습니다. 아멘.

# 제3장
# 아브라함: 믿음으로

**히브리서 11:17-19**

¹⁷ 아브라함은 시험을 받을 때에 믿음으로 이삭을 드렸으니 그는 약속들을 받은 자로되 그 외아들을 드렸느니라. ¹⁸ 그에게 이미 말씀하시기를 네 자손이라 칭할 자는 이삭으로 말미암으리라 하셨으니 ¹⁹ 그가 하나님이 능히 이삭을 죽은 자 가운데서 다시 살리실 줄로 생각한지라. 비유컨대 그를 죽은 자 가운데서 도로 받은 것이니라.

⋯

인간의 신체 기관 중 믿음과 가장 닮은 기관이 있습니다. 청교도 신학자 토마스 굿윈은 『믿음의 본질』에서 사람의 눈이 믿음과 닮았다고 설명합니다. 눈은 신체의 작은 기관이지만, 넓은 하늘을 한눈에 담아낼 수 있습니다. 하늘 이쪽 끝에서 저쪽 끝까지 한 번에 볼 수 있습니다. 눈이 담아내는 범위가 믿음의 경우와 유사하다고 굿윈은 말합니다. 또 다른 특징은 수용성입니다. 17세기에 살았던 굿윈은 나름 과학적인 설명을 시도합니다. 눈은 가시광선의 영역 안에서만 볼 수 있습니다. 눈은 자체적으로 빛을 발하는 발광체를 가지고 있지 않습니다. 그 대신 태양 빛을 온전히 받아들입니다. 그 빛에 의해서 눈은 사물을 인식합니다. 이처럼 범위와 수용성이라는 두 가지 측면에서 눈은 믿음과 닮았습니다. 우리는 눈으로 항상 무엇을 바라봅니다. 눈을 가지고 자기 눈을 보는 사람은 없습니다. 대신 부지런히 사물들을 봅니다. 믿음도 마찬가지입니다. 믿음은 믿음의 대상을 가지고 있습니다.

오늘의 본문 히브리서 11:17은 창세기 22장 사건을 요약하고 있습니다.

> 아브라함은 시험을 받을 때에 믿음으로 이삭을 드렸으니 그는 약속들을 받은 자로되 그 외아들을 드렸느니라(히 11:17).

아브라함이 이삭을 번제로 드리려고 할 때, 그는 믿음을 가지고 있었다고 본문은 설명합니다. 과연 아브라함은 무엇을 믿었을까요?

> 그가 하나님이 능히 이삭을 죽은 자 가운데서 다시 살리실 줄로 생각한지라 비유컨대 그를 죽은 자 가운데서 도로 받은 것이니라 (히 11:19).

히브리서 11:19은 아브라함이 가졌던 믿음의 내용이 곧 이삭의 부활이라고 밝힙니다. 만일 하나님께 이삭을 번제로 드리면 하나님께서는 이삭을 반드시 부활시키실 것이라고 아브라함은 믿었다는 것입니다. 아브라함의 이런 믿음은 어디에서 온 것일까요? 아브라함은 확신에 이르기까지 그 어떤 의심과 고뇌의 과정을 일체 경험하지 않았다고 말할 수 있을까요? 그렇지 않습니다.

제가 신학 공부를 시작하기 전 일반 대학원에서 공부할 때의 일입니다. 제 지도 교수님은 기독교인들의 약점에 대해 말씀하셨습니다. 기독교 신자들은 고민하지 않는 약점이 있다고 비판하셨습니다. 예, 한편으로는 맞는 말입니다. 신자들은 인생의 근본적인 몇몇 문제들에 대해 지나치게 고민하지 않습니다. 하나님의 존재와 만물의 기원, 그리고 구원 등에 관한 성경의 계시를 단순한 믿음으로 수용합니다. 그러나 또 다른 측면에서 제 지도 교수님의 말씀은 틀린 말입니다. 신자는 믿음 때문에 오히려 고민하며 신앙 생활을 하는 경우도 많기 때문입니다. 믿음의 대표적인 인물인 아브라함은 믿음을 가졌기 때문에 오히려 죽을 만큼 고민한 사람입니다. 믿음은 고뇌라는 것과 양립 불가능한 것이 아닙니다. 아브라함뿐만 아니라 우리 역시 믿음이 있기 때문에 고민하는 경우가 많이 있습니다. 신자에게도 믿음은 결코 쉬운 것이 아닙니다. 일례로 "오직 믿음"이라는 종교개혁의 구호를 생각해 볼 수 있습니다. "오직 믿음"은 하나님께서 모든 것을 담당하고 행하신다는 뜻입니다. 이는 곧 사람에게서 난 것을 철저히 배제한다는 의미를 포함합니다. 그렇습니다. "오직 믿음"은 신자에게 철저한 자기 부정을 요구합니다. 자기를 죽이는 것보다 어려운 일은 없습니다. "오직 믿음"은 자기와의 싸움을 초래하기 때문에 어렵습니다. 한편 믿음의 대상은 하나님의 계시 말씀입니다. 그런데 하나님의 계시 안에 믿기 어려운 내용이 포함되어 있습니다. 계시된 말씀들이 서로 충돌하는 것처럼 보일 때도 있습니다. 이 때문에 신자는 고민합니다.

초대교회의 교부 아우구스티누스는 악의 문제를 가지고 고민했습니다. 그가 고민했다고 해서 믿음이 없었던 것이 아니라 믿었기 때문에 다음과 같은 문제로 고민했습니다. "선한 하나님께서 만물을 선하게 창조하셨는데 왜 악이 존재하는가?" 중세 시대의 화두는 이성과 믿음의 문제였습니다. 우리에게 믿음과 이성을 주신 분이 바로 하나님입니다. 그렇다면 신자는 하나님께서 주신 이성과 믿음을 어떻게 조화시킬 수 있을까 하는 문제 때문에 많이 고민했던 것입니다. 오늘날에도 크리스천 과학자들은 고민합니다. 기독교는 계시의 종교입니다. 하나님은 우리에게 두 개의 책을 주셨습니다. 자연의 책 The Book of Nature과 성경책 The Book of Scripture입니다. 때로는 자연의 책과 성경이 서로 모순을 일으키는 것처럼 보이기도 합니다. 이때 크리스천 과학자들은 고민합니다. 오히려 믿음이 없는 세상은 별 고민 없이 무신론적인 자연주의적인 해석을 취합니다. 로마서 1:28의 표현을 빌리자면 이들은 마음속에 하나님 두기를 싫어합니다. 성경은 이것이 인간의 부패성에 뿌리를 둔다고 말합니다. 이들과 달리 성경적 창조를 믿는 과학자들은 자연 세계가 하나님의 오묘한 창조의 신비를 설명해준다고 말합니다. 소수의 과학자만이 공적으로 자신의 신앙을 고백하는 것으로 보입니다. 그렇다면 이러한 믿음이 있는 과학자는 아무런 고민이 없을까요? 그렇지 않습니다. 오히려 믿음이 있기 때문에 더 많이 고민하고, 더 많이 연구하며, 더 많이 의심과 더불어 분투합니다. 자신의 전공 분야에서 학자적 양심을 지키면서도 자신의 신앙을 지켜내기 위해 무신론적 자연주의 세계관을 가진 세상의 학자들보다 두 배 세 배의 노력을 기울입니다. 이들의 연구 결과가 하나님의 특별계시에 위배되는 것이 아니고 오히려 하나님의 신비를 드러낸다고 선언할 때는 이미 많은 연구와 고뇌의 과정을 통과했을 확률이 높습니다. 믿음이 있어서 고민하지 않는 것이 아니라 오히려 믿음이 있기 때문에 고민하는 것이 우리 신자의 현실입니다. 비록 현재의 수준에서는 모순으로 보이는 현상도 지속적으로 깊이 있게 연구하다 보면 오히려 자연계시와 특별계시의 내용이 조화를 이룰 것이라는 기대를 갖고 우리는 탐구를 지속해야 합니다.

물론 제가 지금까지 살펴본 신자의 고민과 오늘의 주인공 아브라함이 고민한 내용은 차원이 다릅니다. 아브라함은 과학과 성경 사이의 모순 때문에 고민하지 않았습니다. 하나님의 특별계시 안에 있는 모순 때문에 고민했습니다, 게다가 이 계시는 아브라함이 하나님으로부터 직접 받은 계시입니다. 하나님의 명령 가운데 결코 피해 갈 수 없는 모순이 발생했기 때문에 믿음의 조상 아브라함은 고민하기 시작합니다. 아브라함은 다음 두 개의 계시를 받았습니다. 그런데 이 두 계시는 서로 충돌합니다.

> 그에게 이미 말씀하시기를 네 자손이라 칭할 자는 이삭으로 말미암으리라 하셨으니(히 11:18).

> 여호와께서 이르시되 네 아들 네 사랑하는 독자 이삭을 데리고 모리아 땅으로 가서(창 22:2).

하나님께서는 이삭을 번제로 드리라고 말씀하십니다. 현재 이삭은 장가도 안 간 10대 소년입니다. 아직 결혼을 안 했으니, 이삭에게는 자녀가 없습니다. 그런데 이삭을 번제로 드리라고 하십니다. 그렇다면 이삭의 몸을 통해 주시겠다는 수많은 자손과 "약속의 씨"이신 메시아에 관한 계시는 어떻게 되는 것입니까? 이삭이 번제의 희생물로 사라지면 약속된 아브라함의 후손도 사라지고 마는 것입니다. 하나님의 계시 안에서 정면으로 충돌하는 모순이 발생한 것입니다. 이는 아브라함과 같이 믿음이 좋은 신자에게는 큰 도전이라고 할 수 있습니다. 하나님께서는 빠져나갈 제3의 길을 제시하지 않으셨습니다. 일찍이 대안을 제시했던 장본인이 바로 아브라함이었습니다. 창세기 15장과 17장에서 아브라함은 두 번에 걸쳐 하나님께 대안을 제시합니다. 그때마다 하나님이 아브라함의 제안을 거절하십니다. 앞으로 출생할 이삭을 대신하여 아브라함이 제안한 첫 번째 대안은 바로 엘리에셀이었습니다.

> ² 나는 자식이 없사오니 나의 상속자는 이 다메섹 사람 엘리에셀이니이다. ³ 아브람이 또 이르되 주께서 내게 씨를 주지 아니하셨으니 내 집에서 길린 자가 내 상속자가 될 것이니이다. ⁴ 여호와의 말씀이 그에게 임하여 이르시되 그 사람이 네 상속자가 아니라 네 몸에서 날 자가 네 상속자가 되리라 하시고 (창 15:2b-4)

자기의 몸에서 난 자녀가 없으니까 자신의 종 가운데 가장 신실한 엘리에셀에게 상속권을 준다고 제안한 것입니다. 그러자 하나님은 이를 거절하시며 "그 사람이 네 상속자가 아니라 네 몸에서 날 자가 네 상속자가 되리라"고 말씀합니다.

> 아브라함이 이에 하나님께 아뢰되 이스마엘이나 하나님 앞에 살기를 원하나이다 (창 17:18).

이제 아브라함은 또 다른 대안을 제시합니다. 이때 아브라함은 사라를 통해 자녀를 생산할 가능성이 없다고 판단한 듯합니다. 그래서 이스마엘을 상속자로 삼겠다고 하나님께 아룁니다. 이 제안에 대해서도 하나님은 부정적으로 응답하십니다.

> 하나님이 이르시되 아니라 네 아내 사라가 네게 아들을 낳으리니 너는 그 이름을 이삭이라 하라. 내가 그와 내 언약을 세우리니 그의 후손에게 영원한 언약이 되리라(창 17:19).

이삭을 통해서 언약을 세우겠다고 하나님께서 말씀합니다. 히브리서 11:18에 나오는 "이삭으로 말미암음이라"라는 표현은 바로 창세기 17:19을 가리키는 말씀입니다. 지금까지의 내용에 근거해 볼 때, 여기서 이삭이 죽으면 안 된다고 말할 수 있습니다. 그럼에도 하나님은 아브라함에게 이삭을 죽이라고 말씀하십니다. 예, 분명히 모순입니다. 이러한 두 가지 모순된 하나님의 계시 앞에서 아브라함은 고민합니다. 죽을 만큼 고민했을 것입니다. 마침내 해답을 얻습니다. 하나님의 두 명령이 모두 사실이라면 이 모순을 해결하는 유일한 해법은 이삭이 죽고 다시 부활하는 것이라는 결론에 도달합니다. 실제 아브라함은 이렇게 믿었습니다.

> 그가 하나님이 능히 이삭을 죽은 자 가운데서 다시 살리실 줄로 생각한지라. 비유컨대 그를 죽은 자 가운데서 도로 받은 것이니라 (히 11:19).

과연 아브라함이 이러한 결론을 받아들이는 일이 쉬웠을까요? 결코 그렇지 않았을 것입니다. 아브라함은 고뇌했을 것입니다. 잠깐 아우구스티누스의 이야기로 돌아가 보겠습니다. 과연 하나님은 선하시고, 선하신 하나님이 모든 것을 창조하셨는데, 도대체 이 세상에 존재하는 악은 어디에서 기원하는가? 이 문제로 고민하다가 아우구스티누스는 마침내 "결핍"privation이라는 개념을 발견합니다. 일종의 철학적인 개념으로서 "악은 실체가 없고 선이 결여된 상태"라고 설명한 것입니다. 쉽게 예를 들겠습니다. 하나님은 사과를 선하게 창조하셨습니다. 그런데 사과가 썩었습니다. 사과가 썩은 것이 바로 악입니다. 사과가 썩은 것은 새로운 피조물이 아닙니다. 하나님께서는 좋은 상태의 사과만을 창조하셨습니다. 그런데 무엇인가 좋은 요소가 결여되어 사과가 썩은 것입니다. 요점을 이해하셨나요? 하나님은 썩은 사과, 곧 악을 따로 만드실 필요가 없습니다. 그럼에도 이 세상에는 악이 존재할 수 있습니다. 하나님의 선한 창조와 악의 실존이 서로 양립 가능하다는 사실을 "선의 결핍으로서의 악"이라는 개념을 이용하여 설명한 것입니다. 자, 이제 인간에 관해 말씀드리겠습니다. 하나님은 사람을 선하게 창조하셨습니다. 그런데 도대체 악인은 어디에서 기원했을까요? 예, 사람이 스스로 타락해서 악인이 된 것입니다. 사람이 타락할 수 있었던 것은 자유의지가 주어졌기 때문입니다. 그런데 이성적 피조물인 인간에게 부여하신 자유의지 그 자체는 선한 것입니다. 다만 사람은 그 자유의지를 오용하여 스스로 악인이 된 것입니다. 선인의 상태에서 죄인이 된 것, 철학적으로는 선의 요소가 "결핍"된 것으로 설명할 수 있습니다. 신학적으로는 이를 가리켜 "타락"이라고 말합니다. 악은 바로 여기에서 기원한 것입니다. 또 다른 이성적 피조물은 천사의 경우도 마찬가지입니다. 하나님은 처음부터 마귀를 창조하지 않으셨습니다. 영광스러운 천사를 창조하셨습니다. 그런데 천사가 스스로 타락하여 사탄이 된 것입니다.

철학적인 고뇌를 통해 아우구스티누스가 이처럼 나름의 해법에 도달했던 반면, 아브라함의 고뇌는 관념적인 수준에 머물지 않았습니다. 그의 믿음은 실천적으로 시험대에 오르게 됩니다. 창세기 22장은 이 과정을 기록합니다. 아브라함의 믿음은 행동하는 믿음이었고, 전 존재를 걸고 고백하는 믿음이었습니다.

> 여호와께서 이르시되 네 아들 네 사랑하는 독자 이삭을 데리고 모리아 땅으로 가서...(창 22:2).

저는 주일학교 시절부터 이 본문을 읽을 때마다 궁금한 것이 있었습니다. 왜 아브라함은 하나님의 부당한 명령에 대해 한마디의 항의와 불평도 하지 않았을까? 이 의문이 해결되지 않은 채 신학교에 입학하고 교육전도사가 되었습니다. 주일학교에서 이 본문으로 설교하게 되었습니다. 제가 담당한 주일학교 학생들에게 이렇게 물었습니다. "너희가 아브라함이라면 하나님께 어떤 방식으로 항의할 수 있을까?" 아이들은 여러 가지 가능한 대답들을 말했습니다. 이 내용은 대략 세 가지 정도로 요약되었습니다.

하나님, 이삭은 제 것입니다.

하나님, 이삭은 제게 하나밖에 없는 아들입니다. 외아들이에요.
하나님, 이삭은 제 목숨보다 사랑하는 아들이에요. 차라리 저를 데려가세요.

이 정도의 내용이 바로 아브라함이 하나님께 제기할 수 있는 항변이라고 말할 수 있습니다. 그런데 본문을 자세히 살펴보면 하나님께서 위의 내용을 이미 말씀하고 계십니다. 이삭을 가리켜 "네 아들, 네 독자, 네 사랑하는 아들"이라고 말씀하십니다. 아브라함 입장에서는 자기가 할 말을 하나님께서 이미 다 하신 것입니다. 그래서 달리 할 말이 없었던 것입니다. 이로써 아브라함이 보여준 행동하는 믿음의 첫 번째 특징은 말을 안 하는 것이 되었습니다. 아니, 할 필요가 없었던 것이죠. 자, 여기서 우리는 행간에 기록된 보이지 않는 내용을 읽을 수 있습니다. "네 아들, 네 사랑하는 아들, 독자 이삭"을 번제로 드리라고 말씀하실 때 하나님은 속으로 이렇게 말씀하십니다. "나에게도 아들이 있다. 내가 그 아들을 지극히 사랑한다. 그 아들은 유일한 독생자 아들이다." 이렇게 생각하면 우리는 본문이 아브라함의 이야기일 뿐만 아니라 하나님 자신의 이야기요. 예수 그리스도에 관한 이야기임을 알 수 있습니다.

과연 아브라함은 시험받을 때 이것이 매우 특별한 시험인 것을 알고 있었을까요? 네, 알고 있었던 것으로 판단됩니다. 하나님께서는 자신이 지정하는 한 장소로 이삭을 데리고 가라고 말씀하시죠. 3일 길을 걸어갑니다. 마침내 하나님은 모리아로 아브라함을 인도하십니다. 그리고 하나님께서 지정하신 곳에 이르러 아브라함은 오직 이삭만을 데리고 산에 오릅니다. 그 모습을 성경은 이렇게 묘사합니다.

> 아브라함이 이에 번제 나무를 가져다가 그의 아들 이삭에게 지우고 자기는 불과 칼을 손에 들고 두 사람이 동행하더니(창 22:6).

이는 약 이천 년 후에 있을 십자가 사건에 대한 예표입니다. 이삭은 자기를 태워버릴 나무 짐을 지고 산에 오릅니다. 이것은 십자가를 지고 가시는 예수 그리스도의 모습을 연상케 합니다. 그 앞에 아버지 아브라함이 한 손에 불과 다른 손에 칼을 들고 앞장섭니다. 십자가에서 공의의 심판을 시행하시는 아버지 하나님의 모습을 보여 줍니다. 예수 그리스도는 인류의 죄를 지고 십자가에 달리셨습니다. 죄에 대한 하나님의 공의로운 심판과 저주가 그리스도에게 부어졌습니다. 여기서 우리는 하나님의 마음을 읽을 수 있습니다. 비록 십자가에는 죄를 심판하시는 하나님의 공의가 계시되었지만, 하나님께서는 십자가에 달리신 그리스도의 아버지로서 십자가 사건에 동참하셨다는 것입니다. 불과 칼을 들고 이삭에 앞서 행하는 아브라함은 이러한 아버지의 마음을 잘 보여주고 있습니다. 이런 면에서 저는 본문을 일종의 연극 대본으로 이해하며 읽어보라고 학생들에게 가르친 일이 있습니다. 그 내용은 다음과 같이 요약됩니다.

오늘 하나님은 구속사의 청사진을 아브라함에게 주십니다. 흥미로운 것은 아브라함이 구원의 설계도를 받은 방식입니다. 그 설계도는 연극 대본이었습니다. 원 주인공은 하나님과 예수님입니다. 대역 배우는 아브라함과 이삭입니다. 아브라함으로 하여금 실제 상황인 것처럼 느끼고 행동하도록 만들었습니다.…본문을 자세히 묵상해 보면, "성부 하나님도 십자가 사건의 주인공임"을 알 수 있습니다. 아브라함은 독생자를 십자가로 이끌어 가는 하나님의 마음을 구현하고 있습니다. 한 손엔 불을, 다른 한 손엔 칼을 들고 앞장섭니다. 그 뒤엔 이삭이 자기를 불태울 나무를 한 짐 지고 말없이 따라갑니다. 도살장으로 끌려가는 어린 양과 같습니다. 지금 무대 위에서 벌어지는 이 장면을 성부 하나님과 성자 하나님이 말없이 지켜보십니다.

연극이 절정에 이르렀을 때 하나님은 아브라함에게 메시아에 관한 언약을 확인시켜 주십니다. 창세기 22장의 결론입니다. "네 씨로부터 천하만민이 복을 얻게 될 것이다!" 사도 바울은 이 "씨"가 곧 그리스도임을 밝힙니다(갈3:16). 그렇습니다. 하나님은 인류 구원의 청사진을 아브라함으로부터 주신 것입니다.

> 이삭을 데리고 모리아 땅으로 가서 내가 네게 일러준 한 산 거기서 그를 번제로 드리라(창 22:2).

모리아 산은 오늘 본문 이외에 한 번 더 등장합니다. 역대하 3:1입니다.

> 솔로몬이 예루살렘 모리아 산에 여호와의 전 건축하기를 시작하니…(대하 3:1).

제3장 아브라함: 믿음으로

모리아 산은 아주 역사적인 장소입니다. 예루살렘 성전이 건축될 장소라는 것이죠. 하나님은 아브라함을 브엘세바에서부터 이끌어 예루살렘까지 이끄신 것입니다. 약 천 년 후에 예루살렘 성전이 건축될 장소이고, 이후 다시 천 년 후에 예수님이 십자가에 달려 돌아가실 장소라는 것입니다. 역대하 히브리어 원문에서는 모리아산 앞에 정관사가 붙어 있습니다. 성경 기자는 이곳이 역사적인 유명한 장소임을 표시한 것입니다.

"하모리아"( הַמּוֹרִיָּה ) / 정관사 "하"( הַ ) = 그 모리아(땅의 산)

바로 그 산에서 아브라함은 이삭을 번제로 드리려고 합니다. 이곳에 이르기까지 아브라함과 이삭은 많은 대화를 나누었을 것입니다. 그러나 성경은 한 번의 대화만을 기록하고 있습니다.

> 이삭이 그 아버지 아브라함에게 말하여 이르되 내 아버지여 하니 그가 이르되 내 아들아 내가 여기 있노라. 이삭이 이르되 불과 나무는 있거니와 번제할 어린 양은 어디 있나이까?(창 22:7).

> 아브라함이 이르되 내 아들아 번제할 어린 양은 하나님이 자기를 위하여 친히 준비하시리라…(창 22:8).

사실 이삭의 질문은 아브라함이 가장 두려워했던 질문이었을 것입니다. 이삭이 이 내용을 질문한 순간 아브라함의 마음은 흔들렸을지도 모릅니다. 스스로 무너져 내리지 않으려고 입술을 꼭 깨물었을 수도 있습니다. 이윽고 아브라함은 신앙 고백과도 같은 내용으로 이삭에게 대답합니다. "번제할 어린양은 하나님이 자기를 위하여 친히 준비하시리라." 여호와 이레의 신앙 고백을 한 것이죠. 진주와 같은 신앙 고백입니다. 하나님께서는 이 고백을 기쁘게 받으셨습니다. 아브라함의 입술을 통해 흘러나온 고백으로 자신의 성호로 삼으셨어요. 바로 여호와 이레의 하나님입니다. 정말 그렇습니다. 사실상 이는 하나님께서 창세 전부터 준비하신 하나님의 어린양, 예수 그리스도에 대한 신앙 고백이었던 것입니다.

성경은 아브라함의 다음 진술 역시 의미 있게 기록합니다. 아브라함이 사환에게 한 말입니다.

> 내가 아이와 함께 저기 가서 예배하고 우리가 너희에게로 돌아오리라(창 22:5).

이것은 부활 신앙입니다. 히브리서 기자는 이 말씀에 근거해서 "그가 하나님이 능히 이삭을 죽은 자 가운데서 다시 살리실 줄로 생각한지라"(히11:19)라고 해석한 것 같습니다. 이 단계가 되면 아브라함의 마음에는 확신이 자리 잡았음에 틀림없습니다. '그렇지, 하나님께서 이 아들을 분명히 살리실 것이다. 그래서 나는 이 아이와 함께 다시 돌아올 것이다'라고 생각한 것이죠. 부활 신앙에 대한 고백입니다.

혹자는 아브라함이 예수 그리스도의 십자가와 부활을 알았다고 말하는 것은 지나친 해석이라고 말합니다. 그러나 요한복음에서 예수님은 이렇게 말씀하십니다.

> 너희 조상 아브라함은 나의 때 볼 것을 즐거워하다가 보고 기뻐하였느니라(요 8:56).

아브라함의 기쁨은 막연한 예측에 근거한 것이 아니었습니다. 예수님은 아브라함이 "보고" 기뻐했다고 말씀합니다. 앞으로 오실 메시아의 구속 사역의 핵심적인 내용을 아브라함이 체험적으로 보고 확신할 수 있도록 하나님께서는 그에게 특별한 계시를 주셨다고 생각됩니다. 번제할 어린양에 대한 아브라함의 믿음, 또한 아브라함의 부활 신앙은 이천 년 후에 예수 그리스도의 십자가 부활 사건으로 성취되었습니다.

> 그가 하나님이 능히 이삭을 죽은 자 가운데서 다시 살리실 줄로 생각한지라. 비유컨대 그를 죽은 자 가운데서 도로 받은 것이니라 (히 11:19).

아브라함의 고백인 "여호와 이레"에는 하나님께서 준비하셨다는 의미도 있고 "하나님이 보이셨다, 하나님이 나타나셨다, 하나님이 현현하셨다"라는 뜻도 있습니다.

> 솔로몬이 예루살렘 모리아 산에 여호와의 전 건축하기를 시작하니 그곳은 전에 여호와께서 그의 아버지 다윗에게 나타나신(נִרְאָה) 곳이요 여부스 사람 오르난의 타작마당에 다윗이 정한곳이라 (대하 3:1).

여기서 "나타나신"이라는 히브리어 단어가 창세기 22장의 "여호와 이레"와 동일한 단어입니다. 다만 시제가 다릅니다. 창세기 22장은 시제가 미래이고 역대하 3장은 과거로 쓰고 있습니다. 그러니까 창세기 22장의 사건도 하나님께서 하나님이 정하신 산에 하나님이 스스로 현현하실 것이라는 의미로 해석할 수 있습니다. 하나님께서 당신의 어린양 예수 그리스도를 예비하실 뿐만 아니라 그 예비하신 어린양 자체가 하나님의 현현이라는 것입니다. 하나님 자신이라는 것이죠.

> 아브라함이 그 땅 이름을 여호와 이레라 하였으므로 오늘날까지 사람들이 이르기를 여호와의 산에서 준비되리라(그가 나타나시리라) 하더라(창 22:14).

여호와 이레는 곧 예수 그리스도를 가리킵니다. 창세기 22장의 결론을 요약하는 말씀은 다음과 같습니다.

> ¹⁷내가 네게 큰 복을 주고 네 씨가 크게 번성하여 하늘의 별과 같고 바닷가의 모래와 같게 하리니 네 씨가 그 대적의 성문을 차지하리

라. **18**또 "네 씨"로 말미암아 천하 만민이 복을 받으리니 이는 네가 나의 말을 준행하였음이니라 하셨다 하니라(창 22:17-18).

아브라함 언약의 핵심은 "네 씨"입니다. 메시아입니다. 언약의 핵심에 메시아가 있는 것입니다. 창세기 22장에서 아브라함이 치른 시험의 열쇠가 예수 그리스도라는 것입니다. 어떻게 이 씨로 말미암아 천하 만민이 복을 얻을 수 있는가? 메시아의 대속의 죽음으로 말미암아 천하 만민에게 하나님의 구원이 미치게 된다는 사실이 예표적으로 드러납니다.

> 아브라함이 눈을 들어 살펴본즉 한 숫양이 뒤에 있는데 뿔이 수풀에 걸려 있는지라. 아브라함이 가서 그 숫양을 가져다가 아들을 대신하여 번제로 드렸더라. 아브라함이 그 땅 이름을 여호와 이레라 하였으므로 오늘날까지 사람들이 이르기를 여호와의 산에서 준비되리라 하더라(창 22:13-14).

아브라함의 믿음에는 이삭의 죽음과 부활이 있었습니다. 그런데 실제로 이삭은 죽지 않았습니다. 대신 숫양이 죽었습니다. 아브라함의 믿음은 어떻게 그리스도의 십자가와 부활 신앙으로 나아갔을까요? 매개체가 바로 숫양입니다. 이 숫양이 이삭을 대신하여 희생당함으로 말미암아 아브라함의 시선은 대속의 죽음으로 옮겨갑니다. 하나님께서는 이 사건의 의미를 예수 그리스도의 십자가와 부활로 이끌고 가신 것입니다.

오늘날 우리가 드리는 예배의 핵심에 예수 그리스도가 계시고 예수 그리스도의 대속의 죽음이 있습니다. 이 대속의 죽음으로 말미암아 우리가 하나님 앞에 나아와 그분이 베푸시는 용서를 경험하고 새 생명을 얻습니다. 이것이 복음입니다. 오늘 하나님께서는 아브라함과 이삭으로 하여금 이 복음의 진수를 체험토록 하신 것입니다.

여러분, 신앙인은 고민할 수 있습니다. 믿음을 가졌기 때문에 고민합니다. 믿음 때문에 내 삶의 모든 영역에서 우리가 갈등할 수 있습니다. 우리 믿음의 고민은 그 시작점이 하나님의 계시입니다. 또한 우리의 모든 고민과 고뇌와 갈등의 종착역은 예수 그리스도의 십자가와 부활입니다. 마땅히 그렇게 되어야 합니다. 일례로, '내가 정말 하나님의 자녀가 맞는가?' '그렇다면 왜 이렇게 나에게 고난이 많은가?' '나는 왜 이렇게 사업을 하면 망하고 내가 학교를 지원하면 떨어지고 나는 왜 이렇게 많은 실패를 경험하는가?' 신앙인들도 이런 고민을 할 수 있습니다. 신자도 얼마든지 고민할 수 있습니다. 그런데 잘 기억하세요. 하나님께서는 신자의 고민에 상한선과 하한선을 딱 그어주셨습니다. 하나님이 나를 하나님 자신의 생명같이 사랑하셨습니다. 이 사랑을 역사적으로 확증한 것이 십자가 사건입니다. 우리의 모든 고민은 이 변치 않는 울타리 안에 머물러야 합니다. 이 경계선을 넘어 하나님의 사랑을 의심해서는 안 됩니다. 그 이상 벗어나서 방황할 필요가 없습니다. 물론 이 한계선 안에서 신자는 고민할 수 있습니다. 하나님은 고뇌의 과정을 통해 우리의 믿음을 연단하십니다. 믿음의 분량에 따라 우리로 하여금 갈등하도록 허락하십니다. 그 모든 과정에서 주님은 우리의 믿음을 성숙시키십니다. 이제 세 가지 적용을 나누도록 하겠습니다.

첫 번째 적용은 와이파이를 표시하는 그림에 빗대어 생각해보겠습니다. 와이파이는 그 자체로 내용을 담지 않습니다. 우리는 와이파이를 일종의 도구로 삼아 인터넷을 사용합니다. 와이파이를 통해 이메일을 확인하고 필요한 파일을 내려받을 수 있습니다. 도구 역할을 하는 것입니다. 믿음이 꼭 이와 같습니다. 토마스 굿윈은 믿음을 눈으로 비유했습니다. 현대인에게는 와이파이의 비유가 좀 더 효과적이라고 생각합니다. 믿음은 꼭 와이파이 같습니다. 믿음은 믿음 자체가 목적이나 내용이 아닙니다. 믿음은 일종의 수단으로서 무엇인가 믿음의 대상을 다운로드할 수 있도록 기능합니다. 사실 와이파이의 유무보다는 와이파이를켜서 무엇을 다운로드하느냐 하는 것이 중요합니다. 우리는 믿음의 와이파이를 켜서 하나님의 약속의 말씀을 다운로드 받습니다. 하나님을 신뢰합니다. 그다음에 예수 그리스도를 붙잡습니다. 믿음이 도구라는 사실을 항상 마음에 두어야 합니다. 특히 한국의 신자들은 이 점을 명심해야 합니다. 우리는"믿~~습니까?"라는 말을 많이 들어 왔습니다. 이런 표현은 자칫 믿음 자체가 신비한 능력을 행한다고 생각하도록 만듭니다. 맹목적으로 들릴 수 있습니다. "와이파이를 켜셨습니까?"라고 말하며 지나치게 열을 내는 사람은 없습니다. 단지 확인하면 됩니다. 믿음의 와이파이를 켜고 무엇을 다운로드받느냐가 더 중요합니다. 이런 맥락에서 "믿습니까?"라고만 묻기보다는 목적어를 함께 말해 줄 필요가 있습니다.

"예수 그리스도를 신뢰하십니까?" 혹은 "하나님의 말씀을 믿습니까?" 라고 말이죠.

두 번째 적용은 "믿음으로 산다는 것은 무엇인가?"라는 질문과 관련이 있습니다.

믿음의 삶은 몸과 마음 전체로 사는 것입니다. 사람에게는 다섯 개의 감각 기관이 있습니다. 본문의 이야기 안에서 아브라함의 믿음은 오감을 통해 작동했습니다. 이를 다음과 같이 흥미롭게 묘사할 수 있습니다.

1. "귀" - "그를 부르시되 아브라함아 하시니 그가 이르되 내가 여기 있나이다"(창 22:1).
2. "눈" - "제 삼일에 아브라함이 눈을 들어 그곳을 멀리바라본지라"(창 22:4).
"아브라함이 눈을 들어 살펴본즉 한 숫양이"(창 22:13).
3. "입" - "이르되 우리가 너희에게로 돌아오리라"(창 22:5).
"이르되 번제할 어린양은 하나님이 자기를 위하여 친히 준비하시리라"(창 22:8).
4. "손" - "손을 내밀어 칼을 잡고 그 아들을 잡으려 하더니"(창 22:10).
5. "코" - "번제로 드렸더라"<sub>흠향</sub>(창 22:13).
6. "발" - "아브라함이 아침에 일찍이 일어나…가더니"(창 22:3).

믿음은 눈으로만 보는 것이 아닙니다. 머리로만 고민하는 것이 아닙니다. 손과 발이 움직이는 것입니다. 우리의 모든 오감이 작동하는 것입니다. 믿음으로 산다는 것은 우리의 몸과 마음의 모든 기능이 작동하는 것입니다. 마음은 겉으로 쉽게 드러나지 않을 수 있습니다. 그러나 마침내 믿음을 가진 마음은 표정으로 드러나게 되어 있습니다. 믿음을 가진 신자에게 하나님은 웃음을 주십니다. 하나님은 신자에게 그 누구도 빼앗아 갈 수 없는 평안과 기쁨, 그리고 웃음을 주십니다.

아브라함의 원래 이름은 아브람이었습니다. "아브람"은 "큰 아버지, 높임을 받는 아버지"라는 뜻입니다. 아브라함은 아브람이라 불리던 시절부터 "아버지"라는 뜻의 이름을 가지고 있었던 것입니다. 한번 상상해 봅시다. 아브람이 고향을 떠나 약속의 땅으로 오는 여정에서 얼마나 많은 사람을 만났겠습니까? 만날 때마다 다음과 같은 인사를 나누었을 것입니다.

"당신의 이름이 무엇입니까?"
"아, 제 이름은 아브람 높임을 받는 아버지입니다."
"아, 좋은 이름입니다. 그렇다면 자녀가 많으신가 보군요?"
"아니요. 한 명도 없습니다."

자녀가 없는데 아버지라는 이름을 가지고 있었던 것입니다. 하나님께서 자녀를 주시겠다고 약속하셨는데, 오랜 기간 약속의 자녀를 주시지는 않으셨습니다. 그러니 자기 이름이 불릴 때마다 얼마나 스트레스를 받았을까요?

그런데 아브라함의 나이가 99세가 되었을 때, 하나님께서 나타나셔서 아브람의 이름을 바꿔주십니다. 아마도 이때 아브람은 무척 기뻐했을 것입니다. '이제야 비로소 스트레스에서 해방되는구나!'라고 생각했을지 모릅니다. 그런데 웬일입니까? 하나님께서는 아브람의 이름을 "아브라함"으로 바꾸어 주십니다. 그 의미는 "열국의 아버지"입니다. 사래의 이름도 "열국의 어머니"라는 의미의 "사라"로 바꿔주셨습니다.

| 아브람(Abram) | אַבְרָם |
|---|---|
| 아브라함(Abraham) | אַבְרָהָם |

아마도 아브라함의 이웃들은 웃음을 터뜨렸을지 모릅니다. '드디어 저 노인네가 망령이 났네!'라고 조롱했을지도 모릅니다.

마침내 하나님께서는 약속하신 대로 이삭을 주십니다. 사라를 통해 정말 딱 한 명의 자녀를 주셨습니다. 물론 이삭을 통해서 결국 하나님은 아브라함과 사라를 열국의 아버지와 어머니로 만들어 주셨습니다. 그러나 사라가 살아있는 동안에는 이들에게 단 한 명의 아들만 있을 뿐이었습니다. 이웃 사람들은 여전히 비웃었을지도 모릅니다. "저 집 아빠 엄마 이름은 열국의 아버지, 열국의 어머니인데 자식은 하나뿐이야." 그런데 아브라함과 사라는 이 사실을 즐겼습니다. 창세기에 보면 하나님이 아브라함에게 이삭을 준다고 했을 때 웃었다고 의미 있게 기록합니다.

아브라함이 엎드려 웃으며(창 17:17).

사라가 속으로 웃고 이르되(창 18:12).

사라가 이르되 하나님이 나를 웃게 하시니 듣는 자가 다 나와 함께 웃으리로다(창 21:6).

"이삭"이라는 이름의 뜻은 "웃음"입니다. 열국의 아버지가 되게 하시겠다는 하나님의 약속을 바라보면서 웃은 것입니다. 그 약속에 비해서는 이삭의 기적적인 탄생마저도 너무나 초라합니다. 그러나 단 한 명의 자녀를 키우면서 아브라함과 사라는 마침내 약속을 성취하실 하나님 때문에 웃고 사는 존재가 되었습니다. 이것이 바로 믿음의 삶입니다. 바로 저와 여러분, 그리고 모든 신자의 삶의 모습입니다.

동일하신 하나님께서 지금 저와 여러분에게 웃음을 주십니다. 왜냐고요? 동일하신 하나님께서 저와 여러분에게도 약속을 주셨기 때문입니다. 또한 믿음을 주셨기 때문입니다. 아브라함에게 이삭을 주신 하나님은 저희에게 예수 그리스도를 주셨습니다.

자기 아들을 아끼지 아니하시고 우리 모든 사람을 위하여 내주신 이가 어찌 그 아들과 함께 모든 것을 우리에게 주시지 아니하겠느냐?(롬 8:32).

하나님은 자신의 생명보다 우리를 더 사랑하셔서 자신의 아들을 아끼지 않고 우리에게 주셨습니다. 우리에게 독생자를 아끼지 않고 주신 이가 무엇을 더 아끼시겠습니까?

여러분이 지금 믿음의 여정 가운데, 고난 가운데 있더라도 여러분의 고민 한복판에서조차 정신 차리고 그리스도를 붙잡으시길 바랍니다. 그리고 웃으시길 바랍니다. 그리스도를 주신 하나님은 우리에게 믿음과 기쁨도 주실 것입니다. 창세기 22장은 하나님이 아브라함을 시험하신 것으로 시작합니다. 아브라함은 잠시 고민합니다. 그리고 나름대로 결론을 도출합니다. 일단 믿음의 확신에 도달한 후부터 아브라함은 마치 주도권이 자신에게 넘어온 것처럼 행동합니다. "여호와 이레"가 그 증거입니다. 이 말은 아브라함 입에서 처음 나온 말입니다. 이삭의 어려운 질문을 모면하기 위한 임기응변이 아니라 정말 자기의 신앙을 고백한 것입니다. 자기의 신앙을 고백하면서 그 믿음대로 하나님이 행하시기를 요구하는 일종의 확신 기도였다고 생각됩니다. 하나님의 약속에 근거한 신자의 기도입니다. 처음에는 하나님이 아브라함을 시험하시는 이야기로 시작하지만 본문 내용 전체는 사실 아브라함이 자기에게 믿음을 주신 하나님을 시험하는 양태로 전개됩니다. 과연 하나님은 약속대로 실행하실 것인가? 자신에게 믿음을 주신 대로 성취할 것인가? 마음 깊이 하나님을 신뢰하며 아브라함은 밀고 나간 것입니다. 급기야 하나님의 사자가 나타나 "이제 그만!"이라고 다급히 아브라함을 말리기까지 했지요. 이것이 신자의 삶입니다. 믿음의 영역 안에서는 우리가 담대히 치고 나가는 것입니다. 믿음의 주도권을 행사하는 것이 가능할 뿐 아니라 그렇게 할 것을 요구하십니다. 그렇습니다. 우리는 주님께 이렇게 기도할 수 있습니다.

하나님 제가 한 번도 안 해본 일이고, 한 번도 안 가본 길이지만 주님의 약속을 의지하며 이제 믿음의 발걸음을 내딛습니다! 저를 도와주세요!

이런 식으로 신자는 하나님을 체험하는 것입니다. 믿음은 바로 이런 것입니다.
오늘 설교 제목이 "믿음으로"입니다. 하나님과 그분의 약속을 신뢰하는 믿음으로 담대해집시다. 그리고 신자에게 선물로 주시는 주님의 평안과 기쁨, 그리고 웃음을 누리시길 주님의 이름으로 축원합니다.

제4장
# 모세: 너는 행복한 사람이로다

**신명기 33:26-29**

²⁶ 여수룬이여 하나님 같은 이가 없도다. 그가 너를 도우시려고 하늘을 타고 궁창에서 위엄을 나타내시는도다. ²⁷ 영원하신 하나님이 네 처소가 되시니 그의 영원하신 팔이 네 아래에 있도다. 그가 네 앞에서 대적을 쫓으시며 멸하라 하시도다. ²⁸ 이스라엘이 안전히 거하며 야곱의 샘은 곡식과 새 포도주의 땅에 홀로 있나니 곧 그의 하늘이 이슬을 내리는 곳에로다. ²⁹ 이스라엘이여 너는 행복한 사람이로다. 여호와의 구원을 너 같이 얻은 백성이 누구냐? 그는 너를 돕는 방패시요 네 영광의 칼이시로다. 네 대적이 네게 복종하리니 네가 그들의 높은 곳을 밟으리로다.

모세의 인생은 세 시기로 구분할 수 있습니다. 그는 40세까지 이집트에서 살았고 그 다음 40년은 미디안 광야에서 나그네 인생을 살았습니다. 80세에 부름을 받고 120세에 하나님이 천국으로 부르실 때까지 모세는 이스라엘의 지도자로 쓰임 받게 됩니다. 그의 120년 인생을 40년, 40년, 40년 이렇게 세 기간으로 나누어 볼 수 있습니다. 모세의 생애에서 화두가 된 단어 하나를 고르라면 "구원"입니다. 구원에 관한 이해의 폭과 깊이는 모세가 성장하면서 더욱 넓어지고 깊어졌습니다. 모세가 일평생 이해하고 경험한 구원이라는 주제를 살펴보면서 오늘날 우리에게 베푸신 구원의 풍성한 의미를 조명해 보겠습니다.

### 1. 청년 모세: 해방

40세까지 모세가 이해한 구원의 핵심은 "출애굽", 곧 "해방"입니다. 노예 상태에서 이집트로부터 탈출하는 것입니다. 모세는 하나님께서 자신을 이스라엘 민족의 해방자로 부르셨다는 일종의 소명 의식을 가졌던 것으로 보입니다. 이스라엘을 이집트의 노예 생활에서 해방시키는 과업을 수행해야 한다는 의식이 있었다는 것이지요. 출애굽기 5:1, "내 백성을 보내라." 이것은 하나님께서 모세의 입에 넣어 주신 말씀입니다. 우리가 선물로 받은 구원에는 이 해방의 측면이 있습니다. 죄와 사망의 권세로부터 하나님께서 우리를 해방시켜 주신 것입니다. 처음 40년에 해당하는 청년 모세의 삶에 대한 평가가 성경에 기록되어 있습니다.

> 24 믿음으로 모세는 장성하여 바로의 공주의 아들이라 칭함 받기를 거절하고 25 도리어 하나님의 백성과 함께 고난 받기를 잠시 죄악의 낙을 누리는 것보다 더 좋아하고(히 11:24-25).

이렇게 성경이 평가합니다. 모세는 믿음이 좋은 청년이었습니다. 거룩한 부르심에 부응하기 위해서 모세는 "나는 이런 소명이 있어", 이렇게 말하는 데 그치지 않았습니다. 소명을 감당할 수 있는 실력자가 되기 위해 나름대로 열심히 준비했습니다.

> 모세가 애굽 사람의 모든 지혜를 배워 그의 말과 하는 일들이 능하더라(행 7:22).

첫째, 지성적인 준비입니다. 짧은 한 구절이지만 모세가 얼마나 성실하게 그 당시 선진국이었던 이집트에서 모든 학문을 열심히 공부했는지를 가늠해 볼 수 있습니다. 모세는 다양한 학문 과정을 훌륭한 성적으로 통과한 것으로 보입니다. 열심히 공부한 것입니다. 물론 머리만 똑똑하다고 모두 훌륭한 지도자가 될 수 있는 것은 아닙니다.

둘째, 신체적인 단련입니다. 모세는 열심히 운동한 것으로 보입니다. 출애굽기 2:12에 보면 모세가 자기의 동족을 심하게 학대하는 이집트의 노예 감독관에게 분노했습니다. 그래서 아무도 없을 때 손으로 쳐 죽였습니다. 웬만한 체력으로 노예를 다루는 감독관을 쳐서 죽이기 힘들 것입니다. 결국 이 일을 계기로 모세는 도망자가 됩니다. 그리고 미디안 광야에서 미래의 아내를 만납니다. 미디안 제사장 이드로에게 일곱 딸이 있는데 양을 치면서 물을 먹이고 양 떼를 돌봐야 하는데 불량한 목자들 한 떼를 만납니다. 여자들이 그들에게 괴롭힘을 당할 때 모세가 다시 한번 활약합니다. 그리고 미래의 아내를 구해냅니다. 일곱 딸이 자기 아버지에게 이렇게 이야기합니다.

> 그들이 이르되 한 애굽 사람이 우리를 목자들의 손에서 건져내고 (출 2:19).

40년간 열심히 체력 단련을 한 보람이 있었던 것입니다. 그 일곱 딸 중에 미래의 아내 십보라가 있었던 것 아니겠습니까? 이렇게 지성적인 준비와 함께 열심히 신체도 단련해서 건강한 몸과 마음을 가졌습니다. 그러나 이것만으로는 여전히 부족했습니다.

셋째, 이념적으로도 무장했습니다. 노예 상황에서 이스라엘을 해방시킬 수 있는 방법이 무엇일까? 모세가 구상했던 구체적인 계획이 무엇이 었는지는 우리는 알 수 없습니다. 아마도 기본적으로는 민족주의와 단결을 앞세웠던 것 같습니다. 성경이 출애굽기 2:11에서 의미 있게 기록하고 있는 단어가 있습니다. "자기 형제"라는 말이 두 번 등장합니다.

모세는 이스라엘 동족끼리 서로 싸우는 현장에서 이들을 뜯어말리며 "네가 어찌 동포를 치느냐?"라고 말합니다.

> 모세가 장성한 후에 한번은 자기 형제들에게 나가서 그들이 고되게 노동하는 것을 보더니 어떤 애굽 사람이 한 히브리 사람 곧 자기 형제를 치는 것을 본지라(출 2:11).

> 네가 어찌하여 동포를 치느냐 하매(출 2:13).

짧은 두 구절 안에 "자기 형제"라는 말과 "동포"라는 말을 쓰고 있습니다. 모세가 보기에 아무것도 가진 것이 없는 노예들이지만 한 민족으로 구성되어 있고 수효가 많을 때, 살아날 방법은 일단 민족주의 정신으로 하나로 뭉치고 서로 단결하는 일이라고 판단한 듯합니다. 이 장면을 읽을 때 제가 연상한 작품이 있는데 1848년 마르크스-엥겔스의 『공산당 선언』입니다. 비록 길지 않은 소책자이지만 당시 대중을 선동하기에 충분한 영향력을 발휘했습니다. 이 책의 마지막은 이렇게 되어 있습니다. "만국의 노동자여, 단결하라. 우리가 잃을 것은 쇠사슬뿐이요. 얻을 것은 세계다." 물론 모세가 마르크스와 엥겔스의 유물론 사상을 가진 것은 아닙니다. 그러나 '단결'을 부르짖은 것은 분명합니다. 이윽고 모세는 행동을 위한 최적기를 발견하게 됩니다. 자기 나이 40세가 되었을 때입니다.

> 나이가 사십이 되매 그 형제 이스라엘 자손을 돌볼 생각($καρδίαν$)이

나더니(행 7:23).

한글 성경으로는 문득 생각이 났다는 뉘앙스를 갖는데 원문으로 "생각"은 심장, 마음이라는 단어입니다. 이것은 어떤 목적, 의도를 갖습니다. 공동번역은 이렇게 되어 있습니다.

> 모세는 마흔 살이 되었을 때에 자기 동족인 이스라엘 사람들을 돌보아 주기로 마음먹었습니다(행 7:23; 공동번역).

때를 기다린 것입니다. 40세가 되었을 때 이제는 자기가 잘 준비했고 지금이 적기라고 생각한 것입니다. 이스라엘이 한마음으로 잘 뭉치기만 하고 좋은 지도자를 만나면 승산이 있겠다 싶었습니다. 좋은 지도자로는 물론 자기를 생각했겠죠. 모세는 이집트의 왕자입니다. 권력을 가졌습니다. 자기가 이스라엘 민족 편에 서면 이스라엘 사람들의 마음을 얻을 수 있으리라 생각했습니다. 위기에 빠진 이스라엘 노예 한 명을 구하기 위해서 이집트 감독관을 때려죽였으나 이것으로 이스라엘인들의 마음을 얻지는 못합니다. 다음 날 이스라엘 사람들끼리 싸우는데 "너희가 어찌하여 동포끼리 싸우느냐?" 이러니까 대답이 기가 막힙니다.

> 그가 이르되 누가 너를 우리를 다스리는 자와 재판관으로 삼았느냐?(출 2:14).

모세는 자신의 동포로부터 "누가 너를 우리의 지도자로 삼았느냐?"라는 말을 듣습니다. 이때 모세가 느꼈을 거절감은 굉장히 컸으리라 생각합니다. 출애굽기 2:15을 보면 바로가 모세를 죽이고자 하여 찾았다고 하였습니다. 이미 바로는 모세의 이념적 무장을 눈치챈 듯합니다. 최고 권력층에 속한 왕자가 이집트 감독자 한 사람을 죽였다고 해서 그 죄를 물어서 모세를 죽이려고 했다는 사실에 의구심이 듭니다. 바로는 히브리인 출신인 모세가 히브리 노예들의 마음을 얻어서 그들의 지도자가 되고자 한다고 눈치를 챈 것 같습니다.

## 2. 80세의 모세: 가나안 땅을 향하여

모세는 이후 40년의 세월 동안 미디안 땅에서 나그네 인생을 삽니다. 80세 때 하나님께서 모세를 찾아오셨습니다. 주님은 모세에게 소명을 주셨습니다. 이스라엘 민족을 가나안 땅으로 인도하라고 명령하십니다.

> 내가 내려가서 그들을 그 땅에서 인도하여 아름답고 광대한 땅, 젖과 꿀이 흐르는 땅 곧 가나안…족속의 지방에 데려가려 하노라(출 3:8).

구원이란 노예 상태에서의 해방으로 끝나는 것이 아닙니다. 목표가 있습니다. 그 목표를 비전으로 제시하고 그것으로 향하여 나아가는 것입니다. 모세를 통해 주어진 목표는 약속의 땅, 가나안 땅으로 가는 것입니다. 80세부터는 40년 동안 모세의 마음을 사로잡고 있는 목표가 바로 약속의 땅, 가나안 땅입니다. 80세에 하나님께서 모세를 부르시기 전, 지난 40년 동안 모세가 허송세월한 것이 아닙니다.

> 모세가 이 말 때문에 도주하여 미디안 땅에서 나그네 되어 거기서 아들 둘을 낳으니라 (행 7:29).

미디안 광야에서 나그네로 40년을 사는 동안 모세는 자기를 비우는 시간을 보냈습니다. 40세 때 자신을 한번 불태웠다가 순식간에 좌절했습니다. 하나님께서 모세를 낮추신 것입니다. 자기 비우기를 넘어 자기 절망의 수준까지 낮추셨습니다. 모세가 스스로 얼마나 낮아졌던지 한때 이집트의 최고 권력층에 있었던 사람이 80세에 이르러 "나는 아무것도 아닙니다"라고 고백합니다. 이만큼까지 하나님은 모세를 낮추셨습니다. 그리고 그는 하나님께서 주시는 소명마저 거절합니다. 한 번 거절이 아니고 다섯 단계에 걸쳐서 하나님의 부르심 앞에서 주저하는 모습을 보이게 됩니다. 가시떨기 나무에 불이 붙었는데 그 가시떨기가 타지 않습니다. 신기해하며 다가온 모세에게 하나님이 말씀합니다. "이제 가라!"

> 이제 내가 너를 바로에게 보내어 너에게 내 백성 이스라엘 자손을 애굽에서 인도하여 내게 하리라 (출 3:10).

사실 모세는 40세에 이르기까지 이 목표를 가슴에 품었습니다. 그런데 처음 40년 동안 하나님께서는 잠잠하셨습니다. 이제 80년이 지난 시점에서 갑자기 나타나셔서 40년 전에 품었던 비전을 새롭게 일깨우시며 모세를 부르셨습니다. 그러나 이제 모세는 기뻐하지 않습니다.

> 내가 누구이기에 바로에게 가며 이스라엘 자손을 애굽에서 인도하여 내리이까?(출 3:11)

모세의 대답에는 일종의 서운함과 원망이 배어 있는 듯 보입니다. 하나님께서 너무 늦게 찾아오셨다는 것이지요. 이왕에 도와주실 거면 40년 전에 오셨어야 했다고 생각했을 수 있습니다. 40년 전에 비해 현재의 모세는 80세 노인입니다. "이제 무엇을 할 수 있겠습니까? 하나님께서 사람을 잘못 고르셨습니다." 이런 원망하는 마음도 있다고 봅니다. 모세의 부정적인 반응에 대해 하나님께서는 다음과 같은 해결책을 제시하십니다.

> 내가 반드시 너와 함께 있으리라(출 3:12).

너의 처지와 상관없이 내가 함께하겠다고 해결책을 제시하십니다. 신자라면 "아멘" 하고 순종해야겠지요.

> 그들이 내게 묻기를 그의 이름이 무엇이냐 하리니 내가 무엇이라고 그들에게 말하리이까?(출 3:13)

그런데 모세는 이번에도 부정적으로 응답합니다. 그러니까 하나님께서 이 자리에서 당신이 누구신지를 계시하십니다.

> 나는 스스로 있는 자이니라(출 3:14).

이스라엘 백성에게는 나는 너희의 조상 아브라함과 언약을 맺은 하나님이라고 이야기하라고 말씀하십니다. 모세는 여전히 물러서지 않습니다. 세 번째 핑계를 댑니다.

> 그들이 나를 믿지 아니하며 내 말을 듣지 아니하고 이르기를 여호와께서 네게 나타나지 아니하셨다 하리이다(출 4:1).

역시 부정적인 대답입니다. 모세를 설득하시기 위해 하나님께서는 표적을 행하십니다. 지팡이가 뱀으로 변하고 손을 가슴에 넣었다가 뺐더니 문둥병에 걸립니다. 다시 넣었다가 꺼냈을 때 고쳐 주십니다. 나일강 하수의 물을 퍼서 땅에 부으면 피로 변하는 표적도 행하십니다. 마치 전쟁터로 나아가는 장군에게 파괴력 있는 무기를 주시는 듯합니다. 그럼에도 모세의 마음은 움직이지 않습니다. 모세는 하나님의 설득에 굴하지 않습니다.

> 오 주여 나는 본래 말을 잘 하지 못하는 자니이다....나는 입이 뻣뻣하고 혀가 둔한 자니이다(출 4:10).

자신감을 완전히 상실했던 모세는 자신은 원래 언변이 없는 사람이라고 말합니다. 하나님은 이번에도 모세의 변명을 잘 들어주십니다. 그리고 모세의 입술을 주장하셔서 할 말을 가르쳐주시겠다고 약속합니다.

> 누가 사람의 입을 지었느냐?...내가 네 입과 함께 있어서 할 말을 가르치리라(출 4:11-12).

두려워하는 모세에게 하나님은 구체적인 해결책도 제시하십니다. "네 형 아론이 있지 않느냐?" 이렇게 하나님께서는 집요하게 모세를 설득하십니다. 이쯤 되면 모세도 항복하는 것이 맞습니다. 이 정도의 약속과 표적이 주어졌으니 정말 가야 합니다. 그런데 모세도 참 대단합니다. 마지막까지 저항합니다.

> 오 주여 보낼 만한 자를 보내소서(출 4:13).

> 여호와께서 모세를 향하여 노하여 이르시되(출 4:14).

모세의 마지막 응답은 "나는 자격이 없으니 다른 사람을 보내소서"라는 청원이었습니다. 이제 하나님도 더 이상의 설득을 멈추셨습니다. 그리고 노를 발하십니다. "모세야! 가라면 가!" 그러나 하나님은 화만 내신 것만이 아니었습니다. 이후 미디안에서 모세에게 나타나 그의 마음에 있는 두려움을 제거해 주시고자 이렇게 말씀합니다.

애굽으로 돌아가라 네 목숨을 노리던 자가 다 죽었느니라(출 4:19).

모세를 안심시키시고 용기를 주십니다. 또 한 가지 하나님께서 주신 위로의 표적이 있습니다. 모세의 문제를 근본적으로 해결해 주는 강력한 표적은 불붙은 가시떨기 나무입니다. 나무에 불이 붙었는데 그 불이 꺼지지 않고 계속 타오르는데 나무가 타서 없어지지 않습니다. 모세의 모든 변명은 결국 한마디로 요약됩니다. "나는 아무것도 아닙니다." 마치 초라한 가시떨기 나무처럼 보잘것없는 모세의 모습입니다. 불이 붙었으니 이제 곧 스러지게 될 운명이지요. 그런데 신기합니다. 가시떨기 나무는 계속 타오르고 결코 사라지지 않습니다. 하나님께서 함께하시면 이러한 기적이 일어납니다. 보잘것없는 가시떨기 나무와 같은 모세도 끝까지 불타오를 수 있습니다. 알고 보면 하나님께서 모세를 부르시는 첫 장면부터 이미 주님은 해결책을 가지고 오신 것입니다. 취업 인터뷰에 참여한다고 가정해 봅시다. 회사 입장에서는 지원자가 얼마나 오래 탈 재목인지를 확인합니다. 1-2년 타고 없어질 재목보다는 더 오래 더 효율적으로 에너지를 태울 재목을 선택합니다. 어떤 면에서 하나님께서는 이스라엘의 해방자가 될 후보자를 인터뷰하고 있습니다. 그런데 세상의 인터뷰하고는 다릅니다. 40년 전 모세는 나름 훌륭한 재목이었습니다. 열심히 공부하고 운동도 잘하며 분명한 신념도 있었습니다. 40세가 되어 모세는 자신을 한번 불태웠습니다. 그 결과는 어떠했습니까? 한 사람의 이스라엘 사람도 구원하지 못했습니다. 한 사람을 죽였을 뿐입니다. 오늘 하나님께서는 모세를 교훈하십니다. 사람을 구원하는 일이 너의 능력으로 되는 것이 아니다. 너는 지금 이 나무와 같고 마른 막대기와 같지만, 하나님의 기름 부으심으로 말미암아, 곧 끊임없이 공급되는 하나님의 능력으로 말미암아 활활 타오를 수 있다. 이 에너지의 근원은 나무에 있지 않고 하나님께 있다는 것을 보여주셨습니다. 요컨대 하나님께서는 모세에게 하나님 자신이 구원자이시고 모세는 하나님의 도구로 쓰임 받는다는 사실을 주지시켜 주신 것입니다.

정말 그렇습니다. 하루라도 하나님의 은혜가 붙들어 주지 않으면 살 수 없는 것이 인생입니다. 신자의 삶에는 끊임없이 외부로부터 공급되는 은혜의 수원이 필요한 것입니다. 청년 모세는 40년을 준비한 것을 한 번에 태워버리고 말았습니다. 설교자가 자기의 것을 들고 설교단에 올라간다고 상상해 봅시다. 하나님의 말씀이 아니라 자기의 생각과 경험과 철학을 선포한다면, 그 설교자는 또다시 강단에 올라가지 못할 것입니다. 사역자들은 자기의 것으로 목회하는 것 아닙니다. 하나님의 기름 부으심, 끊임없는 은혜의 공급이 없으면 우리는 한 번에 모든 것을 재로 날릴 수밖에 없는 존재들입니다. 비단 사역자만 그렇겠습니까? 여러분도 마찬가지입니다. 하루하루의 은혜를 하나님 앞에 구하며 사는 존재들입니다. 후일 모세가 출애굽의 역사 한복판에서 해방자의 역할을 감당했을 때, 홍해 앞에서 그는 이렇게 외칩니다.

> 너희는 두려워하지 말고 가만히 서서 여호와께서 오늘 너희를 위하여 행하시는 구원을 보라 너희가 오늘 본 애굽 사람을 영원히 다시 보지 아니하리라 (출 14:13).

마침내 해방이 이루어졌습니다. 그런데 구원이 완성된 것이 아니라 시작되었습니다. 이제부터 모세는 해방자가 아니라 하나님 백성을 약속의 땅까지 인도해야 할 목자가 되어야 했습니다. 이는 해방자의 사역 못지않게 힘든 일이었습니다. 목자가 된 모세는 얼마 지나지 않아서 "하나님, 정말 못 살겠습니다" 하고 탄식하며 기도했습니다.

> 11어찌하여 주께서 종을 괴롭게 하시나이까? 어찌하여 내게 주의 목전에서 은혜를 입게 아니하시고 이 모든 백성을 내게 맡기사 내가 그 짐을 지게 하시나이까? 12이 모든 백성을 내가 배었나이까? 내가 그들을 낳았나이까? 어찌 주께서 내게 양육하는 아버지가 젖 먹는 아이를 품듯 그들을 품에 품고 주께서 그들의 열조에게 맹세하신 땅으로 가라 하시나이까?(민 11:11-12)

> 구하옵나니 내게 은혜를 베푸사 즉시 나를 죽여 내가 고난 당함을 내가 보지 않게 하옵소서(민 11:15).

모세를 죽을 만큼 힘들게 한 계기는 대단한 것이 아니었습니다. 이스라엘 사람들이 고기를 먹고 싶다고 했습니다. 그러니까 모세는 이백만의 장정에게 내가 어떻게 고기를 먹입니까? 나를 차라리 죽여주세요. 이렇게 말하는 것입니다. 아기 낳는 것도 힘들지만 키우고 먹이는 것도 힘듭니다. 결국 하나님께서 기적을 베푸셔서 이스라엘 백성을 친히 먹이고 입히고 재우십니다. 40년 동안 모세는 참 목자이신 하나님으로부터 목양을 배웁니다. 한편 모세에 대한 하나님의 평가도 따뜻합니다.

> 이 사람 모세는 온유함이 지면의 모든 사람보다 더하더라(민 12:3).

그러나 민수기 20장에서 이처럼 온유했던 모세가 노를 발한 사건이 기록되어 있습니다. 유명한 므리바 사건입니다. 하나님께서 물을 공급하기 위해 반석을 향하여 명하라고 하셨는데 모세는 지팡이로 반석을 두 번 때렸습니다. 모세는 자신의 노를 발하고 하나님의 거룩하심을 드러내지 않았다는 이유로 약속의 땅에 들어가지 못하게 됩니다.

> ⁵⁰너도 올라가는 이 산에서 죽어 네 조상에게로 돌아가리니 ⁵¹이는 너희가 신 광야 가데스의 므리바 물 가에서 이스라엘 자손 중 내게 범죄하여 내 거룩함을 이스라엘 자손 중에서 나타내지 아니한 까닭이라. ⁵²네가 비록 내가 이스라엘 자손에게 주는 땅을 맞은편에서 바라보기는 하려니와 그리로 들어가지는 못하리라 하시니라(신 32:50-52).

정말 슬픈 장면입니다. 가나안 땅을 바라보며 오랜 세월을 달려왔는데 단 한 번의 실수로 모세는 거절당합니다. 저희 어머니가 신자가 되어 처음 성경을 통독하실 때 이 장면에서 통곡하셨다고 합니다. 사실 모세의 죄는 신학적이며 모형론적으로 볼 때 그 심각성이 드러납니다. 사도 바울은 고린도전서 10장에서 출애굽의 역사를 모형론적이며 기독론적으로 해석합니다.

> **1**형제들아 나는 너희가 알지 못하기를 원하지 아니하노니 우리 조상들이 다 구름 아래에 있고 바다 가운데로 지나며 **2**모세에게 속하여 다 구름과 바다에서 세례를 받고 **3**다 같은 신령한 음식을 먹으며 **4**다 같은 신령한 음료를 마셨으니 이는 그들을 따르는("동행하는"; 새번역) 신령한 반석으로부터 마셨으매 그 반석은 곧 그리스도시라 (고전 10:1-4).

모형론의 세계에서 모세가 때린 반석은 그리스도를 예표합니다. 처음에는 하나님께서 모세에게 반석을 쳐서 물을 공급하도록 명령하셨습니다(출 17:6). 반석을 때리는 의미는 그리스도의 수난을 의미합니다. 그리스도가 수난을 당하심으로 우리에게 생명수로 대표되는 구원을 주셨습니다. 이후부터는 물이 필요할 때마다 단지 구하면 됩니다. "반석에게 명령하여 물을 내라 하라" Speak to the rock. 그런데 모세는 하나님의 말씀에 순종하지 않았습니다. 반석을 또다시 때린 것입니다. 이것의 영적인 의미는 그리스도가 또다시 수난을 당하심을 상징합니다. 마치 미사 때마다 예수님을 십자가의 희생제물로 드리는 로마 가톨릭의 잘못을 연상케 합니다. 성경은 그리스도께서 이루신 구원은 단번에 완성하신 구원이라고 선언합니다.

그는 저 대제사장들이 먼저 자기 죄를 위하고 다음에 백성의 죄를 위하여 날마다 제사 드리는 것과 같이 할 필요가 없으니 이는 그가 단번에 자기를 드려 이루셨음이라 (히 7:27).

그리하면 그가 세상을 창조한 때부터 자주 고난을 받았어야 할 것이로되 이제 자기를 단번에 제물로 드려 죄를 없이 하시려고 세상 끝에 나타나셨느니라 (히 9:26).

모세가 당시에는 이러한 내용을 사도 바울이나 히브리서의 기자처럼 온전히 이해하지는 못했을 것입니다. 그럼에도 하나님께서는 모세의 불순종을 엄히 치리하셨습니다. 모세의 역할이 여기까지라고 선을 그으신 것입니다.

### 3. 120세의 모세: 동거

120세가 되어 죽음을 앞두었을 때 모세는 구원의 새로운 차원을 이해하고 고백합니다. 무엇보다 구원을 "동거"의 관점에서 바라보고 그 깊은 의미를 깨닫게 됩니다. 오늘 본문 말씀입니다.

이스라엘이여 너는 행복한 사람이로다 여호와의 구원을 너 같이 얻은 백성이 누구냐?(신 33:29)

모세의 분위기는 사뭇 밝습니다. 마지막 유언처럼 남기는 모세의 고백에서 "이스라엘아 너는 행복한 사람이로다"라고 외칩니다. 그리고 "구원을 너같이 얻은 백성이 누구냐?"라고 묻습니다. 여기서 시제에 주목해야 합니다. 너희가 앞으로 약속의 땅에 들어가서 구원을 얻을 것이라고 이야기하지 않고 너희가 이미 구원을 "얻었다"라고 말합니다. "이스라엘이여 너는 행복한 사람이로다"라고 말할 때 이 행복의 근거는 앞으로 약속의 땅에 들어갈 것을 담보로 하지 않습니다. 미래의 행복을 노래한 것이 아니라 이미 얻은 행복, 이미 얻은 구원을 근거로 누리는 행복에 대해 말하는 것입니다. 오히려 이스라엘 백성 앞에 펼쳐진 미래가 결코 밝지만은 않습니다. 흥미롭게도 모세가 죽기 전에 이렇게 유언합니다.

> 내가 알거니와 내가 죽은 후에 너희가 스스로 부패하여 내가 너희에게 명령한 길을 떠나 여호와의 목전에 악을 행하여 너희의 손으로 하는 일로 그를 격노하게 하므로 너희가 후일에 재앙을 당하리라 하니라(신 31:29).

그러니까 "너희는 앞으로 약속의 땅에 가서도 계속 범죄하고 하나님이 너희를 계속 야단치고 그래서 너희는 하나님께서 예고하신 그 모든 재앙을 다 당하게 될 거야."라고 말하는 셈입니다. 이것은 "너희는 행복한 사람"이라는 말과 모순되지 않습니까? 모순이 아닙니다. 모세가 깨달은 구원의 깊은 이해와 고백 속에서 이 모순을 해결할 수 있는 개념이 등장합니다. 그것은 "동거"라는 단어입니다. 모세는 "하나님과의 동거"가 구원의 핵심적 요소임을 깨닫습니다.

우리의 모든 날이 주의 분노 중에 지나가며 우리의 평생이 순식간에 다하였나이다(시 90:9).

우리를 괴롭게 하신 날수대로와 우리가 화를 당한 연수대로 우리를 기쁘게 하소서(시 90:15).

모세가 광야 40년의 생활을 돌이켜 볼 때, 주로 하나님께 야단맞는 시간이 즐겁고 칭찬받는 날보다 더욱 많아 보였습니다. 약속의 땅에서 펼쳐질 미래를 숙고해 볼 때도 이스라엘 백성은 여전히 하나님 앞에 범죄하고 야단맞는 시간을 보낼 것임을 압니다. 이것이 현실이라는 것입니다. 그러나 이와 함께 모세가 깨달은 것이 있습니다. 과거 40년 동안 하나님께서 친히 우리와 함께하시며 우리 곁을 떠나지 않으셨다는 사실을 새삼 깨닫습니다. 이스라엘 백성이 야단을 맞은 것도 부정적인 의미에서 임마누엘의 하나님을 입증하는 증거입니다. '하나님께서 언제나 우리와 함께 동거하셨으니, 우리는 주님께서 구원하신 백성이 맞는구나!' 이 사실을 깨닫습니다. 요컨대 구원은 곧 임마누엘을 의미한다고 고백하는 것입니다. "우리의 상황과 상관없이 하나님은 우리와 함께 동거하시는 임마누엘의 하나님이십니다. 이것이 현재 신자가 누리는 행복의 근거입니다"라고 모세는 인정합니다.

동거는 교제보다 더 큰 개념입니다. 아름다운 교제의 시간은 물론 어두웠던 과거의 순간들을 포함하는 것이 동거의 개념입니다. 어두운 장면은 대부분 이스라엘 불순종과 죄악으로 자초한 하나님의 크고 작은 심판들입니다. 이 때문에 모세는 "우리의 모든 날이 주의 분노 중에 지나가며 우리의 평생이 순식간에 다하였나이다"(시 90:9)라고 고백할 수밖에 없습니다. 저도 어렸을 때를 돌아보면 하루라도 어머니 아버지께 잔소리나 야단을 맞지 않은 날이 별로 없었습니다. 우리의 청소년기가 부모님의 분노 가운데 지나갔습니다. 그래도 변하지 않는 것은 부모님이 함께하면서 의식주를 해결해 주셨다는 것입니다. 야단치고도 밥을 먹였다는 것입니다. 이것이 동거라는 개념입니다. 이 순간 모세가 깨닫는 것이 있습니다. 광야 40년의 길을 걸어온 상처투성이의 이스라엘의 전 생애, 그들의 밝은 과거, 그리고 (오히려 대부분의 시간을 소요한) 어두운 과거 모두가 구원에 속한다는 의미입니다.

모세를 불붙는 가시떨기 나무 앞에서 불러 주신 그날, 하나님의 첫 마디는 다음과 같았습니다. "이리로 가까이하지 말라 너의 선 곳은 거룩한 땅이니 네 발에서 신을 벗으라." 120세의 모세가 돌이켜 보니 하나님을 처음 만난 날부터 사실상 "동거"가 시작된 것입니다. 무슨 이유에서 광야가 그토록 거룩한 땅이겠습니까? 척박하고 황량하고 메마른 땅이었지만, 그 땅에 하나님께서 임재하시니까 거룩한 땅이 되었다는 것입니다. "거룩한 땅이니 네 발에서 신을 벗으라." 하나님께서 임재하시는 거룩한 땅, 곧 하나님이 임재하시는 거룩한 땅이 된 것입니다. 이 땅이 곧 구원의 땅인 것입니다. '정말 그렇군요, 하나님! 이 척박하고 메마른 땅, 웃음과 행복을 연상케 하기에는 너무나 황량한 땅, 바로 내가 발을 딛고 있는 이 땅마저도 거룩한 땅으로 변할 수 있는 것이로군요.' 하나님이 임재하시는 곳이라면 어디든지 그렇습니다. 그러니 하나님이 임재하는 곳이라면 요단강 건너편이나 요단강을 건너기 전이나 그 땅이 곧 구원의 땅이 되는 것입니다. 그러고 보니 하나님이 항상 우리와 함께하셨던 것입니다. 이러한 깨달음 앞에서 모세는 크게 탄성을 지릅니다.

이스라엘이여 너는 행복한 사람이로다. 너와 같이 구원을 얻은 자가 누구뇨?

구원의 첫 번째 의미는 해방이라고 말씀드렸습니다. 모세가 아니고 예수 그리스도께서 우리의 참 해방자이십니다. 여러분을 하나님께서 자녀 삼으셨을 때 주님은 여러분을 얽매고 있었던 죄와 사망의 권세를 끊으셨습니다. 이 사실을 믿으셔야 합니다. "나의 이 중독은 그 누구도 치료할 수 없어." 아닙니다. 하나님께서 당신의 자녀를 해방하셨습니다. 구원은 분명한 목적이 있습니다. 이스라엘을 해방하신 하나님은 자기 백성을 약속의 땅으로 인도하셨습니다. 바울은 "나의 자녀들아 너희 속에 그리스도의 형상을 이루기까지 다시 너희를 위하여 해산하는 수고를 하노니"라고 말씀했습니다. 주님은 복음 안에서 거듭난 신자를 거룩한 삶으로 초청하시고 하루하루 인도하십니다. 우리의 주님은 선한 목자이십니다. 성령님은 내 안에 소망을 두시고 그리스도의 형상이 이룰 때까지 내 안에서 일하십니다.

물론 이미 이루어진 해방과 앞으로 완성될 성화만으로 구원을 다 설명할 수 없습니다. 현재 "지금 이곳에서" 하나님이 우리와 동거하십니다. 우리와 함께하시는 임마누엘의 하나님입니다. 나와 동거하시는 하나님은 내가 유혹에 넘어지고 자신에게 절망할 때도 나를 떠나지 않으십니다. 내 곁에 계시면서 잘못했을 때 야단쳐서 회개하게 하시고, 절망할 때 일으켜 주시며, 날마다 말씀으로 위로해 주십니다. 우리는 하나님과의 동거를 일평생 향유하며 신자의 특권과 기쁨을 누리며 성장합니다. 하나님께서는 모세와 아론을 통해서 이스라엘을 이렇게 축복하라고 했습니다.

> 22 여호와께서 모세에게 말씀하여 이르시되 23 아론과 그의 아들들에게 말하여 이르기를 너희는 이스라엘 자손을 위하여 이렇게 축복하여 이르되 24 여호와는 네게 복을 주시고 너를 지키시기를 원하며 25 여호와는 그의 얼굴을 네게 비추사 은혜 베푸시기를 원하며 26 여호와는 그 얼굴을 네게로 향하여 드사 평강 주시기를 원하노라 할지니라 하라. 27 그들은 이같이 내 이름으로 이스라엘 자손에게 축복할지니 내가 그들에게 복을 주리라 (민 6:22-27).

하나님은 이스라엘이 과거에도 패역했고 지금도 패역하고 앞으로 패역할 것을 아십니다. 그럼에도 하나님은 이스라엘을 축복하라고 하셨습니다. 하나님께서 모세를 통해 아론과 제사장에게 주신 직무입니다. 주님의 사역자들은 하나님의 백성을 향해 이렇게 축복하라고 하나님께서 명하십니다. 하나님의 축복이 선포되는 이 자리에 계신 여러분은 정말 행복한 사람입니다.

이스라엘이여 너는 행복한 사람이로다. 여호와의 구원을 너와 같이 얻은 백성이 누구냐?(창 33:29)

# 제5장
# 기드온: 여호와의 전쟁

### 사사기 6:12-16

12 여호와의 사자가 기드온에게 나타나 이르되 큰 용사여 여호와께서 너와 함께 계시도다 하매 13 기드온이 그에게 대답하되 오 나의 주여 여호와께서 우리와 함께 계시면 어찌하여 이 모든 일이 우리에게 일어났나이까 또 우리 조상들이 일찍이 우리에게 이르기를 여호와께서 우리를 애굽에서 올라오게 하신 것이 아니냐 한 그 모든 이적이 어디 있나이까 이제 여호와께서 우리를 버리사 미디안의 손에 우리를 넘겨 주셨나이다 하니 14 여호와께서 그를 향하여 이르시되 너는 가서 이 너의 힘으로 이스라엘을 미디안의 손에서 구원하라 내가 너를 보낸 것이 아니냐 하시니라 15 그러나 기드온이 그에게 대답하되 오 주여 내가 무엇으로 이스라엘을 구원하리이까

보소서 나의 집은 므낫세 중에 극히 약하고 나는 내 아버지 집에서 가장 작은 자니이다 하니 16 여호와께서 그에게 이르시되 내가 반드시 너와 함께 하리니 네가 미디안 사람 치기를 한 사람을 치듯 하리라 하시니라.

---

이스라엘은 평범한 나라가 아니었습니다. 가나안은 약속의 땅이었고 이스라엘은 하나님의 백성이었습니다. 이스라엘은 하나님으로부터 제사장 나라의 소명을 받았습니다. 이스라엘이 수행한 가나안 정복 전쟁은 하나님 나라를 건설하기 위한 "여호와의 전쟁"이었습니다. 불의한 전쟁이 아니고 하나님의 공의로운 심판을 대행하는 전쟁입니다. 이스라엘 나라에서 여호와의 전쟁 개념을 확실히 가지고 있었던 왕은 다윗이었습니다. 다음의 표는 다윗이 사울 왕과 차별화되는 면을 잘 보여줍니다.

| 사울 | 다윗 |
| --- | --- |
| "내 백성"<br>(삼상 15:30) | "주의 백성"<br>(삼하 7:23-24; 시 110:3) |
| "내 나라"<br>(참조. 삼상 20:30-31) | "하나님의 나라"<br>(시 33:12) |
| "사울의 전쟁"<br>(참조. 삼상 13:12) | "하나님의 전쟁"<br>(삼상 17:26-47) |

사울은 이스라엘을 "내 백성"이라고 생각했던 반면에 다윗은 입에 늘 "주의 백성"이라는 표현을 달고 살았습니다. 자기의 개인적인 욕망을 따라 함부로 다스릴 수 없는 "주님의 백성"입니다. 사울의 실패는 "주의 백성"을 자신의 소유로 사유화한 데서 출발했다고 볼 수 있습니다.

> 내가 범죄하였을지라도 이제 청하옵나니 내 백성의 장로들 앞과 이스라엘 앞에서 나를 높이사 나와 함께 돌아가서 내가 당신의 하나님 여호와께 경배하게 하소서(삼상 15:30).

> 30 사울이 요나단에게 화를 내며 그에게 이르되 패역무도한 계집의 소생아 네가 이새의 아들을 택한 것이 네 수치와 네 어미의 벌거벗은 수치 됨을 내가 어찌 알지 못하랴 31 이새의 아들이 땅에 사는 동안은 너와 네 나라가 든든히 서지 못하리라 그런즉 이제 사람을 보내어 그를 내게로 끌어 오라 그는 죽어야 할 자이니라 한지라 (삼상 20:30-31).

위의 구절은 사울의 타락을 상징적으로 보여줍니다. 사울은 전쟁을 치르러 나가면서도 적군이 쳐들어온 것을 가리켜 "나를 치러"(삼상 13:12) 왔다고 말합니다. 이스라엘 나라와 군대는 사울의 나라와 군대였습니다. 이와 대조적으로 다윗은 이스라엘 군대를 "살아 계시는 하나님의 군대"(삼상 17:26, 36, 45)라고 고백합니다. 사울에게 전쟁은 "사울의 전쟁"이고 다윗은 자신이 "여호와의 전쟁"을 수행한다고 믿으며 "전쟁은 여호와께 속해 있다"라고 고백합니다.

오늘은 '여호와의 전쟁'이라는 관점에서 사사 기드온의 이야기를 살펴보겠습니다. 성경에 기록된 기드온 이야기는 흥미롭습니다. 몇 가지 풀어야 할 의문점들도 있습니다.

첫째, 미디안 침공의 미스터리입니다. 오늘의 이야기는 미디안과 아멜렉과 동방의 많은 나라들이 연합군을 형성해서 이스라엘을 압박하기 시작하는 데서부터 시작합니다. 당시 이스라엘이 얼마나 위험한 상황이었는지를 성경은 잘 기록하고 있습니다.

> 이스라엘 자손이 미디안으로 말미암아 산에서 웅덩이와 굴과 산성을 자기들을 위하여 만들었으며(삿 6:2)

> ³이스라엘이 파종한 때면 미디안과 아말렉과 동방 사람들이 처러 올라와서 ⁴진을 치고 가사에 이르도록 토지 소산을 멸하여 이스라엘 가운데에 먹을 것을 남겨 두지 아니하며 양이나 소나 나귀도 남기지 아니하니 ⁵이는 그들이 그들의 짐승과 장막을 가지고 올라와 메뚜기 떼 같이 많이 들어오니 그 사람과 낙타가 무수함이라 그들이 그 땅에 들어와 멸하려 하니(삿 6:3-5).

여기서 주목해야 할 점은 "과연 언제 미디안이 쳐들어왔는가?"라는 질문입니다. 3절 말씀에 따르면 파종한 때입니다. 매우 의아한 부분입니다. 조선 시대에 우리의 조상들은 왜구의 침입으로 골머리를 앓았었습니다. 왜구가 조선에 침입하여 약탈을 일삼았습니다. 우리나라를 쳐들어오는 목적은 양식을 빼앗기 위해서입니다. 이에 비해 미디안은 추수한 곡식을 빼앗기 위해 온 것이 아니었습니다. 추수 때가 아닌 "파종한 때" 침략했다는 것은 아예 농사를 짓지 못하도록 조치한 것입니다. 단순히 농산물을 약탈하려고 들어온 것이 아닙니다. 이는 이스라엘을 말살시키고자 하는 의도를 드러내는 것입니다. 이것은 거의 인종 청소를 목표로 삼은 것과 마찬가지입니다. 세상은 교회를 싫어합니다. 어느 정도로 싫어하는가 하면 이 땅에서 기독교가 없어졌으면 좋겠다고 생각합니다. 안티기독교인들은 노골적으로 이렇게 표현하기도 합니다. "여호와의 전쟁" 개념으로 보면 왜 미디안 군대가 이런 정책을 취했는지 알 수 있습니다.

> 18세상이 너희를 미워하면 너희보다 먼저 나를 미워한 줄을 알라. 19너희가 세상에 속하였으면 세상이 자기의 것을 사랑할 것이나 너희는 세상에 속한 자가 아니요 도리어 내가 너희를 세상에서 택하였기 때문에 세상이 너희를 미워하느니라(요 15:18-19).

세상이 교회를 미워하는 것은 근본적으로는 하나님을 싫어하기 때문입니다. 미디안은 단순히 한 나라에 대해 선전 포고한 것에 그치지 않습니다. 하나님에 대해 도전한 것이라고 볼 수 있습니다. 세상은 예수님을 미워합니다. 예수님의 제자라면 우리도 미워합니다. 그것이 지금 우리가 처해 있는 현실입니다.

둘째, 여호와의 사자가 기드온을 찾아와 "큰 용사여"라고 불렀습니다. 당시의 정황을 살펴보면 이는 역설적으로 들립니다. 이것은 무슨 의미일까요?

> 11여호와의 사자가 아비에셀 사람 요아스에게 속한 오브라에 이르러 상수리나무 아래에 앉으니라 마침 요아스의 아들 기드온이 미디안 사람에게 알리지 아니하려 하여 밀을 포도주 틀에서 타작하더니 12여호와의 사자가 기드온에게 나타나 이르되 큰 용사여 여호와께서 너와 함께 계시도다 하매(삿 6:11-12).

당시 미디안 사람들은 이스라엘로부터 먹을 것을 다 빼앗아 가고 있었습니다. 이 때문에 기드온은 들키지 않으려고 포도주 틀에 숨어서 타작했다고 합니다. 눈치 보면서 조용히 타작하고 있는 기드온에게 여호와의 사자가 나타나더니, "큰 용사여"라고 말하는 것입니다. 마치 기드온의 초라한 모습을 조롱하는 것처럼 들리기까지 합니다. 사실 이 만남은 매우 중요합니다. 앞으로 여호와의 전쟁을 수행할 장군을 하나님께서 친히 부르시는 장면입니다. 여호와의 사자가 기드온을 "큰 용사"라고 부른 것은 전혀 근거가 없는 호칭이 아닙니다. 여기에는 "내가 너를 큰 용사로 만들어 주겠다"라는 약속이 포함되어 있기 때문입니다. 무당이 "너는 크게 될 놈이야"라고 말하는 것과는 차원이 다릅니다. 정확한 현실 진단에 기초해서 미래를 가늠하는 예측도 아닙니다. 어떤 과학적인 예측도 아닙니다. 미래의 시공간을 창조하시고 자신의 주권적인 의지로 만물을 다스리는 하나님께서 "큰 용사여"라고 말씀하실 때는 사실상 내가 너를 큰 용사로 만들어 주겠다고 약속을 하시는 것입니다.

> 큰 용사여 여호와께서 너와 함께 계시도다 하매(삿 6:12).

> 나의 집은 므낫세 중에 극히 약하고 나는 내 아버지 집에서 가장 작은 자니이다 하니(삿 6:15).

우리의 시각에서 보면 신자의 현실은 보잘것없습니다. 하지만 신자에게는 자기 인식보다 하나님의 약속이 더 큽니다. 하나님의 약속은 정확한 현실 진단에 기초해서 미래의 일을 확률적으로 말하는 단순한 예측이 아닙니다. 창조주 하나님의 주권적 의지에서 나오는 약속입니다. 신자는 이 약속을 신뢰함으로 미래의 복을 현재적으로 누릴 수 있습니다. 기드온은 여호와의 사자와의 만남을 통해 임박한 전쟁이 하나님께서 친히 치르시는 여호와의 전쟁임을 발견하고 부르심에 순종하게 되었습니다.

셋째, 기드온 이야기에서 잘 알려진 양털 시험의 의미는 무엇일까요? 기드온은 하나님께 양털을 들고 와서 두 번에 걸쳐 특별한 징표를 요구합니다. 하나님이 기드온의 요청을 모두 들어주십니다.

**37** 보소서 내가 양털 한 뭉치를 타작 마당에 두리니 만일 이슬이 양털에만 있고 주변 땅은 마르면 주께서 이미 말씀하심 같이 내 손으로 이스라엘을 구원하실 줄을 내가 알겠나이다 하였더니 **38** 그대로 된지라. 이튿날 기드온이 일찍이 일어나서 양털을 가져다가 그 양털에서 이슬을 짜니 물이 그릇에 가득하더라(삿 6:37-38).

**39** 원하건대 양털만 마르고 그 주변 땅에는 다 이슬이 있게 하옵소서 하였더니 **40** 그 밤에 하나님이 그대로 행하시니 곧 양털만 마르고 그 주변 땅에는 다 이슬이 있었더라(삿 6:39-40).

저는 주일학교에 다닐 때 이 시험이 기드온의 의심에서 비롯되었다고 배웠습니다. 제가 이해하기로는 양털 시험을 통하여 하나님이 자신과 함께하심을 보여주시면 기드온은 기꺼이 전쟁터에 나가고 기도가 이루어지지 않으면 전쟁을 포기하는 것으로 생각했습니다. 그런데 본문을 잘 읽어보면 이러한 생각이 정확하지 않음을 발견합니다. 시간순으로 따져보면 기드온은 양털 시험 후에 선전 포고한 것이 아닙니다. 이미 전쟁은 시작되었습니다. 양털 시험 이전에 기드온은 신당을 훼파했습니다(삿 6:25-27). 그다음에 미디안과 아말렉과 동방 사람들이 다 함께 모여 요단강을 건너와서 이스르엘 골짜기에 진을 쳤습니다(삿 6:33). 그다음에 기드온은 나팔을 불었습니다. "여호와의 영이 기드온에게 임하시니 기드온이 나팔을 불매"(삿 6:34). 여기서 이미 선전 포고를 했고, 전쟁은 시작되었습니다. 이후에 비로소 기드온은 이 표적을 간구한 것입니다. 혹시 하나님께서 기드온의 기도를 안 들어주셨더라도 미디안 군대는 물러서지 않았을 것입니다. 결국 기드온은 전쟁을 피할 수는 없었다는 이야기입니다. 그렇다면 양털 시험의 목적은 새롭게 조명되어야 합니다. 이미 전쟁이 시작된 상황이었고, 기드온 장군은 이 전쟁이 하나님께 속한 여호와의 전쟁임을 잘 이해하고 있었습니다. 그럼에도 그의 마음이 두려웠던 것입니다. 정말 하나님이 나와 함께하신다는 사실을 자신이 피부로 느끼기를 원했습니다. 눈에 보이지 않는 영이신 하나님께서 임마누엘의 하나님이심을 실제로 감각할 수 있도록 눈에 보이는 증거를 보여 달라고 구한 것입니다. 이 간구는 겉으로 보면 별것 아닌 것으로 보일 수 있습니다. 그러나 기드온에게는 매우 소중한 체험이었습니다. 물에 푹 젖은 양털과 완전히 뽀송한 양털을 손으로 만지면서 기드온은 하나님이 나와 함께하신다는 것을 피부로 느꼈습니다.

따지고 보면 하나님께서 기드온의 감각에 맞추어 자신을 계시하신 일은 이번이 처음이 아닙니다. 기드온과의 첫 만남 때부터 하나님은 기드온의 오감을 사용하기 시작하셨습니다.

> [19] 기드온이 가서 염소 새끼 하나를 준비하고 가루 한 에바로 무교병을 만들고 고기를 소쿠리에 담고 국을 양푼에 담아 상수리나무 아래 그에게로 가져다가 드리매...[21] 여호와의 사자가 손에 잡은 지팡이 끝을 내밀어 고기와 무교병에 대니 불이 바위에서 나와 고기와 무교병을 살랐고 여호와의 사자는 떠나서 보이지 아니한지라(삿 6:19, 21).

기드온은 시각과 후각으로 하나님을 체험합니다. 오늘은 양털 시험을 통해 임마누엘의 하나님을 촉각으로 체험합니다. 드디어 큰 전투가 이루어지기 전날 밤입니다. 하나님께서는 여전히 두려워하는 기드온에게 이렇게 말씀하십니다.

> **10** 만일 네가 내려가기를 두려워하거든 네 부하 부라와 함께 그 진영으로 내려가서 **11** 그들이 하는 말을 들으라 그 후에 네 손이 강하여져서 그 진영으로 내려가리라 하시니(삿 7:10-11).

여기서는 기드온의 청각을 사용하십니다. 적군 병사들이 대화 중에 나누는 꿈 이야기를 듣게 하십니다. 한 병사가 꿈을 꾸었습니다. 적진에서 보리떡 하나가 굴러와서 미디안 진영을 쳐서 무너뜨렸다는 이야기를 동료 병사에게 말합니다.

> 기드온이 그 곳에 이른즉 어떤 사람이 그의 친구에게 꿈을 말하여 이르기를 보라 내가 한 꿈을 꾸었는데 꿈에 보리떡 한 덩어리가 미디안 진영으로 굴러 들어와 한 장막에 이르러 그것을 쳐서 무너뜨려 위쪽으로 엎으니 그 장막이 쓰러지더라(삿 7:13).

이 대화를 기드온에게 들려주십니다. 이를 통해 기드온에게 용기를 주십니다. 하나님께서는 하나님의 자녀들이 하나님의 존재를 체험하는 것을 기뻐하십니다. 이스라엘에게 보리떡은 한국에서는 개떡과도 같습니다. 이스라엘에서 매우 흔한 떡입니다. 어쩌면 이것은 기드온의 자화상일 수 있습니다. 겉보기에 보잘것없는 인생, 보리떡 같은 자신을 통해서 하나님은 큰 일을 성취하실 수 있음을 깨닫게 되었을 것입니다. 이제 기드온은 미디안 군대를 이길 수 있다는 확신을 가지고 전투에 임하게 되었습니다.

중세의 수도사 중에 헨리 수소라는 인물은 자신이 하나님을 얼마나 사랑하는지를 보여주기 위해 칼로 자기 몸에 예수라는 이름의 첫 세 글자를 새겨 넣었습니다. 신인합일神人合一을 추구하는 세상의 종교와 철학은 일종의 고행을 수행의 한 형태로 가지고 있습니다. 신과의 합일을 목표로 삼고 보니 신은 영적 존재이고 우리는 육을 가진 존재다 보니 육신이 장애가 된다고 판단하여 육체를 괴롭히는 것입니다. 신자들이 금식할 때 그 동기가 미신적인 신인합일 사상이라면, 혹은 이 목표를 이루기 위해 자신의 몸을 괴롭혀야 하겠다는 동기로 금식한다면 이것은 기독교 복음을 심각하게 오해하는 것입니다. 하나님은 우리와 하나가 되기 위해서 우리에게 신이 되라고 하지 않으시고 영이신 하나님께서 친히 사람이 되셨습니다. 우리와 연합하기 위해 하나님이 몸을 취하셨는데 나는 하나님께서 선물로 주신 몸을 고의로 괴롭히고 있으니 문제가 심각한 것이지요.

넷째, "칠 년 된 둘째 수소"의 미스터리를 풀어야 합니다.

> 25 그 날 밤에 여호와께서 기드온에게 이르시되 네 아버지에게 있

는 수소 곧 칠 년 된 둘째 수소를 끌어 오고 네 아버지에게 있는 바알의 제단을 헐며 그 곁의 아세라 상을 찍고 <sup>26</sup> 또 이 산성 꼭대기에 네 하나님 여호와를 위하여 규례대로 한 제단을 쌓고 그 둘째 수소를 잡아 네가 찍은 아세라 나무로 번제를 드릴지니라 하시니라 (삿 6:25-26).

미디안 군대가 들어와서 이스라엘 진영의 먹을 것을 다 빼앗아 가고 아무것도 남기지 않았다고 했습니다. 그런데 왜 미디안은 칠 년 된 둘째 수소만 남겨 놓았을까요?

진을 치고 가사에 이르도록 토지 소산을 멸하여 이스라엘 가운데에 먹을 것을 남겨 두지 아니하며 양이나 소나 나귀도 남기지 아니하니(삿 6:4).

이에 대해 학자들마다 의견이 분분합니다. 이 7년 된 수소는 미디안을 섬기는 데 사용되었던 가축으로 보입니다. 미디안은 이스라엘의 곳곳에 바알 신을 섬기는 신당을 만들었습니다. 하나님은 기드온이 자기 아버지의 7년 된 수소를 끌어와 번제로 드리라고 명령합니다. 왜 7년 된 수소일까요? 사사기 6:1에 그 단서가 있습니다.

여호와께서 칠 년 동안 그들을 미디안의 손에 넘겨 주시니(삿 6:1).

"칠 년 된 수소"의 7년은 미디안의 압제가 이루어진 7년의 기간과 분명히 관련이 있는 것으로 보입니다. 과연 기드온이 수행하는 전쟁은 여호와와 바알 신 사이에 벌어지는 "여호와의 전쟁"이라는 사실이 강하게 암시되어 있습니다. 7년 전 미디안은 여호와만을 섬기는 이스라엘 땅에 바알 신당을 세우면서 압제를 시작했습니다. 이제 하나님께서는 그들의 신당을 파괴하고 7년 된 둘째 수소를 잡아 하나님께 예배드리는 일로부터 전쟁을 시작하셨습니다.

여러분, 사탄은 교회 안에 "세상의 신"을 두고, 이것을 통해 성도의 영혼을 지배하려고 합니다. 바알 신이 무엇입니까? 물질적 풍요와 쾌락의 신입니다. 오늘날 한국교회 안에 깊이 침투해 있는 "기복 신앙"과 비교할 수 있습니다. 우리는 기복적인 신앙으로 처음에 하나님을 만날 수 있습니다. 하나님께서 신자를 복음으로 초청하실 때 얼마든지 가시적인 복을 주실 수 있습니다. 그러나 그것이 복음의 전부인 줄 알고 신앙생활의 목표로 삼는 것은 분명히 문제가 있습니다. 세상 사람들은 너 나 할 것 없이 이 신을 사랑하고 섬깁니다. 새벽에 일어나 제일 먼저 이 신에게 소원을 비는 것으로 하루를 시작합니다(삿 6:28). 이와 같은 동기에서 교회에 나와 기도하는 신자들의 마음에는 기복신앙이 우상으로 자리 잡은 경우가 많이 있습니다. 세상은 예수님을 싫어해도 "기복신앙"을 섬기는 성도는 좋아합니다. 수능 시즌이 다가오면 평소 교회에 대해 비판적인 언론도, 자식을 위해 복을 빌며 기도하는 부모의 모습을 큰 사진과 함께 보도해 줍니다. 왜 세상의 시선이 갑자기 따뜻해지는 것일까요? 기독교 신자들이 자기들의 신을 함께 섬기기 때문입니다. 마치 미디안이 이스라엘의 모든 것을 약탈하면서도 바알 신을 섬기는 신당과 제물을 남겨 두듯이, 세상은 교회를 미워하면서도 교회 안에 들어온 "기복신앙"만큼은 너그러운 마음으로 인정해 주기 때문입니다. 이 7년 된 둘째 수소의 존재가 이 전쟁의 성격이 영적인 전쟁인 것을 드러내 주는 것입니다.

이제 본문의 말씀을 우리에게 적용해 보겠습니다. 오늘 이야기는 사실 창세기에서 시작되었다고 볼 수 있습니다. 일찍이 하나님께서는 아브라함에게 가나안 땅을 약속의 땅으로 주셨습니다. 여호수아와 사사기는 이 약속이 역사적으로 성취되는 과정 기록하고 있습니다. 사사기의 여러 주인공 중 한 명인 기드온은 이처럼 장구하게 흘러가는 구속 역사의 한 장면 안에 서 있는 것입니다. 현재 이 설교를 듣고 있는 우리의 경우는 어떠합니까? 우리도 동일한 구속사의 한 정점에 서 있습니다. 과거 이스라엘 백성에게 "약속의 땅"이 있었듯이, 하나님은 우리에게도 "약속의 땅"을 주셨습니다.

> 18 예수께서 나아와 말씀하여 이르시되 하늘과 땅의 모든 권세를 내게 주셨으니 19 그러므로 너희는 가서 모든 민족을 제자로 삼아 아버지와 아들과 성령의 이름으로 세례를 베풀고 20 내가 너희에게 분부한 모든 것을 가르쳐 지키게 하라 볼지어다 내가 세상 끝날까지 너희와 항상 함께 있으리라 하시니라 (마 28:18-20).

> 오직 성령이 너희에게 임하시면 너희가 권능을 받고 예루살렘과 온 유대와 사마리아와 땅 끝까지 이르러 내 증인이 되리라 하시니라 (행 1:8).

그렇습니다. 이 세상 모든 민족이 우리에게는 약속의 땅입니다. 이스라엘에게 약속되었던 가나안 땅에 비해 우리에게 약속된 땅은 상대적으로 더욱 큰 땅입니다. 전 세계, "땅끝까지"가 약속의 땅입니다. 기드온을 향하여 "큰 용사여"라고 말씀하시며 부르신 임마누엘의 하나님은 우리에게도 동일한 내용을 약속하시며 불러 주셨습니다.

> 볼지어다 내가 세상 끝날까지 너희와 항상 함께 있으리라 하시니라 (마 28:20).

> 그러나 너희는 택하신 족속이요 왕 같은 제사장들이요 거룩한 나라요 그의 소유가 된 백성이니 이는 너희를 어두운 데서 불러 내어 그의 기이한 빛에 들어가게 하신 이의 아름다운 덕을 선포하게 하려 하심이라(벧전 2:9).

말씀 앞에서 우리는 항상 긴장해야 합니다. 기드온의 이야기는 과거의 일로 끝나버린 이야기가 아니라 현재 우리의 이야기입니다. 과거에 기드온을 부르셨던 주님께서 지금 우리를 "여호와의 전쟁"으로 부르셨습니다. 우리의 당면 과제 가운데 하나는 일찍이 기드온이 느꼈던 두려움을 극복하는 것입니다. 기드온 이야기에 등장하는 여러 주제 가운데 "두려움"이 있습니다.

> 너희가 거주하는 아모리 사람의 땅의 신들을 두려워하지 말라 하였으나(삿 6:10).

> 가문과 그 성읍 사람들을 두려워하므로(삿 6:27).

> 누구든지 두려워 떠는 자는…돌아가라(삿 7:3).

> 만일 네가 내려가기를 두려워하거든 네 부하 부라와 함께 그 진영으로 내려가서(삿 7:10).

우리에게 있는 두려움의 원인으로는 외적인 것도 있지만 사실 내적인 요소가 더 큽니다. 기드온처럼 보리떡 같은 나만 바라보면 두려울 수밖에 없습니다. 이 두려움을 극복할 수 있는 열쇠는 이 전쟁이 나의 전쟁이 아니라 "여호와의 전쟁"임을 깨닫는 데서 시작됩니다. 또한 하나님께서 나를 향해 외치시는 "큰 용사여 여호와께서 너와 함께 계시도다"라는 음성을 믿음으로 들을 때 두려움의 문제를 극복할 수 있습니다. 마침내 전쟁을 승리로 이끌었던 기드온은 이스라엘 자손에게 이렇게 말합니다.

> 내가 너희를 다스리지 아니하겠고 나의 아들도 너희를 다스리지 아
> 니할 것이요 여호와께서 너희를 다스리시리라 (삿 8:23).

이처럼 기드온은 출발이 좋았습니다. 하지만 안타깝게도 시간이 지나면서 기드온은 초심을 잃었습니다. 그러자 그의 후손은 큰 어려움을 당합니다. 오늘날 사역자들은 이것을 반면교사로 삼아야 합니다. 사역자들은 자신이 섬기는 교회가 "내 교회"가 아닌 "하나님의 교회"임을 끝까지 인정해야 합니다. 하나님의 양을 나의 양으로 사유화해서는 안 됩니다. 한편 모든 성도는 교회 안에 있는 우상을 척결해야 합니다. 성도가 "세상의 신"을 버리고 하나님을 온전히 의지할 때, 하나님은 세상 사람들에게 "두려움"을 주십니다. 하나님을 온전히 의지하기 위해서는 우리가 하나님 대신 의지하고 있는 우상이 무엇인지 찾아내고 이것을 제거해야 합니다. 이 시간 내가 척결해야 할 나의 우상이 무엇인지 생각해 보겠습니다. 그리고 그 우상을 제거할 수 있는 용기를 달라고 기도하시길 바랍니다. 일찍이 두려움 가운데 기도하는 기드온의 손을 잡아 주셨던 주님께서 여러분의 두 손을 꼭 잡아 주시리라 믿습니다. 아멘.

제6장
# 삭개오: 아브라함의 자손임이라

**누가복음 19:1-10**

¹ 예수께서 여리고로 들어가 지나가시더라. ² 삭개오라 이름하는 자가 있으니 세리장이요 또한 부자라. ³ 그가 예수께서 어떠한 사람인가 하여 보고자 하되 키가 작고 사람이 많아 할 수 없어 ⁴ 앞으로 달려가서 보기 위하여 돌무화과나무에 올라가니 이는 예수께서 그리로 지나가시게 됨이러라. ⁵ 예수께서 그 곳에 이르사 쳐다 보시고 이르시되 삭개오야 속히 내려오라 내가 오늘 네 집에 유하여야 하겠다 하시니 ⁶ 급히 내려와 즐거워하며 영접하거늘 ⁷ 뭇 사람이 보고 수군거려 이르되 저가 죄인의 집에 유하러 들어갔도다 하더라. ⁸ 삭개오가 서서 주께 여짜오되 주여 보시옵소서 내 소유의 절반을 가난한 자들에게 주겠사오며 만일 누구의 것을 속여 빼

앗은 일이 있으면 네 갑절이나 갚겠나이다. ⁹ 예수께서 이르시되 오늘 구원이 이 집에 이르렀으니 이 사람도 아브라함의 자손임이로다. ¹⁰ 인자가 온 것은 잃어버린 자를 찾아 구원하려 함이니라.

─── ••• ───

성경에 나오는 인물들 가운데 삭개오는 큰 복을 받은 사람입니다. 삭개오는 노상에서 예수님을 만나고 예수님의 심방을 받았습니다. 예수님과의 처음 만남에서 삭개오는 구원의 은혜를 체험하고 회개의 열매를 맺습니다. 또한 헌신의 단계까지 나아갑니다. 삭개오의 헌신은 주님의 마음을 기쁘게 했습니다. 우리는 신앙에 입문해서 성화에 이르는 데까지 시간이 참 많이 걸리는데 삭개오는 짧은 시간에 이 과정을 경험했습니다. 참 행복한 사람이고 복을 많이 받은 사람이라고 할 수 있습니다. 또한 삭개오의 헌신으로 많은 사람이 복을 전달받았습니다. 이 아름다운 이야기는 예수님과의 만남으로부터 시작됩니다.

² 삭개오라 이름하는 자가 있으니 세리장이요 또한 부자라 ³ 그가 예수께서 어떠한 사람인가 하여 보고자 하되(눅 19:2-3).

우리는 예수님 만나기를 사모해야 합니다. 행복은 예수님을 만나고자 사모하는 그 순간부터 시작됩니다. 내가 반드시 예수님을 대면해야겠다는 마음의 소원을 가지고 있으면 이미 복을 받는 첫걸음을 내디던 것이라고 할 수 있습니다. 그런데 신자가 하나님이 기뻐하시는 거룩한 소원을 품을 때 오히려 장애물을 만날 때가 있습니다. 오늘 삭개오의 경우가 그렇습니다. 예수님을 만나고자 하는 소원을 품었는데 적어도 세 개의 큰 장애물을 경험하게 됩니다.

첫째, 신체적인 장애입니다. 누가복음 19:3에 삭개오는 "키가 작고"라고 기록되어 있습니다. 헬라어 미크로스(μικρὸς)라는 단어가 사용되었는데 영어 "마이크로"의 어원입니다. 성경이 키가 작았다고 기록했을 정도면, 삭개오의 키는 정말 작았던 것 같습니다. 어떤 학자는 이것이 신체장애에 가까운 모습을 완곡하게 표현한 것이라고 합니다. 이것은 예수님과의 만남을 물리적으로 방해하는 신체적 제약 조건이었습니다.

둘째, 심리적인 장애입니다. 누가복음 19:2은 삭개오를 가리켜 "세리장이요 또한 부자"라고 기록합니다. 이것은 긍정적인 표현이 아닙니다. 예수님이 삭개오와 만나고 삭개오의 집에 들어가셨을 때 "뭇 사람이 보고 수군거려 이르되 저가 죄인의 집에 유하러 들어갔도다"라고 말했습니다. 삭개오가 이 시선을 의식하지 못했을 리가 없습니다. 삭개오에게는 심리적 압박이 되었을 것입니다. 심리적 장애는 세리장이라는 직업으로부터 비롯된 것입니다. 삭개오라는 이름은 "순수하다" 혹은 "죄가 없다"라는 의미를 지니고 있습니다. 이름의 뜻과는 정반대로 삭개오는 큰 죄인 취급을 받았습니다. 이 죄인의 집에 예수님께서 들어가신다고 무리는 수군대기 시작합니다. 삭개오는 우리나라의 일제 강점기 이완용 같은 자로 취급되었습니다. 한번 상상해 봅시다. 만약 "이완용"이라는 이름의 뜻이 "애국자"라면 사람들이 얼마나 조롱당했겠습니까? 삭개오는 로마의 앞잡이였습니다. 그가 일했던 여리고는 상업 도시였습니다. 여리고의 세리들은 로마 편에 서서 동족의 피를 빨아먹는 죄인들로 손가락질 받았습니다. 어떻게 보면 삭개오는 유대 사회에서 왕따였습니다. 겉으로는 안 그런 척 살아도 속으로는 굉장히 스트레스를 받았을 것입니다. 유대 민족이 모여 있는 공개적인 장소에 나가지 않았을 확률도 높습니다. 신체적 장애 못지않게 힘든 것이 심리적인 장애입니다. 과거에 청소년 폭력 예방 재단의 명예 이사장 김종기 씨가 언론에 인터뷰한 기사를 읽었는데 정말 가슴이 아팠습니다. 그분은 우리나라의 유명 기업의 간부로 일하다가 모든 것을 내려놓고 청소년 폭력 예방 재단을 설립했습니다. 이렇게 된 계기는 김종기 씨의 아들이 고등학생 때 왕따를 당해서 자살을 했기 때문입니다.

### 세상의 모든 부모들에게

내게도 그런 아들이 하나 있었습니다.…작년 1995년 6월의 어느 날 숨을 헐떡이며 달려온 대현이의 친구들 말에 난 병원 지하 영안실 문에 기대어 고개를 절레절레 흔들었죠. 그 전날 밤, 아니 모두들 잠이든 컴컴한 새벽 3시, 아파트 5층에서 까마득한 콘크리

트 바닥을 향해 몸을 던진 내 아들은 자동차 위로 떨어져 목숨을 건지자 그 만신창이가 된 몸으로 계단을 기어 올라가 또다시 바닥으로 몸을 던졌습니다. 아아, 죽음보다 더 두려운 게 뭐가 있다고 열일곱 살, 그토록 찬란한 젊음을 내던져 버렸나, 외롭다고, 학교 다니는 게 힘이 든다고 이 애비에게 한마디라도 했었더라면…. 내 한탄을 등에 지고, 그렇게 녀석은 싸늘히 식어 갔습니다. 그 아이가 살아 있을 적에 사랑한다고, 이 애비가 너를 사랑한다고 한마디라도 해 볼 것을…. 하지만 그렇게 주저앉아 슬퍼하고만 있을 수는 없었습니다.…죽은 아들을 가슴 깊은 곳에 묻고 용기를 내었습니다. 직장 간부직을 박차고 나와 퇴직금과 내 모든 재산을 모았습니다. 그 돈으로, 그 용기로, 말도 못 하고 시들어가는 수많은 이 땅의 청소년들을 구하렵니다.

심리적 장애는 당사자가 아니면 잘 모릅니다. 어떤 사람들에게는 아무것도 아닌 문제 같지만 당사자에게는 힘든 문제일 수 있습니다. 삭개오는 이런 심리적인 압박을 가지고 있었습니다. 그런데 희망이 생긴 것입니다. 왕따였던 이 삭개오가 예수님의 소문을 듣습니다. 그 당시 예수님의 별명은 세리와 죄인의 친구였습니다.

> 인자는 와서 먹고 마시매 너희 말이 보라 먹기를 탐하고 포도주를 즐기는 사람이요 세리와 죄인의 친구로다 하니(눅 7:34).

예수님이 말씀을 가르치실 때 "모든 세리와 죄인들이 말씀을 들으러 가까이 나아"왔다고 누가는 기록합니다(눅 15:1). 예수님은 세리에 대하여 편견이 없다는 사실이 널리 퍼졌습니다. 오히려 이것이 예수님의 스캔들이 될 정도였습니다. 예수님의 제자들 가운데 마태 역시 직업이 세리였습니다. 이런 소문을 삭개오가 들은 것입니다. '아, 예수라는 분은 내 직업에 편견을 가지고 있지 않구나'라고 생각했을 것입니다. 예수님은 세리와 바리새인의 기도를 비유로 들어 가르치기도 하셨습니다. 바리새인은 위선적인 기도를 하고 세리는 하나님 앞에 눈을 뜨지도 못하고 이 죄인을 불쌍히 여겨달라고 기도했습니다. 예수님의 마음에 정말 세리에 대한 편견이 없음을 소문을 통해 삭개오는 알았습니다. 어느 날, 예수님이 여리고에 들어오셨을 때 삭개오는 그분을 직접 보러 가기로 결단했습니다. 그러나 마지막 장애가 있었습니다.

셋째, 환경적 장애입니다. 성경은 삭개오는 예수님을 보고자 했으나 "사람이 많아 할 수 없었다"(눅 19:3)라고 기록합니다. 결단하고 나섰는데 인산인해로 주님께 접근할 수 없었습니다. 우리는 신앙생활을 하다가 종종 신앙적 결단을 내릴 때가 있습니다. 그러나 그 결심이 환경적 장애 앞에서 여지없이 무너지곤 합니다. 이때 '역시, 하나님의 뜻이 아니었어, 난 역시 아니야'라고 생각하면서 포기합니다. 물론 나름의 이유를 하나님과 자신에게 제시하면서 포기를 정당화합니다. 그런데 삭개오는 포기하지 않았습니다. 4절 말씀에 기록되어 있습니다.

> 돌무화과나무에 올라가(눅 19:4).

이것은 호기심의 차원을 뛰어넘어 그의 영적인 갈망을 표현하는 행동입니다. 자신에게 있는 모든 장애를 극복했다는 상징적 행위입니다. 신체적, 환경적, 심리적 장애를 극복했다는 증거입니다. 수많은 사람이 보는 앞에서 홀로 튀는 행동을 한다는 것은 그리 쉽지 않습니다. 특히 사회적 왕따가 이러한 행동을 했을 때 조롱과 폭행의 대상이 되기 쉽습니다. 삭개오는 예수님과의 만남을 위해 손가락질을 받는 것과 신변의 위험을 감수하고 공중 앞에 서야만 했습니다.

짧은 순간 결단하고 돌무화과나무 위에 올랐을 때, 마침내 그는 예수님과 대면하게 됩니다. 돌무화과나무 위에서 예수님은 삭개오를 만나 주십니다. 겉보기에는 삭개오가 열심히 노력해서 쟁취한 것 같지만, 사실은 예수님께서 친히 준비하신 만남입니다.

> 예수께서 그 곳에 이르사 쳐다 보시고 이르시되 삭개오야 속히 내려오라 내가 오늘 네 집에 유하여야 하겠다 하시니(눅 19:5).

뜻밖의 사건입니다. 삭개오는 예수님의 준비된 초청을 받습니다. 비록 삭개오의 집으로 예수님이 들어가셨지만 이는 예수님의 초청으로 이루어진 일입니다. 삭개오는 나무 위에 올라가 그저 멀리서 예수님이 누구신지 보려고 했다가 가장 가까이 그분을 대면하게 되었습니다. 예수님이 자기 집에 들어오시겠다고 했으니 이 순간 삭개오는 이야기의 주인공이 되어버렸습니다.

오늘날 삭개오와 유사한 경험을 하고 신앙생활을 시작하는 분들이 있습니다. 친구나 가족을 따라 예배를 구경하러 왔다가 예수님을 만나고 인생의 터닝포인트를 경험하는 사람들이 종종 있습니다. 이처럼 하나님께서는 순차적인 단계를 밟지 않고 어느 날 갑자기 내 삶에 들어오시는 경우가 있습니다. 사도 바울도 다메섹 도상에서 만나 주셨습니다. 이러한 일들이 우리 편에서 보면 예기치 못한 급작스러운 계기로 발생하는 것 같지만 하나님 편에서는 이미 오래전부터 준비하신 만남입니다. 우리가 볼 때 "저 사람은 절대 예수 안 믿을 사람이야" 이렇게 말하는 것도 우리의 생각일 뿐입니다. 하나님께서는 그 사람을 회심시키기 위해서 오래전부터 준비하신 경우가 많습니다. 하나님이 우리 마음의 문을 두드리시는 것은 한순간에 이루어질 수 있습니다. 이어령 박사님의 경우도 그랬습니다. 한때 저는 그분만큼은 예수 믿으리라고 생각하지 못했습니다. 그런데 하나님께서 어느 순간에 그분을 만나 주셨습니다. 신자가 된 이후 돌아가실 때까지 자신의 신앙을 대중 앞에서 증언하시는 모습을 보면서 하나님께서 행하시는 구원의 역사가 참 놀랍다고 생각했습니다. 오늘 이러한 놀라운 은혜가 삭개오에게 임했습니다. 예수님은 그날 삭개오의 집에서 그와 많은 이야기를 나누십니다. 성경에는 삭개오의 한마디와 예수님의 한마디가 짧게 기록되어 있습니다.

> 삭개오가 서서 주께 여짜오되 주여 보시옵소서. 내 소유의 절반을 가난한 자들에게 주겠사오며 만일 누구의 것을 속여 빼앗은 일이

있으면 네 갑절이나 갚겠나이다(눅 19:8).

삭개오의 말은 우리가 생각하는 것 이상으로 중요한 의미를 갖습니다. 이것은 예수님께서 삭개오에게 구원의 은혜를 베푸신 것에 대한 회개의 열매라고 볼 수 있습니다. 예수님의 대답에서 삭개오가 구원받아 하나님의 자녀가 되었음을 확신할 수 있습니다.

예수께서 이르시되 오늘 구원이 이 집에 이르렀으니 이 사람도 아브라함의 자손임이로다(눅 19:9).

예수님은 삭개오가 "아브라함의 자손"이라고 선언하십니다. 아브라함은 이스라엘 민족의 정체성을 상징하는 인물입니다. 한 걸음 더 나아가 아브라함 안에서 우리는 이스라엘의 정체성에 대한 복음적 이해와 소명을 발견할 수 있습니다. 예수님은 "이 사람은 유대인이니", 혹은 "할례를 받았으니 아브라함의 자손임이로다"라고 말씀하지 않으셨습니다. "구원이 이 집에 이르렀으니"라고 말씀하신 사실에 주목해야 합니다. 구원이 핵심어입니다. 아브라함 자손의 정체성은 "구원"에 있고, 그 핵심에 예수 그리스도가 있습니다. 예수님의 말씀을 다시 표현하자면 "너는 구원받은 자녀이니 아브라함의 자손이로다"라고 선언하신 것입니다. 이는 세례 요한과 예수님의 천국 운동에서 중요한 주제로 부각된 화두였습니다. 일찍이 세례 요한은 "너희가 스스로 자만하지 말아라. 하나님은 돌들로도 아브라함의 자손을 만들 수 있다"라고 가르쳤습니다.

예수님께서 굳이 이 화두를 꺼내신 데는 특별한 의도가 있습니다.

> 인자가 온 것은 잃어버린 자를 찾아 구원하려 함이니라(눅 19:10).

여기에서 구원하시는 주체는 예수 그리스도입니다. "구원"이라는 주제 안에서 아브라함과 예수 그리스도는 하나로 연결됩니다. 같은 맥락에서 사도 바울은 이렇게 선언합니다.

> 너희가 그리스도의 것이면 곧 아브라함의 자손이요 약속대로 유업을 이을 자니라(갈 3:29).

이 말씀 안에서 구약과 신약이 서로 연결됩니다. 과연 아브라함은 누구입니까? 이 질문은 과거 이스라엘뿐만 아니라 현대인에게도 여전히 화두가 되는 질문입니다. 현재 세계 종교 인구의 약 20퍼센트를 차지하는 이슬람 신자들은 자신들의 조상이 아브라함이라고 말합니다. 이들에게는 이삭이 아닌 이스마엘이 아브라함의 장자입니다. 물론 유대인들은 이삭이 아브라함의 적자임을 강조하며 아브라함을 유대인의 혈연적인 조상으로 내세웁니다. 그런데 오늘 본문에서 예수님은 이와는 다른 시각에서 아브라함에 대해 말씀합니다. 주님에 따르면 누가 아브라함의 자손일까요? 그 기준은 과연 누가 구원을 받았는가 여부에 달려 있습니다. 만일 우리가 구원받은 하나님의 백성이면, 우리는 곧 아브라함의 자손이라는 것입니다.

> 이는 그리스도 예수 안에서 아브라함의 복이 이방인에게 미치게 하고(갈 3:14).

하나님께서 아브라함과 언약을 맺으시고 그 복의 성취가 그리스도 안에서 이방 전 세계에 미치게 될 것이라는 약속이 아브라함 언약의 핵심입니다. 지금 예수님은 대화를 매우 중요한 주제로 이끌어 가십니다. 당시 사람들의 시각으로는 민족을 배신한 삭개오의 정체성에 의구심을 품었습니다. 그런데 삭개오와의 만남에서 예수님은 진정한 의미에서 "아브라함의 자손"이라는 정체성이 무엇인지에 관해 교훈하신 것입니다. 비유컨대 매국노 이완용이 한 민족의 정체성을 드러낸다고 말하는 것과 다름없는 일입니다. 얼마나 역설적입니까? 마치 죄인의 괴수인 사도 바울이 오히려 복음의 복음 됨을 극적으로 드러내는 것과 같은 역설입니다. 이제 삭개오의 반응을 한번 다시 살펴보겠습니다.

> 삭개오가 서서 주께 여짜오되 주여 보시옵소서. 내 소유의 절반을 가난한 자들에게 주겠사오며 만일 누구의 것을 속여 빼앗은 일이 있으면 네 갑절이나 갚겠나이다(눅 19:8).

삭개오가 말한 "소유의 절반"이나 "네 갑절"에 대해서 당시 유대인은 잘 이해하고 있었습니다. 이것은 시내산 언약에 근거하고 있습니다. 그런데 시내산 언약의 아브라함 언약의 역사적 성취로서 성립되었습니다. 출애굽의 역사는 하나님께서 아브라함과 맺은 언약을 기억하심으로 시작되었습니다. "하나님이 그들의 고통 소리를 들으시고 하나님이 아브라함과 이삭과 야곱에게 세운 그의 언약을 기억하사"(출 2:24). 지금 삭개오의 말에는 아브라함 언약과 모세의 시내산 언약, 즉 모세의 율법이 포함되어 있습니다. 출애굽기 22장에 나오는 배상법에 따르면 도둑질에 대한 배상은 갑절입니다. 삭개오는 요구된 의무의 네 배나 실천하겠다고 합니다. 삭개오가 자신의 소유 절반을 가난한 자들을 위해 쓰겠다는 것은 마치 하나님께서 이스라엘에게 주신 복지법<sub>희년법</sub>의 원리를 실천하겠다는 결단과 같습니다. 다소 의미를 부여하자면 삭개오의 회개는 자신이 기존에 잊고 살았던 이스라엘 민족의 소명을 담당하겠다는 의지를 표명했다고도 이해할 수 있습니다. 이런 맥락에서 예수님은 "네가 참 아브라함 언약과 모세 언약의 교훈을 알게 되었구나. 너는 참 이스라엘의 언약 백성이다"라고 인정해 주신 것입니다. 참으로 의미 있는 대화입니다.

과연 아브라함 언약과 모세 언약의 핵심은 무엇일까요? 하나님께서는 전 세계에 퍼져 있는 하나님의 백성을 구원하고자 하는 원대한 계획을 가지고 아브라함을 부르셨습니다. 아브라함을 부르시면서 "땅의 모든 족속이 너로 말미암아 복을 받을 것이다"라고 말씀하셨고, "이 복은 네 씨로 말미암아 복을 받으리라"라고 약속하셨습니다. 이 씨는 메시아, 즉 예수 그리스도를 가리킵니다. 아브라함 언약에 나타난 약속의 씨<sub>메시아</sub>를 통해 천하 만민이 구원받는 것이 곧 언약의 핵심입니다. 이런 맥락에서 하나님은 아브라함을 부르시고 그의 자손인 이스라엘을 제사장 나라로 삼으셨습니다. 제사장 나라가 세워질 "약속의 땅"은 유럽과 아프

리카, 중동, 아시아의 대륙이 만나는 교통의 요지였습니다. 출애굽의 역사를 통해 아브라함의 자손들을 해방시키신 하나님은 그곳에 이스라엘이라는 제사장 나라를 세우셨습니다. 일종의 국가 교회로서 제사장 나라를 세우신 궁극적 목적은 이방 나라에게 복음을 전파하시기 위함이었습니다. 하나님이 세우신 제사장 나라는 고대 근동 세계에서 가장 이상적인 나라, 즉 하나님의 공의와 사랑이 실현되는 나라가 되어야 했습니다. 하나님이 제정하신 희년법은 이 나라의 성격을 잘 드러내고 있습니다. 하나님이 사람에게 부여하신 인권이 보장되고 복지가 실현되며 정의가 넘치는 나라입니다. 한편 하나님은 이스라엘과 특별한 언약을 맺고 이스라엘의 남편이 되어주심으로(렘 31:32) 하나님의 은혜와 사랑을 세상 가운데 드러내셨습니다.

안타깝게도 이스라엘은 그들에게 주어진 소명을 성취하지 못하고 실패합니다. 하나님의 신부로서 하나님만을 섬기고 사랑하지 않았습니다. 정절을 지키지 않고 끊임없이 언약을 깨뜨렸습니다. 희년법을 제대로 지켰다는 기록도 남아 있지 않습니다. 그러나 은혜로우신 하나님은 독생자 예수 그리스도를 보내셔서 깨어진 언약을 다시 새롭게 하셨습니다. 하나님은 "새 언약의 중보자"이신 예수 그리스도 안에서 하나님의 백성을 구원하여 아브라함의 자손으로 삼으시는 사역을 수행해 오셨습니다. 이러한 구속 역사 한 가운데 지금 삭개오가 서 있는 것입니다. 삭개오는 아브라함과 모세 언약의 본질인 예수 그리스도를 만났고, 그분을 통해 구원을 얻음으로 아브라함의 자손, 곧 언약 백성이라는 신분을 얻게 되었습니다. 그리고 그가 맺은 회개의 열매는 회복된 언약 백성의 삶의 단면을 잘 예시하고 있습니다.

이제 본문의 교훈을 우리의 삶으로 적용해 보겠습니다.
첫째, 우리가 구원 얻은 언약 백성이라면 우리의 삶 가운데 삭개오가 보여준 회개의 열매가 있는가를 점검해 보아야 합니다. 삭개오가 재산의 반을 가난한 사람들에게 주겠다고 하는 것은 믿음의 행위입니다. 우리가 구제할 때, 하나님은 이것을 하나님의 약속을 믿고 순종하는 언약 백성의 행위로 간주해 주십니다. 다시 한번 희년법의 원리를 생각해 보겠습니다. 자유, 평등, 복지, 구제 등을 제도화한 희년법의 기초는 안식년 법입니다. 안식년 법에 따라 이스라엘 사람은 7년에 한 번 경제적 수익을 내려놓아야 합니다. 확보된 경제적 소출은 복지 기금으로 사용됩니다. 안식년 법에 자발적으로 순종하는 것은 언약 백성은 하나님의 다음 약속을 철저히 신뢰할 때만 가능합니다.

> 20 만일 너희가 말하기를 우리가 만일 일곱째 해에 심지도 못하고 소출을 거두지도 못하면 우리가 무엇을 먹으리요 하겠으나 21 내가 명령하여 여섯째 해에 내 복을 너희에게 주어 그 소출이 삼 년 동안 쓰기에 족하게 하리라 (레 25:20-21).

이처럼 하나님은 7년째 소출을 세 배로 주시겠다고 약속하셨습니다. 이런 맥락에서 이스라엘 백성이 행하는 선행은 하나님을 신뢰하고 그분과 맺은 언약에 순종하는 "믿음의 행위"인 것입니다. 이는 오늘날의 신자들에게도 적용될 수 있는 원리입니다. 신자의 구제와 선행은 하나님 앞에서 행하는 일입니다. 하나님은 신자가 행하는 선행을 언약 백성의 믿음과 순종으로 간주해 주십니다. 그리고 성경에서 언약 백성에게 약속하신 복을 베푸시는 것입니다.

둘째, 우리는 자기에게 맡기신 소명의 자리에서 헌신해야 합니다.

> 만일 누구의 것을 속여 빼앗은 일이 있으면 네 갑절이나 갚겠나이다 (눅 19:8).

삭개오는 자기 직업의 현장에서 회개의 열매를 맺었습니다. 율법은 두 배를 요구하는데 네 배로 실천하겠다고 했으니, 회개를 넘어 헌신의 단계로 나아갔다고 평가할 수 있습니다. 우리의 헌신은 교회 안에서뿐만 아니라 주중의 삶에서도 열매를 맺어야 합니다. 제 경우 신학교에서 학생들을 가르치는 것이 제 일상의 삶입니다. 이 교육 현장에서 맺을 수 있는 네 배의 열매가 무엇일까? 고민해 보았습니다. 통상적으로 학생들이 기대하는 수준을 훨씬 뛰어넘는 내용으로 수업의 질을 높이는 것도 제가 감당할 수 있는 헌신이라고 생각했습니다.

셋째, 우리는 누군가를 위한 돌무화과나무가 되어야 합니다. 우리 주변에 예수님과의 만남을 갈망하는 제2, 제3의 삭개오들이 있습니다. 이들에 대해 취할 수 있는 태도는 두 가지가 있습니다. 군중이 되느냐 아니면 돌무화과나무가 되느냐입니다. 본문에 등장하는 돌무화과나무는 예수님과 삭개오의 만남이 이루어지는 데 귀하게 쓰임을 받았습니다. 예수님 곁에 가까이 서서 누구나 쉽게 기어오를 수 있도록 잔가지를 많이, 그리고 넓게 펼치고 서 있는 돌무화과나무입니다. 예수님을 만나기 위해 찾아오는 사람들에게 어쩌면 자기도 모르게 등을 보이고 서 있는 군중이 되기보다는 팔을 벌리고 그분과의 만남을 주선하는 돌무화과나무가 되어야 합니다. 이는 우리가 교회 안에서 그리고 일상에서 늘 감당해야 하는 역할입니다.

지금도 하나님은 교회를 통해 아브라함 언약을 성취하고 계십니다. 주님은 우리 한 사람 한 사람을 교회로 부르셨습니다. 주님께서는 한 국가를 제사장 나라 세우기도 하시고 각 신자를 성령님께서 내주하시는 성전으로 삼아 제사장 나라의 소명을 주시기도 하십니다. 우리는 삭개오처럼 일상에서 이 소명을 감당해야 합니다. 나의 이웃과 직장 동료가 내 모습 안에서 하나님이 얼마나 공의로우시고 사랑이 많으신 분임을 발견해야 합니다. 이때 언약 백성에게 주어진 소명이 성취되는 것입니다. 오늘 말씀을 받은 우리 모두 아브라함의 자손에게 허락된 언약 백성의 소명과 복을 일평생 넉넉히 감당하고 풍성하게 누리시길 축원합니다.

제7장
# 베드로: 더 확실한 예언이 있어

### 베드로후서 1:12-21

12 그러므로 너희가 이것을 알고 이미 있는 진리에 서 있으나 내가 항상 너희에게 생각나게 하려 하노라. 13 내가 이 장막에 있을 동안에 너희를 일깨워 생각나게 함이 옳은 줄로 여기노니 14 이는 우리 주 예수 그리스도께서 내게 지시하신 것 같이 나도 나의 장막을 벗어날 것이 임박한 줄을 앎이라. 15 내가 힘써 너희로 하여금 내가 떠난 후에라도 어느 때나 이런 것을 생각나게 하려 하노라. 16 우리 주 예수 그리스도의 능력과 강림하심을 너희에게 알게 한 것이 교묘히 만든 이야기를 따른 것이 아니요 우리는 그의 크신 위엄을 친히 본 자라. 17 지극히 큰 영광 중에서 이러한 소리가 그에게 나기를 이는 내 사랑하는 아들이요 내 기뻐하는 자라 하실 때에 그

가 하나님 아버지께 존귀와 영광을 받으셨느니라. **18** 이 소리는 우리가 그와 함께 거룩한 산에 있을 때에 하늘로부터 난 것을 들은 것이라. **19** 또 우리에게는 더 확실한 예언이 있어 어두운 데를 비추는 등불과 같으니 날이 새어 샛별이 너희 마음에 떠오르기까지 너희가 이것을 주의하는 것이 옳으니라. **20** 먼저 알 것은 성경의 모든 예언은 사사로이 풀 것이 아니니 **21** 예언은 언제든지 사람의 뜻으로 낸 것이 아니요 오직 성령의 감동하심을 받은 사람들이 하나님께 받아 말한 것임이라.

― ... ―

본문은 사도 베드로의 유언적 설교입니다. 베드로가 순교하기 얼마 전에 남긴 설교이니 얼마나 애틋한 마음으로 교인들에게 중요한 메시지를 전달했겠습니까?

더욱 힘써 너희 부르심과 택하심을 굳게 하라(벧후 1:10).

베드로는 자기는 떠난 후에도 교인들이 구원의 확신을 가지고 복음을 끝까지 붙들기를 원했습니다. 베드로는 복음이 얼마나 확실한지를 잘 설명하고 있습니다. 이 과정에서 베드로는 자신이 체험한 것을 간증합니다. 복음의 확실성을 증언하기 위함입니다. 예수님의 공생애와 사도행전에 기록된 사건들 가운데 베드로가 특별한 방식으로 참여했거나 목격한 내용을 간추려보면 다음과 같습니다.

① 물고기를 잡는 표적 2회(눅 5장; 요 21장)

② 물 위를 걷기(마 14장)

③ 신앙 고백(마 16장)

④ 야이로의 딸을 살리심 (눅 8장)

⑤ 변화산 체험(눅 9장)

⑥ 말고의 귀를 자름(요 18장)

⑦ 주님의 부활(고전 15장)

⑧ 오순절 설교(행 2장)

⑨ 지체 장애인을 일으킴(행 3장)

⑩ 아나니아와 삽비라 사건(행 5장)

⑪ 애니아와 도르가를 치료함(행 9장)

⑫ 감옥에서 탈출(행 12장)

과연 어떤 사람이 베드로처럼 물 위를 걸어보거나, 죽은 자를 살리거나, 기적적인 방식으로 감옥에서 탈출해 보았겠습니까? 이 모든 것들은 정말 달콤한 체험들입니다. 이것들 가운데 베드로후서에서 베드로가 선택하여 기술한 최고의 체험은 바로 오늘 본문에 등장하는 변화산 체험입니다. 변화산에서 베드로는 하나님의 음성을 직접 들었습니다. 또한 유대인들의 영웅인 모세와 엘리야를 환상 중에 직접 보았습니다. 모든 신비 체험 중에 가장 인상적인 경험일 것입니다.

우리는 그의 크신 위엄을 친히 본 자라(벧후 1:16).

이 소리는 우리가 그와 함께 거룩한 산에 있을 때에 하늘로부터 난 것을 들은 것이라(벧후 1:18).

모든 체험은 바르게 해석되어야 합니다. 베드로의 체험은 확실한 사건이었습니다. 그럼에도 베드로가 처음부터 각 체험의 의미를 바르게 해석한 것은 아닙니다. 본문에서 소개하는 변화산 사건의 경우가 대표적입니다. 베드로는 과거의 체험을 꺼내어 소개하면서 그 의미를 재해석하고 있습니다. 이것이 체험의 현장에서 베드로가 처음 이해한 내용과 어떻게 차별화되는지를 살펴보겠습니다. 변화산 사건은 공관복음에 기록되어 있습니다(마 17:1-8; 막 9:2-8; 눅 9:28-36). 누가에 따르면 베드로는 요한과 야고보와 함께 예수님을 따라 산에 올라갔다가 잠이 들었습니다. 문득 잠에서 깨어보니 예수님께서 모세와 엘리야와 더불어 대화를 나누고 계셨습니다. 베드로는 이곳이 너무 좋으니 여기서 집을 짓고 살자고 이야기합니다. 이때 베드로는 자기가 말하는 것의 의미를 본인도 제대로 몰랐다고 누가는 기록하고 있습니다(눅 9:33). 이 때문에 어떤 분들은 베드로가 비몽사몽 중에 말한 것이라고 이해하기도 합니다. 그러나 누가에 따르면 베드로가 온전히 잠에서 깨어나 말한 것임이 틀림없습니다. 온전한 정신으로 베드로는 모세와 엘리야를 알아보았습니다.

> 베드로와 및 함께 있는 자들이 깊이 졸다가 온전히 깨어나(눅 9:32).

그렇다면 문제는 베드로의 해석이 틀렸다는 데 있습니다. 영광 가운데 예수님께서 변모하시고 모세와 엘리야와 더불어 이야기하는 것을 본 것 자체는 확실한 체험이었습니다. 베드로는 감격했습니다. 그리고 '여기가 천국이구나!' 하고 생각했습니다. 그래서 여기서 집을 짓고 살자고 말한 것입니다.

> 주여 우리가 여기 있는 것이 좋사오니 우리가 초막 셋을 짓되 하나는 주를 위하여, 하나는 모세를 위하여, 하나는 엘리야를 위하여 하사이다(눅 9:33).

요컨대 체험이 확실하다고 해서 해석도 확실하다고 말할 수 없습니다. 베드로의 초기 해석은 변화산에 머무는 신앙이었습니다. 그러나 그것은 변화산 사건의 의미와 전혀 다른 내용입니다. 과연 엘리야와 모세가 등장하여 예수님과 더불어 나눈 대화는 무엇이었을까요? 이들은 얼마 후 예수님께서 죽으실 것에 관하여 대화했습니다. 메시아의 구속 사역을 논의한 것이었습니다. 따라서 예수님은 변화산에 머무실 수 없었습니다. 산에서 내려와 십자가로 나아가셔야만 했던 것입니다. 변화산 사건을 바르게 해석하려면 과연 예수님이 누구시고 그분의 사역이 무엇인지를 제대로 알아야만 합니다. 초기의 베드로는 이에 대한 이해력이 부족했습니다. 그 결과 엉뚱한 결론을 도출한 것입니다.

그러나 세월이 흐른 후 베드로후서를 기록하면서 베드로는 이 사건의 의미를 바른 시각에서 정확하게 조명하고 있습니다. 초기 해석에서 베드로는 구약의 인물 모세와 엘리야를 보고 흥분했습니다. 모세와 엘리야를 곁에 두고 싶은 마음에서 초막 셋을 짓자고 말했습니다. 흥미롭게도 베드로후서에서 변화산 체험을 소개할 때는 모세와 엘리야를 언급조차 하지 않습니다. 오로지 모든 초점이 예수 그리스도께 맞춰져 있습니다. 과연 그리스도가 누구신가를 드러내고 있습니다.

> 지극히 큰 영광 중에서 이러한 소리가 그에게 나기를 이는 내 사랑하는 아들이요 내 기뻐하는 자라 하실 때에 그가 하나님 아버지께 존귀와 영광을 받으셨느니라(벧후 1:17).

베드로의 후기 해석을 통해 우리가 가슴에 새겨야 할 교훈이 있습니다. 우리의 체험을 통해 영광을 받으셔야 할 유일한 존재는 예수 그리스도이십니다. 하나님께서 내게 주신 체험을 통해 우리는 자신이나 다른 존재가 아닌 예수님만을 온전히 높이는 데 초점을 맞추어야 합니다. 누군가 내 간증을 듣고 "나도 저분처럼 되고 싶다"라고 말한다면 이는 크게 잘못된 반응입니다. 나의 체험이 진정 하나님께서 주신 것이라면 이를 통해 오로지 예수 그리스도만이 영광을 받으셔야 합니다. 그렇지 않을 때 간증자는 말로만 하나님의 은혜를 이야기할 뿐 그 사람의 간증은

(아우구스티누스의 표현을 빌자면) 자기애를 신앙의 언어로 표현한 것일 뿐입니다.

베드로는 변화산 체험을 소개한 후에 곧이어 말씀 신앙을 소개합니다. 이야말로 체험 신앙을 올바른 방식으로 해석하고 사용하는 모범이 됩니다.

> 또 우리에게는 더 확실한 예언이 있어 어두운 데를 비추는 등불과 같으니(벧후 1:19).

체험의 목표가 예수 그리스도가 누구시고 예수 그리스도가 나를 위해 하신 일이 무엇인지 드러내는 것이라면 신자의 주관적인 체험보다 더욱 확실한 신앙의 근거는 예언, 즉 성경 말씀입니다. 베드로는 자기 체험이 이렇게 확실하니까 이것을 믿으라고 말하지 않습니다. 오히려 너희 손에 들려 있는 성경 말씀이 자신이 체험했던 수많은 사건보다 훨씬 탁월하고 우월하다고 교훈합니다. 여러분의 신앙을 체험이나 누군가의 주관적인 생각에 두지 말고 더욱 확실한 하나님의 계시인 성경 말씀에 두라고 권면하고 있습니다. 이것은 매우 중요한 가르침입니다. 모든 주관적인 체험보다 더욱 권위가 있고 모든 체험을 판단할 수 있는 객관적인 근거가 바로 하나님의 말씀입니다. 이 말씀에 비추어서 판단해 볼 때, 우리의 체험이 성경 말씀에 부합하지 않는다면 이는 하나님이 주신 체험이 아닙니다. 설혹 하나님이 허락하신 경험이라고 해도 성경 말씀에 부합하지 않는 방식으로 이해하는 것은 체험의 의미를 바르게 해석하지 못하는 것입니다.

같은 맥락에서 베드로는 성경의 바른 해석 원리를 소개합니다. 성경을 주관적으로 해석하는 것은 위험합니다.

> [20] 성경의 모든 예언은 사사로이 풀 것이 아니니 [21] ...사람의 뜻으로 낸 것이 아니요 오직 성령의 감동하심을 받은 사람들이 하나님께 받아 말한 것임이라(벧후 1:20-21).

우리는 어떻게 성경을 바르게 해석할 수 있을까요? 성경은 성령님의 감동으로 기록된 말씀이기 때문에 성령님이 영감하신 하나님의 말씀으로 받는 것이 중요합니다. 이를 무시하는 것은 성경을 사사로이 해석하는 것이라고 이야기합니다. 미국 듀크 대학교에서 교회사를 가르치신 데이비드 스타인메츠 David C. Steinmetz라는 분이 "신학과 성경해석: 열 가지 테제" "Theology and Exegesis: Ten Theses," 1978 와 "비평학 이전 성경해석의 우월성" "The Superiority of Pre-critical Exegesis," 1980 이라는 논문을 발표하여 주목을 끈 일이 있습니다. 두 가지 논문을 요약하자면 다음과 같습니다. 지난 200년 동안 소위 성경에 대한 고등비평 학자들의 연구 성과는 교회와 성경의 본문을 이해하는 데 별다른 유익을 주지 못했다는 평가입니다. 계몽주의 시대 이래로 소위 자유주의 신학은 성경이 성령의 감동으로 영감 되었다는 사실을 수용하지 않았습니다. 성경을 단지 인간 역사 속에 남겨진 여러 고전 문헌들 가운데 하나로 보았습니다. 이에 따라 성경이 일종의 문학적 창작품이나 구전된 설화를 창조적으로 편집한 텍스트라고 전제하고, 세속적인 비평적 방법론을 따라 성경 66권을 해체했습니다. 이들은 성경이 정경화 되기 이전에 존재했다는 원자료와, 이를 기록한 상상 속의 편집자, 그리고 이를 처음 읽은 초기의 독자층을 찾고자 모든 노력을 기울였습니다. 이 과정에서 하나님께서 정경으로 교회에 주신 성경 텍스트를 갈기갈기 찢어 놓았습니다. 이러한 시도는 지난 200년 동안 끊임없이 반복되어 온 것입니다. 과연 그 연구 성과는 무엇일까요? 고등비평 학자들은 각자 상상 속에 만들어 낸 자기만의 소위 원자료와 그것의 편집자, 그리고 원시 독자층을 가지게 되었습니다. 이러한 상황을 지적하며 스타인메츠의 제자인 리처드 멀러Richard A. Muller는 다음과 같이 평가합니다. "결국 이렇게 하여 재구성된 텍스트는 더 이상 교회의 경전이 아니다. 오직 비평학자들 각자가 고유한 소유권을 주장하는 그들 개인의 문서로 탈바꿈될 뿐이다."

이것이 바로 베드로가 엄히 경계하고 있는 성경의 사유화입니다. 교회는 그 누구의 것도 아닌 예수 그리스도의 것입니다. 교회는 담임 목사, 당회원, 교인들의 것도 아닙니다. 성경도 마찬가지입니다. 성경은 교회에 주신 객관적인 진리의 말씀입니다. 성경 안에 나 혼자만 볼 수 있고, 나 혼자만 깨달을 수 있는 숨겨진 진리가 있다고 주장한다면 이는 다 가짜입니다. 삼위 하나님께서 자기만을 사랑해서 자기에게만 특별한 계시를 주셨다는 신비주의자들의 주장은 모두 거짓입니다. 베드로는 자기만이 깨달은 신비를 말하지 않습니다. 예수 그리스도의 복음과 성경 66권을 통해 계시된 객관적인 진리를 소개하고 있습니다. 베드로는 자신의 모든 체험을 성경 말씀에 종속시키는 것입니다.

이제 본문의 교훈을 우리에게 적용해 보겠습니다. 우리는 많은 체험을 지닌 채 살아갑니다. 어떤 특별한 체험 때문에 교회에 나오신 분들도 많이 있을 것입니다. 교회사를 볼 때, 특별한 신앙 체험들이 많이 드러났던 시기가 있습니다. 미국의 1차 대각성 운동 때입니다. 조나단 에드워즈는 뉴잉글랜드 교회들이 경험한 큰 부흥의 역사를 기록했습니다. 대각성 운동을 긍정적으로 평가했던 조나단 에드워즈는 부흥 운동 가운데 일어났던 많은 체험을 객관적인 방식으로 연구했습니다. 특별한 체험을 했다는 사람들을 일일이 만나서 인터뷰도 하고 그 사람이 이 체험 이후에 어떻게 신앙생활을 하는지 추적했습니다. 과연 어떤 체험이 하나님이 주신 건전한 체험인지를 분별할 수 있도록 『성령의 역사 분별 방법』이라는 책을 저술했습니다. 에드워즈의 오랜 연구에 따르면 일시적, 신체적, 주관적, 신비적인 체험들은 대부분 가짜로 밝혀졌습니다. 이러한 체험을 경험한 이들은 변화를 오래 지속시키지 못하고 대부분 옛 생활로 다시 돌아갔습니다. 이에 비해 성령님께서 주신 참된 체험은 다음의 다섯 가지 특징을 갖는다고 에드워즈는 주장합니다.

첫째, 예수 그리스도를 높이고 그분에 대한 바른 신앙 고백을 하는 것입니다. 자신의 체험 안에서 예수 그리스도를 발견하지 못하면 그 체험은 무의미합니다. 진정한 체험은 사람을 높이는 것이 아닙니다. 오직 예수 그리스도를 높이고 그분께서 참 하나님 되심과 구세주이심을 드러내는 것이 바른 체험입니다.
둘째, 죄에 대한 각성과 회개입니다. 나의 체험이 성령님께서 주신 체험이 맞는다면 그 체험을 통해 나는 회개의 열매를 맺게 될 것입니다.

셋째, 성경을 존중하고 확산시킵니다. 건전하지 못한 체험은 계시된 성경 말씀을 무시하고 신비 체험 자체를 추구합니다. 이러한 신비 체험은 오래 지속되지 못합니다. 가짜가 많습니다. 참으로 성령님의 은혜를 체험한 사람들은 하나님의 말씀을 깨닫고 성경을 더 읽고 싶어 하며 성경에 나오는 말씀을 순종하고자 하는 거룩한 소원을 갖게 됩니다.

넷째, 건전한 교리와 일치하는 진리를 확신합니다. 깊은 은혜를 체험하고 보니 그 내용이 공교회에서 신앙 고백하는 내용과 정확하게 일치해야 합니다.

다섯째, 성령님이 주신 체험을 통해서 우리는 하나님과 사람을 사랑하게 됩니다.

성경 66권은 약 1,400년에 걸쳐서 40여 명의 저자를 통해 하나님께서 친히 계시하시고 영감하신 기록입니다. 성경을 바르게 해석하는 키워드는 예수 그리스도입니다. 요한복음 5:39에서 예수님은 "너희가 성경에서 영생을 얻는 줄 생각하고 성경을 연구하거니와 이 성경이 곧 내게 대하여 증언하는 것이니라"라고 말씀하셨습니다. 성경은 예수님에 대한 증언이기 때문에 성경을 해석할 때 우리는 예수님을 발견해야 합니다. 예수님은 누구십니까? 베드로는 베드로후서 1:1에서 "우리 하나님과 구주 예수 그리스도"라고 고백합니다. 예수님은 하나님이시면서 동시에 구세주라고 고백하는 것입니다. 베드로가 마태복음 16:16에서 "주는 그리스도시요 살아 계신 하나님의 아들"이라고 고백한 신앙 고백과 정확히 일치합니다. 우리는 이 고백에 근거하여 성경을 해석해야 합니다. 예수 그리스도를 선지자로 받아들이지만 그가 유일한 하나님의 아들임을 부인하는 이슬람 종교는 성경을 잘못 해석하는 것입니다. 베드로의 고백과 삼위 하나님에 대한 신앙 고백을 요약해 놓은 것이 사도신경입니다. 보통 사도신경은 성경책의 제일 앞쪽에 인쇄되어 있습니다. 바른 신앙 고백의 관점에서 성경을 바르게 해석해야 한다는 사실을 상징적으로 보여줍니다. 내가 어떤 주관적인 체험을 했는데 그 내용이 사도신경의 고백과 부합하지 않는다면 이는 성경과 무관한 체험입니다. 성령님이 주신 체험이 아닙니다.

이처럼 에드워즈의 책을 소개하는 것은 이 내용이 베드로가 강조하는 내용과 정확히 일치하기 때문입니다. 최고의 체험은 예수 그리스도의 은혜와 그분을 아는 지식에서 자라가는 체험입니다. 이것이 베드로후서의 마지막 결론입니다. 결국 말씀을 통해서 예수 그리스도의 은혜를 알고 또 예수 그리스도를 알아가는 지식에서 자라가는 것이 최고의 체험이라는 것입니다.

> 오직 우리 주 곧 구주 예수 그리스도의 은혜와 그를 아는 지식에서 자라 가라 영광이 이제와 영원한 날까지 그에게 있을지어다
> (벧후 3:18).

우리는 예수 믿으면 많은 것을 체험하게 됩니다. 최고의 체험은 내 앞에 놓인 성경 66권 외에는 없습니다. 그래서 우리가 이 성경을 통해 그의

지식을 알아갈 때 인생 지고의 행복을 누리셔야 합니다. 부족한 저에게도 하나님은 여러 가지 체험을 주셨습니다. 이것들 가운데 신학생이 되어 성경을 배우고 깨닫는 것이 가장 우월한 체험임을 알게 되었습니다. 대표적으로 시편 16편의 의미를 깊이 있게 배웠을 때, 말할 수 없는 감격과 기쁨을 체험했습니다. 이때부터 이 말씀을 사랑하게 되었고, 사랑하는 말씀이 제 삶을 변화시키는 것을 경험하게 되었습니다. 제가 어느 강단에서든지 제일 즐겨 선포하는 말씀도 "그리스도의 기쁨"이란 제목의 시편 16편 설교입니다. 얼마 전 기독교 방송에서 어떤 크리스천 사업가가 나와서 간증을 하다가 제 설교 이야기를 해서 놀랐습니다. 예수 그리스도의 십자가 복음이 잘 안 믿어지고 의심이 갈 때 어느 날 교회에 갔는데 어떤 목사님이 오셔서 마침 자기에게 하나님이 응답을 하시듯이 시편 16편의 말씀으로 설교하셨다고 말했습니다. 그때 그리스도의 마음이 느껴지면서 복음의 내용을 깊이 이해하게 되었다고 간증하는 것을 들었습니다. 제 체험이지만 그 내용을 통해 예수 그리스도의 복음이 드러날 때 이는 다른 사람을 예수님께 인도할 수 있다는 것을 알게 되었습니다.

그렇습니다. 신자가 추구해야 할 것은 예수 그리스도의 은혜를 깨닫게 되고 그 지식에서 자라가는 것입니다. 그 열매를 이웃과 나누면 이를 통해 하나님은 교회를 풍성하게 자라가게 하십니다. 자신의 체험을 하나님의 뜻에 따라 바르게 해석하여 교회에 유익을 끼친 대표적인 인물이 요셉입니다.

**7** 하나님이 큰 구원으로 당신들의 생명을 보존하고 당신들의 후손을 세상에 두시려고 나를 당신들보다 먼저 보내셨나니 **8** 그런즉 나를 이리로 보낸 이는 당신들이 아니요 하나님이시라(창 45:7-8).

요셉은 구약의 족장들 가운데 유일하게 하나님이 직접 나타나셔서 계시한 사람이 아니었습니다. 아브라함, 이삭, 야곱 모두 하나님을 직접 체험한 사람들이었는데 요셉은 꿈 말고는 신비한 음성을 듣지도 못했습니다. 그러나 하나님께서 꿈을 통해 계시하신 말씀으로 자신의 일생을 조명한 결과 요셉은 하나님의 뜻을 발견했습니다. 그리고 자신을 박해했던 형제들을 용서하고 품었습니다. 그 결과 이스라엘 12지파, 곧 구약 교회가 든든하게 세워지게 되었습니다.

특별한 체험을 원하고 특별한 은혜를 받고 싶은 마음은 모든 신자에게 있습니다. 좋은 체험을 선물로 받기 원한다면 계시된 말씀을 통해서 자신의 삶을 조명해 보기를 권면 드립니다. 이때 가장 좋은 체험이 발견될 수 있기 때문입니다. 그러면 굳이 특별한 체험을 추구할 필요가 없음을 깨닫게 됩니다. 여러분의 한순간 한순간이 다 특별한 체험이기 때문입니다. 지금이라도 이 말씀을 깨닫고 자기애self-love 중심의 신앙생활에서 벗어나서 하나님의 관점으로 자기 삶과 정황을 조명하고 싶은 마음이 들었다면 이 순간도 여러분에게 특별한 체험이 되는 것입니다. 이런 은혜를 저와 여러분에게 일평생 끊임없이 부어 주시길 간절히 기도합니다. 아멘.

### 제8장
# 하나님의 안식

**시편 95:7-11**

7 그는 우리의 하나님이시요 우리는 그가 기르시는 백성이며 그의 손이 돌보시는 양이기 때문이라. 너희가 오늘 그의 음성을 듣거든 8 너희는 므리바에서와 같이 또 광야의 맛사에서 지냈던 날과 같이 너희 마음을 완악하게 하지 말지어다. 9 그 때에 너희 조상들이 내가 행한 일을 보고서도 나를 시험하고 조사하였도다. 10 내가 사십 년 동안 그 세대로 말미암아 근심하여 이르기를 그들은 마음이 미혹된 백성이라 내 길을 알지 못한다 하였도다. 11 그러므로 내가 노하여 맹세하기를 그들은 내 안식에 들어오지 못하리라 하였도다.

── ··· ──

안식이라는 말은 "쉼"을 뜻합니다. 육체노동을 하는 사람들에게 쉼은 꼭 필요합니다. 과연 하나님도 쉼이 필요할까요? 과한 노동으로 인한 피곤함 때문에 하나님께도 휴식이 필요하다는 의미에서 하나님의 안식을 이해하는 사람은 없습니다. 성경에 "하나님의 안식"이라는 구절이나 개념이 나오지만, 우리는 사실 "안식"을 누리는 주체가 사람이라고 생각하지, 하나님이 실제로 쉼을 누리신다고는 생각하지 않은 경향이 있습니다. 그런데 이렇게 생각하고 넘어가기에는 너무나 많은 성경 구절이 하나님을 안식의 주체로 선언하고 있습니다. 오늘 본문도 이 구절들 가운데 하나입니다.

> 그러므로 내가 노하여 맹세하기를 그들은 내 안식에 들어오지 못하리라 하였도다(시 95:11).

분명히 안식의 주체가 "하나님의 안식"이라고 말씀하십니다.

> 하나님이...안식하시니라(창 2:2-3).

> 네 하나님 여호와의 안식일인즉(출 20:10).

나의 안식일을 지키라(출 31:13; 레 19:3).

여호와의 안식일이니라(레 23:3).

나의 안식일을 지키며(사 56:4).

내가…내 안식일을 주어(겔 20:12).

나의 안식일을 크게 더럽혔으므로(겔 20:13).

인자는 안식일의 주인이니라(마 12:8).

적어도 이 구절들은 안식의 주체가 하나님이라고 밝히고 있습니다. 그렇다면 하나님께서 안식하신다는 의미는 무엇일까요?
단어를 정의하는 여러 방법 가운데 하나가 그 단어의 반대말을 찾는 것입니다. 반대 개념을 통해 단어의 의미를 좀 더 분명하게 파악할 수 있습니다. 이런 의미에서 오늘 본문 말씀이 중요합니다. 본문을 보면 "하나님의 안식"에 대비되는 개념이 등장하기 때문입니다. 10절과 11절을 주목해 보시기를 바랍니다. 10절에 하나님께서 "근심하여"라는 단어가 등장합니다. 어떤 영어 성경은 이것을 하나님께서 화를 내셨다고[angry] 번역합니다. 같은 맥락에서 11절에는 하나님께서 "노하여"라는 표현이 나옵니다. 이 단어들이 "하나님의 안식"과 반대되는 개념입니다.

제8장 **하나님의 안식**

왜 하나님께서는 노하셨을까요? 예, 이스라엘의 범죄 때문에 그렇습니다. 전체 문단이 광야 40년 기간에 이스라엘이 범죄한 이야기를 진술하고 있습니다. 이스라엘 백성은 누구입니까? 하나님께서 택하신 백성이요 하나님께서 친히 자녀 삼으신 자들입니다. 정리하자면, "하나님의 안식"에 반대되는 개념은 하나님의 백성, 곧 하나님의 자녀들이 범죄했을 때, 그 죄로 인해 하나님께서 진노하시고, 자기 백성을 정죄 및 심판하시는 것입니다. 본문에 따르면, 광야 40년 동안 하나님께서는 안식을 못 누리신 것입니다. 비유컨대 부모가 잘못을 저지른 자녀에게 매를 든 후의 심리 상태와 유사하다고 생각할 수 있습니다. 자녀의 잘못을 지적하고 체벌한 후에, 드디어 공의가 실현됐다고 마음속으로 기뻐할 부모는 아무도 없습니다. 오히려 마음이 좋지 않습니다. 눈물 흘리는 자녀를 바라보는 부모의 마음도 평안을 누리지 못합니다. 이것이 바로 안식을 누리지 못하는 상태입니다. 이런 맥락에서 하나님께서는 예레미야 선지자를 통해 아버지 하나님의 "본심"을 다음과 같이 표현하셨습니다.

> 주께서 인생으로 고생하게 하시며 근심하게 하심은 본심이 아니시로다(애 3:33).

> 여호와의 말씀이니라 너희를 향한 나의 생각을 내가 아나니 평안이요 재앙이 아니니라 너희에게 미래와 희망을 주는 것이니라 (렘 29:11).

우리는 "하나님의 안식"의 반대 개념이 사랑하는 자녀들의 범죄에 대한 정죄와 심판이라는 사실을 확인했습니다. 그렇습니다. 하나님의 안식을 위협하는 것은 분명 자녀들의 범죄입니다. 그러나 문제는 그리 단순하지 않습니다. 오늘 본문의 내용을 자세히 살펴보면 다음 사실을 확인할 수 있습니다. 즉 하나님은 자기 백성의 범죄로 인해서 안식을 누리지 못한다기보다는 범죄한 자녀들이 끝까지 회개를 거부하기 때문에 안식을 누리지 못하셨다고 말하는 것이 좀 더 정확합니다. 이러한 추론이 가능한 근거가 8절에 나옵니다.

> 너희는 므리바에서와 같이 또 광야의 맛사에서 지냈던 날과 같이 너희 마음을 완악하게 하지 말지어다 (시 95:8).

물론 자녀가 죄를 범한 것이 문제의 출발이지만, 더욱 심각한 문제는 범죄한 자녀가 회개를 거부하는 것입니다. 이 때문에 부모가 느끼는 마음의 상태가 바로 안식을 누리지 못하는 상태입니다. 어린 자녀를 양육하는 부모들은 대부분 공감할 것입니다. 어린 자녀도 사람의 부패성을 공유하고 있습니다. 아주 어린 아이도 자기 잘못을 금방 인정하지 않으려 합니다. 잘못을 지적하는 부모에게 반항합니다. 성경은 회개를 거부하는 죄인의 모습을 가리켜 완악하다거나, 목이 곧다는 표현을 사용합니다. 이처럼 마음이 완악하고 목이 곧은 자녀들로 인해 하나님은 안식을 누리지 못하십니다.

하나님께서는 우리가 이러한 하나님의 안식 개념을 잘 이해하도록 역사적 실례를 들어서 교훈하십니다. 이집트에서 탈출한 이스라엘 백성이 광야에서 보낸 40년 동안 하나님께서는 안식을 누리지 못하셨습니다. 하나님께서는 대표적으로 므리바와 맛사의 사건을 구체적으로 지적하십니다. 여기서 잠시 므리바 사건을 살펴보겠습니다. 이 사건의 기원을 따져보면 민수기 16장에 기록된 고라당의 반역과 연관이 있습니다. 열두 명의 정탐꾼이 돌아온 후 이스라엘 백성은 불신앙으로 인해 광야로 돌아가 거기서 40년 동안 방황하게 됩니다. 가나안 진입이 무산되자 백성들 가운데 일부가 모세의 지도력을 문제 삼습니다. 이들은 모세가 아닌 다른 지도자를 새로 뽑겠다고 주장합니다. 자신들이 세운 지도자를 따라 다시 이집트로 돌아가겠다고 합니다. 이는 단순히 모세에게 저항하는 것이 아니었습니다. 하나님께서 이루신 출애굽의 역사를 정면으로 부정하는 운동이었습니다. 하나님께서 보시기에 패역한 죄를 범한 것입니다. 이러한 반역의 움직임은 고라당의 반역 사건으로 구체화되었습니다. 성경의 기록을 자세히 읽어보면 이 반역의 규모가 상당히 컸음을 알 수 있습니다. 민수기 16:2에 따르면 "이름 있는 지휘관" 이백오십 명이 반란에 가담했습니다. 소수의 군인이 모여서 정권을 찬탈하는 사례는 종종 있습니다. 이에 비하면 약 250명의 "이름 있는 지휘관"이 주도했던 고라당의 반역은 무시할 수 없는 규모입니다. 이들은 아마도 정치력과 군사력을 동원할 수 있었을 것입니다. 게다가 많은 레위인과 제사장이 가담했습니다. 종교적인 지도력도 갖춘 셈입니다.

하나님께서 크게 진노하셨습니다. 하나님께서 이들을 진멸하겠다고 말씀하십니다. 이때 모세가 이렇게 대답합니다. "고라 한 사람이 범죄하였거늘 이스라엘 온 회중에게 진노하시나이까?" 모세는 지금 패역한 이 스라엘을 위해 중보하고 있습니다. 모세는 보통 사람이 아닙니다. "이 회중에게서 떠나라"고 명령하시며 이들을 심판하시겠다는 하나님 앞에 엎드립니다. 오히려 회중의 편에 서서 하나님의 심판을 막기 위해 간구하고 있습니다. 이처럼 모세가 하나님의 백성을 지극히 사랑하는 훌륭한 지도자임에도 다단과 아비람은 그에 대해 이렇게 말했습니다.

> 네가 우리를 젖과 꿀이 흐르는 땅에서 이끌어 내어 광야에서 죽이려 함이 어찌 작은 일이기에 오히려 스스로 우리 위에 왕이 되려 하느냐(민 16:13).

모세가 스스로 왕이 되고자 한다고 비난합니다. 게다가 이스라엘 백성을 젖과 꿀이 흐르는 땅에서 광야로 이끌어 내어 죽이려 했다고 주장합니다. 사실 "젖과 꿀이 흐르는 땅"은 하나님께서 약속하신 가나안 땅을 묘사하는 표현입니다. 그런데 여기서는 오히려 떠나온 이집트를 가리키는 말이라고 해석할 수도 있습니다.

첫째, 모세가 자신들을 젖과 꿀이 흐르는 땅에서 이끌어 내었으나(13절) 결국 "젖과 꿀이 흐르는 땅으로 인도하여 들이지"(14절) 않았다고 말하는 문맥에서 볼 때, 13절의 "젖과 꿀이 흐르는 땅"은 이집트를, 14절의 경우는 가나안 땅을 지칭한다고 해석할 수 있습니다.

둘째, 이스라엘 백성은 아직 가나안 땅에 들어가지 않았다는 사실을 고려할 때 자신들을 젖과 꿀이 흐르는 땅으로부터 이끌어 내었다는 표현은 출발지에 해당하는 이집트에 좀 더 어울립니다.

셋째, 열두 정탐꾼의 보고를 들은 후 이스라엘 백성은 모세 대신에 "한 지휘관을 세우고 애굽으로 돌아가자"(민14:4)라고 외치며 반란을 일으켰습니다. 이것이 고라당 반역의 기원이라고 말할 수 있습니다. 이런 사실을 고려할 때, 이들이 이집트를 가리켜 "젖과 꿀이 흐르는 땅"이라고 불렀다고 해도 별 이상하게 들리지 않습니다. 주경신학자 박윤선 목사님은 앞서 인용한 다단과 아비람의 말이 "하나님의 거룩하신 구원 역사를 극도로 악평한 것"이라고 주해합니다. 요컨대 고라당의 반역 사건은 하나님께서 이루신 출애굽의 역사를 정면으로 부정하는 쿠데타라고 볼 수 있습니다.

이쯤 되면 왜 하나님께서 그토록 진노하셔서 고라당과 그의 무리를 땅속으로 꺼지게 하는 심판을 실행하셨는지 이해가 됩니다. 이를 통해 하나님께서는 모세와 고라당 중에 과연 누가 옳은지 그른지를 이스라엘의 온 회중 앞에서 분명하게 계시하셨습니다. 그럼에도 백성들은 여전히 회개하지 않습니다. 고라당이 심판을 받아 멸망한 바로 다음 날, "온 회중"이 모세에게 나와 다음과 같이 원망합니다.

> 이튿날 이스라엘 자손의 온 회중이 모세와 아론을 원망하여 이르되 너희가 여호와의 백성을 죽였도다(민 16:41)

오히려 고라당의 편에 서서 모세와 아론을 비난하는 것입니다. 고라당은 억울하게 죽임을 당했다고 말하는 것처럼 들립니다. 이들의 태도는 바뀌지 않습니다. 하나님의 심판을 경험했음에도 회개를 거부한 것입니다. 오히려 완악한 마음으로 대드는 것입니다.

하나님께서도 가만히 계시지 않았습니다. 이들을 염병으로 심판하십니다. 순식간에 만 사천칠백 명이 죽습니다. 사실 더욱 많은 수가 전염병으로 사망할 수도 있었습니다. 이번에도 모세와 아론이 백성의 편에 서서 하나님 앞에 엎드립니다. 백성의 죄를 용서받기 위해 중보합니다. 이 때문에 염병이 멈춘 것입니다. 그러나 이미 상당수가 염병으로 사망했습니다. 이쯤 되면 목이 곧은 백성이라도 마음을 돌이켜 회개했어야 마땅합니다. 예, 조금은 태도가 바뀝니다.

> 12이스라엘 자손이 모세에게 말하여 이르되 보소서 우리는 죽게 되었나이다 망하게 되었나이다 다 망하게 되었나이다. 13가까이 나아가는 자 곧 여호와의 성막에 가까이 나아가는 자마다 다 죽사오니 우리가 다 망하여야 하리이까?(민 17:12-13).

그런데 이렇게 말하는 이스라엘 백성의 모습을 자세히 살펴보시길 바랍니다. 과연 이들이 지금 회개하는 것일까요? 놀랍게도 이들의 입에서 "회개"라는 말이 나오지 않습니다. 그 대신 "우리가 죽게 되었다"라고 말합니다. 혹은 "우리가 다 망하게 되었다"라고 탄식합니다. 말하는 뉘앙스는 "차라리 우리를 죽여라!"라고 말하며 모세에게 대드는 것과 같이 들립니다. 실제로 이들은 얼마 후에 "차라리 우리가 죽었더라면 좋을 뻔했다"라고 말하며 므리바의 사건을 촉발시킵니다. 분명한 사실은 이들이 회개하지 않았다는 것입니다. 마치 이를 증명하듯이 성경은 민수기 20장에서 므리바 사건을 자세하게 기술합니다.

잘 아시다시피 모세는 온유한 사람입니다. 민수기 20장에 이르면 이처럼 온유한 모세가 급기야 분을 폭발시키는 장면이 기록되어 있습니다. 다음 구절에는 모세를 자극한 중요한 단어가 등장합니다.

> 3백성이 모세와 다투어 말하여 이르되 우리 형제들이 여호와 앞에서 죽을 때에 우리도 죽었더라면 좋을 뻔하였도다 4너희가 어찌하여 여호와의 회중을 이 광야로 인도하여 우리와 우리 짐승이 다 여기서 죽게 하느냐? 5너희가 어찌하여 우리를 애굽에서 나오게 하여 이 나쁜 곳으로 인도하였느냐?(민 20:3-5).

바로 "우리 형제들"이란 단어입니다. 여기서 "형제들"은 누구를 가리킬까요? 앞서 살펴본 고라당을 의미합니다. 자, 모세의 입장에서 생각해봅시다. 하나님께서 고라당의 반역 사건으로 인해 크게 진노하셔서 이스라엘 전체 회중을 심판하시려고 했을 때, 감히 누가 하나님 앞에 엎드려 이스라엘을 위해 간구했습니까? 바로 모세입니다. 일찍이 모세는 자기의 이름을 생명책에서 지워도 좋으니 범죄한 이스라엘 백성을 용서해달라고 간구했던 사람입니다. 고라당의 사건 때에도 모세는 "고라 한 사람이 범죄했을 뿐인데 전체 회중을 심판하실 수 있느냐"며 하나님께 항의 섞인 기도를 드렸습니다. 이스라엘 백성을 지극히 사랑한 모세는 이들을 살리기 위해 어떻게든 회중을 고라당으로부터 구분하려고 애쓰지 않았습니까?

그런데 므리바에서 회중은 모세와 다투며 고라당을 가리켜 "우리 형제들"이라고 말합니다. 정말 기막힌 말입니다. 이들은 자신의 정체성을 고라당과 일치시킵니다. 한 걸음 더 나아가 고라당이 죽었을 때 차라리 자신들도 함께 죽었더라면 좋을 뻔했다고 말을 합니다. 자신들을 가리켜 땅에 삼켜지고 염병으로 심판받아 마땅한 멸망의 자녀라고 자인하는 셈입니다. 목숨을 걸고 사력을 다해 멸망의 자리로부터 건져놓았더니, 감사의 말 대신에 도리어 입에 담을 수 없는 망언을 쏟아내는 것입니다. 이같이 극단으로 치닫는 대화 안에서 모세가 잠시 이성을 잃고 분을 표출한 상황이 충분히 이해됩니다. 모세는 패역한 무리를 향해 분을 내며 반석을 두 번 내려친 것입니다.

이러한 므리바 사건의 정황을 통해 우리가 확인할 수 있는 한 가지 사실은 이것입니다. 즉 이스라엘 백성은 지금까지 참 회개를 거부했다는 사실입니다.

이런 백성을 향한 하나님의 마지막 대응이 무엇일까요? 지금까지 하나님께서는 땅을 갈라 보기도 하시고, 염병을 내리기도 했으며, 전체 회중을 진멸하겠다고 위협하기도 하셨습니다. 이제는 지금껏 경험해 보지 못한 수준의 심판이 집행될 순서인 것 같습니다. 그런데 반전이 일어납니다. 하나님께서는 반석으로부터 생명수를 공급해 주셨습니다. 백성에게는 물을 주시면서 모세에게는 오히려 벌을 주십니다. 모세가 하나님의 말씀에 불순종했기 때문입니다. 하나님은 반석을 향해 명령하여 물을 내라고 말씀했습니다. 그런데 모세는 백성을 향해 분을 내며 반석을 두

번 때린 것입니다. 하나님께서는 모세를 책망하십니다.

> 너희가 나를 믿지 아니하고 이스라엘 자손의 목전에서 내 거룩함을 나타내지 아니한 고로 너희는 이 회중을 내가 그들에게 준 땅으로 인도하여 들이지 못하리라(민20:12).

아마도 모세 입장에서는 배신감을 느꼈을지 모릅니다. 어떤 면에서 모세는 하나님 편에 선 것이었습니다. 하나님을 대신하여 의분을 표출한 것이었다고 자기 행동을 변명하고 싶었을 것입니다.

모세의 실수가 무엇이고, 왜 하나님은 그의 실수를 묵과하실 수 없었는지 이해하기 위해서는 "반석"이 무엇을 상징하는지를 살펴보아야 합니다. 고린도전서 10:4에 따르면, "반석"은 그리스도를 가리킵니다. 모형론적으로 그렇습니다.

> 다 같은 신령한 음료를 마셨으니 이는 그들을 따르는 신령한 반석으로부터 마셨으매 그 반석은 곧 그리스도시라(고전10:4).

반석이 그리스도의 모형이라면, 반석으로부터 "신령한 음료"가 나왔다는 것은 그리스도께서 베푸시는 영원한 생명 혹은 구원을 상징한다고 볼 수 있습니다. 그렇다면 모세가 반석을 때린 행위는 무엇을 의미할까요? 여기서 잠시 출애굽기 17장의 사건을 기억할 필요가 있습니다. 일찍이 하나님께서는 모세로 하여금 반석을 때려서 물이 나오게 하여 백성이 마시도록 명령하셨습니다.

> 내가 호렙 산에 있는 그 반석 위 거기서 네 앞에 서리니 너는 그 반석을 치라. 그것에서 물이 나오리니 백성이 마시리라(출 17:6).

반석이 그리스도를 의미한다면, 반석을 친다는 의미는 그리스도의 수난 혹은 십자가를 상징합니다. 그리스도께서 십자가의 고난을 당하심으로 자기 백성에게 구원의 "신령한 음료"를 제공하신 것입니다. 그런데 흥미로운 사실이 있습니다. 오늘 므리바에서 하나님께서는 더 이상 반석을 치라고 말씀하지 않으십니다. 그 대신 "반석에게 명령하여 물을 내라 하라"(민20:8)고 말씀합니다. 이 의미는 무엇일까요? 저는 이것이 그리스도 수난의 단회성을 의미한다고 믿습니다.

히브리서 기자는 그리스도의 수난이 단회적으로 완성되었다는 사실을 여러 번 강조합니다.

> 그는 저 대제사장들이 먼저 자기 죄를 위하고 다음에 백성의 죄를 위하여 날마다 제사 드리는 것과 같이 할 필요가 없으니 이는 그가 "단번에" 자기를 드려 이루셨음이라(히 7:27).

> 그리하면 그가 세상을 창조한 때부터 자주 고난을 받았어야 할 것이로되 이제 자기를 "단번에" 제물로 드려 죄를 없이 하시려고 세상 끝에 나타나셨느니라(히 9:26).

이와 같이 그리스도도 많은 사람의 죄를 담당하시려고 "단번에" 드리신 바 되셨고 구원에 이르게 하기 위하여 죄와 상관 없이 자기를 바라는 자들에게 두 번째 나타나시리라(히 9:28).

이 뜻을 따라 예수 그리스도의 몸을 "단번에" 드리심으로 말미암아 우리가 거룩함을 얻었노라(히 10:10).

그리스도는 우리에게 생명수를 공급하시기 위해 여러 번 반복하여 십자가의 고난을 받으실 필요가 없습니다. 신자가 범죄할 때마다 자기 백성의 죄를 용서하기 위해 매번 십자가를 지셔야 하는 것이 아니라는 의미입니다. 단 한 번의 고난으로 충분합니다. 이후로는 반석을 향하여 물을 요구하는 것만으로도 백성들은 생명수를 공급받을 수 있습니다. 이러한 이유에서 주님은 모세에게 더 이상 반석을 때리지 말고 단지 말로 명하라고 말씀하신 것입니다. 그런데 오늘 모세는 온 회중 앞에서 반석을 두 번 때렸습니다. 모형론의 관점 안에서 보면 이는 그리스도 수난의 단회성을 훼손하는 중대한 실수였습니다.

므리바 사건을 통해 배울 수 있는 교훈이 더 있습니다. 저는 하나님께서 므리바 사건을 통해 예배를 가르치셨다고 생각합니다. 출애굽의 역사가 그려내는 하나님과 이스라엘의 관계에서 자주 반복되는 패턴이 발견됩니다. 금송아지 반역 사건으로 인해 하나님의 심판이 임하고, 모세의 중보로 관계가 회복되며, 그 이후 성막이 만들어집니다. 성막은 예배 처소입니다. 고라당의 반역 사건으로 인해 하나님의 심판과 모세의 중보가 반복됩니다. 이후 하나님께서는 제사장과 예배에 관한 규례를 새롭게 하십니다. 하나님의 백성이 불순종과 범죄로 시작한 사건은 마지막에 이르러 예배와 관련된 내용과 함께 마무리됩니다. 마치 예배는 범죄한 자녀들, 혹은 참 회개를 거부하는 자녀들에 대한 부모이신 하나님의 항복 선언과 같이 느껴집니다. "내가 졌다"라고 말씀하시며 마음이 완악한 백성에게 반석을 쳐서 생명수, 곧 예수 그리스도를 주시는 것입니다. 의로우신 하나님과 죄인 사이에 어떻게 평화로운 동거가 있을 수 있겠습니까? 의와 불의는 동거할 수 없습니다. 어느 한 편이 죽어야 합니다. 그런데 불의가 끝까지 죽기를 거절합니다. 그러니 의로우신 하나님께서 차라리 '내가 죽자' 결정하시고 그리스도를 보내신 것입니다. 불의한 자를 위해 의인이신 그리스도께서 속죄의 죽음을 죽으셨습니다. 그리스도 안에서 불의한 자는 의인이 되었습니다. 그리하여 이제 하나님과 동거하는 일이 가능하게 된 것입니다. 이것이 바로 예배입니다.

예배의 핵심에는 예수 그리스도가 있습니다. 그리스도 없이는 예배가 불가능합니다. 그런데 우리에게 예수 그리스도를 주신 분은 하나님입니다. 따라서 마치 우리가 스스로 만들어 낸 무엇에 기초해서 예배가 성립된 것이 아닙니다. 오히려 하나님께서 예배의 근거를 스스로 마련하시고 우리를 예배로 초청하신다고 말하는 것이 좀 더 정확한 표현입니다. 성만찬도 우리가 떡과 포도주를 준비하는 것처럼 말하지만 사실은 그 반대입니다. 하나님께서 그분 자신의 몸과 피로 잔치 음식을 베푸시고 우리를 초청하신 것입니다. 이처럼 범죄한 하나님의 자녀, 회개를 끝까지 거부하는 하나님의 자녀, 죄 문제를 그대로 안고 있는 자녀와 하나님이 동거할 수 있는 유일한 해결책이 그리스도입니다. 하나님께서는 그리스도를 예배의 핵심으로 삼으셨습니다. 이렇게 보면 우리가 하나님 앞에 예배하러 나오는 것을 왜 하나님이 자녀들에게 주시는 특권이라고 했는지 우리가 이해할 수 있습니다. 문제는 초청받은 사람들이 목이 곧은 백성이라는 데 있습니다. 므리바에서 모세를 원망하며 다투고 있는 이스라엘의 모습이 자격 없는 우리의 모습을 반영하는지도 모르겠습니다. 그럼에도 하나님께서는 자기 백성을 끝까지 포기하지 않고 은혜를 베푸십니다. 오히려 반석을 통해 생명수를 공급해 주십니다. 때때로 우리는 예배를 통해 큰 은혜를 경험합니다. 이때도 우리는 마치 내가 무엇을 잘했기 때문에 은혜를 받았다고 스스로 자랑할 수 없습니다. 오히려 자격이 없는 자에게 주어지는 것이 바로 은혜의 본질이기 때문입니다.

다시 시편 95편으로 돌아오겠습니다. 흥미로운 말씀이 발견됩니다. 시편 기자는 불순종의 40년을 상징하는 광야와 약속의 땅을 대조시킵니다. 모형론적으로 약속의 땅은 곧 안식의 땅으로 제시됩니다. 앞서 살펴보았듯이 하나님께서는 40년 동안 광야에서는 안식을 누리지 못하셨습니다. 그렇다면 동일하신 하나님께서 약속의 땅에서는 어떤 방식으로 안식을 누리셨기에 그 땅을 가리켜 "안식의 땅"이라고 말씀하셨을까요? 이스라엘 백성이 광야에서는 불순종했는데 새로운 세대가 요단강 건너서 약속의 땅에 들어온 다음에는 바뀌었나요? 아닙니다. 안식의 땅에 들어온 다음에도 이스라엘 백성은 계속 범죄하고 배도하고 패역하게 행하는 역사를 이어갔습니다. 그런데 왜 하나님께서 광야와 달리 이쪽 땅은 안식을 누리는 안식의 땅으로 규정하신 걸까요? 그것은 하나님이 안식을 누리시는 궁극적인 기초가 우리 인간의 순종과 불순종 같은 인간의 행위에 좌우되지 않는다는 뜻입니다. 그러면 우리가 회개를 안 해도 될까요? 아닙니다. 우리가 회개할 때까지 하나님이 안식을 못 누리시는 것이 아니라 회개를 거부하기 때문에 하나님만이 스스로 가지시는 또 다른 깊은 안식의 기초를 가지겠다고 선언하신 것입니다. 그것이 언약 자체입니다.

하나님이 이쪽을 약속의 땅이라고 선포하셨습니다. 그리고 내가 이쪽에서 언약을 누리겠다고 선언하셨습니다. 하나님의 그 선언 행위, 언약 행위 그 자체, 하나님이 그렇게 하시기로 한 것, 그 자체 안에 단서가 있습니다. 하나님의 언약 안에는 예수 그리스도가 있기 때문입니다. 하나님께서 범죄한 이스라엘을 선택하기 전부터 그리스도 안에서 스스로 안식을 누리시기로 작정하셨습니다. 그래서 하나님께서 그리스도 안에서 내가 스스로 안식을 누릴 영원한 기초를 마련했다고 선언하신 것입니다.

> [1]그러므로 이제 그리스도 예수 안에 있는 자에게는 결코 정죄함이 없나니 [2]이는 그리스도 예수 안에 있는 생명의 성령의 법이 죄와 사망의 법에서 너를 해방하였음이라(롬 8:1-2).

이것은 우리에게만 적용되는 것이 아닙니다. 그리스도 예수 안에 있는 하나님의 백성들, 범죄한 자녀들을 하나님이 결코 정죄하지 않으시겠다는 선언입니다. 이는 하나님 스스로 당신의 범죄한 자녀들을 정죄감에서 해방하겠다는 말씀입니다.

이제 하나님의 안식을 우리에게 적용해 보겠습니다.
첫째로 하나님의 안식은, 정죄로부터의 해방을 의미합니다. 예를 들면 자녀 둘이 있는데 둘째가 사업한다고 형의 돈을 빌려 가서 날렸습니다. 아무리 우애가 좋아도 이런 일이 있으면 불화가 생깁니다. 형제가 서로 사이가 좋지 않으면 아버지 마음이 편하겠습니까? 도저히 참을 수 없어서 아버지가 두 형제를 불러 10억씩 줬습니다. 그러고 나서 둘째보고 형의 돈을 갚으라고 합니다. 이것이 하나님께서 우리에게 하신 일입니다. 그러고 나서 하나님께서 이날을 우리가 정죄감으로부터 해방된 날로 정하시고 우리를 하나님의 안식으로 초청하신 것입니다. 그래서 이것이 안식법의 정신입니다. 안식법은 정죄로부터 해방입니다. 이것을 이해하고 나면, 왜 마태복음 12장에서 예수님께서 그토록 화를 내셨는지 이해할 수 있습니다. 안식일에 예수님의 제자들이 밀밭을 걷다가 이삭을 잘라 먹습니다. 당시 율법으로는 규례를 어긴 것입니다. 그런데 예수님이 바리새인들에게 말씀하십니다. "너희가 무죄한 자를 정죄한다", "너희가 안식법의 의미를 잘 모르는구나!"

¹그 때에 예수께서 안식일에 밀밭 사이로 가실새 제자들이 시장하여 이삭을 잘라 먹으니 ²바리새인들이 보고 예수께 말하되 보시오 당신의 제자들이 안식일에 하지 못할 일을 하나이다. ³예수께서 이르시되 다윗이 자기와 그 함께 한 자들이 시장할 때에 한 일을 읽지

못하였느냐? ⁴그가 하나님의 전에 들어가서 제사장 외에는 자기나 그 함께 한 자들이 먹어서는 안 되는 진설병을 먹지 아니하였느냐? ⁵또 안식일에 제사장들이 성전 안에서 안식을 범하여도 죄가 없음을 너희가 율법에서 읽지 못하였느냐? ⁶내가 너희에게 이르노니 성전보다 더 큰 이가 여기 있느니라. ⁷나는 자비를 원하고 제사를 원하지 아니하노라 하신 뜻을 너희가 알았더라면 무죄한 자를 정죄하지 아니하였으리라. ⁸인자는 안식일의 주인이니라 하시니라(마 12:1-8).

하나님께서 자비를 원하시고 제사를 원하시지 않는다는 말씀의 의미를 알라고 하십니다. 안식법의 근거 자체가 정죄로부터 해방입니다. 이것이 안식의 정신입니다. 그 안식법을 근거로 사람을 정죄하는 행위는 그 자체로서 무효라는 것입니다. 예수님께서 법리적 해석을 잘하십니다. 법에는 법의 정신이 있습니다. 법의 정신에 어긋나는 고소 행위 자체를 예수님께서 원천적으로 무효화시키신 것입니다.

저는 어렸을 때부터 신앙을 투쟁적으로 힘들게 해 왔습니다. 그런데 주변의 다른 사람들은 주일날 음식도 사 먹고 자유로운 것을 보면서 겉으로는 몰라도 속에서는 정죄하는 마음이 있었습니다. 그런데 제가 신학을 공부하면서 안식일의 정신 자체가 사람이 정죄감으로부터 해방되는 날로 하나님께서 선언하고 그것 때문에 우리를 불러 모았다는 것을 알고 나니까 정말 신비하게 마음속에서부터 이 모든 정죄감이 사라졌습니다. 그런 것이 신비한 체험입니다. 우리는 다 부패한 본성을 가지고 있어서 지금도 점잖게 하나님 앞에 나와서 예배드리지만, 우리 마음과 머릿속에서는 정죄하는 생각들이 지나갑니다.

'저 목사는 왜 이렇게 말이 빨라.'
'저 장로님은 왜 이렇게 기도를 길게 해.'
'성가대는 연습을 안 했나 봐.'

이런 것들이 무의식중에라도 머릿속을 지나가는 것입니다. 그것은 어쩔 수가 없습니다. 우리는 부패한 본성으로 끊임없이 남을 판단하고 정죄합니다. 그런데 이러한 마음의 상태를 하나님이 보실 때 안식을 누리지 못하시는 것입니다. 하나님은 우리 마음속의 생각까지 다 읽으십니다. 우리가 선한 일을 할 때도 부패한 동기가 있음을 아십니다. 새벽 기도에 나와서 기도할 때 상당수가 "하나님, 억울합니다. 저 사람 때문에 제가 상처받았어요"라고 말합니다. 하나님은 우리의 모든 생각을 아시기 때문에 우리의 정죄감으로부터 시달리는 분이 하나님이십니다. 하나님이 "내가 죽겠다" 하시는 것입니다. 아까 그 예화처럼 "내가 20억 내서 다 갚아 줄 테니 너희끼리 다 사이좋게 지내라", "오늘은 서로 정죄하지 마라." 그것이 안식일입니다.

하나님의 안식을 시공간의 두 가치 축에서 적용해 볼 수도 있습니다. 첫 번째로 시간적인 적용입니다. 안식일을 따로 구분해서 하나님께서 안식을 선언하신 것입니다. 그리고 우리를 초청하신 것입니다. 여러분 마음에 누군가를 용서하지 못하고 자다가도 벌떡 일어나고 가슴이 답답하신 분들은 주일날 와서 예배드리는 순간만큼은 잊는 것입니다. 예배드리는 한 시간, 두 시간만큼은 의지적으로 잊는 것입니다. 그것이 훈련되면 일주일 중에 하루를 구별하는 것입니다. 주일날, 그날만은 용서하는 것입니다. 그리고 그것이 훈련되면 일주일을 구별하고 또 한 달, 한 해, 그리고 일평생 하는 것입니다. 그것이 안식일, 안식년, 희년입니다. 하나님께서 안식일, 안식년, 희년을 우리에게 주시는 목적은 우리가 시간을 따로 구분해서 안식의 정신을 알고 그것을 실천해서 잘 연습함으로써 일평생 정죄감으로부터 해방되게 하시기 위함입니다. 사실 정죄감으로 시달리면 나만 손해입니다. 그래서 하나님은 거기로부터 스스로 해방되기를 원하십니다.

두 번째는 공간적인 적용입니다. 안식의 공간을 확보한다는 뜻인데 마태복음을 다시 한번 살펴보겠습니다.

> 3예수께서 이르시되 다윗이 자기와 그 함께 한 자들이 시장할 때에 한 일을 읽지 못하였느냐? 4그가 하나님의 전에 들어가서…먹어서는 안 되는 진설병을 먹지 아니하였느냐? 5또 안식일에 제사장들이 성전 안에서 안식을 범하여도 죄가 없음을 너희가 율법에서 읽지 못하였느냐?(마 12:3-5)

다윗이 제사장만 먹는 진설병을 먹었는데도 정죄받지 않았습니다. 다윗의 신분은 그때 군인이었습니다. 제사장이 아니었습니다. 그런데 정죄받지 않은 이유는 성전 안에서 이루어졌기 때문입니다. 그리고 아무리 안식법을 엄하게 규정해도 면제 조항이 있습니다. 안식일에 제사장들이 성전 안에서 행한 일들은 노동으로 인정하지 않았습니다. 그래서 면책 특권을 주었습니다. 제사장들이 노동을 안 하면 어떻게 주일날 예배를 드리겠습니까? 안식일이라도 제사장들이 성전 안에서 행하는 일은 면죄받을 수 있다고 하는 것입니다. 여기서 요점은 이들의 신분이 바뀌어서 면책되는 것이 아니라 하나님의 전, 성전 안에서는 어떠한 안식법을 어기는 것도 다 면제받는다는 사실입니다. 그러고 나서 "성전보다 더 큰 이가 여기 있다"라고 말씀하십니다. 예수 그리스도 안에 있는 자에게는 결코 정죄함이 없다는 선언입니다.

이것을 공간적으로 적용하면 약속의 땅 안에는 예루살렘 성전이 있습니다. 성전 안에서 이루어지는 일은 면책 특권을 받습니다. 정죄에서 해방됩니다. 성전이 있는 땅이 약속의 땅입니다. 약속의 땅에 들어오면 상징적으로 모든 정죄에서 해방됩니다. 성전보다 큰 예수님이 우리의 성전입니다. 예수님 안에 있으면 그 누구도 정죄에서 해방됩니다.

> 너희는 너희가 하나님의 성전인 것과 하나님의 성령이 너희 안에 계시는 것을 알지 못하느냐?(고전 3:16).

작게는 예수 그리스도 안에서 해방이 이루어지는데, 예수가 점점 커지는 것입니다. 예배 안에서, 성전 안에서, 약속의 땅 안에서 이루어지는 것입니다. 우리 공동체를 하나님께서 안식 공동체로 규정해 주시는 것입니다.

자, 이제 시간과 공간을 우리에게 다 적용해 보면 우리가 따로 안식의 날에 와서 이 공간 안에서 예배를 드립니다. 그리고 밥 먹으러 식당으로 가는데 어떤 집사님이 새치기했습니다. "아니, 저 사람이." 그러면 됩니까? 서로 정죄하면 안 됩니다. 그거 안 하려고 오늘 우리가 예배당에 온 것입니다. 다른 날은 몰라도 이날은 서로 정죄하면 안 됩니다.

내 안에서는 적용을 어떻게 할까요? 도대체 용서가 안 되는 사람이 있으면 내 안의 성전 공간으로 끌고 들어오는 것입니다. 거기에는 예수 그리스도의 십자가가 있습니다. 그 마음의 성전이 점점 넓어질 수 있도록 훈련하셔야 합니다. 일평생 훈련하면 우리가 정죄감에서 해방될 수 있습니다.

세 번째는 우리의 안식을 누리는 것입니다. 교회는 안식 공동체입니다. 하나님의 안식은 사람의 안식으로 열매 맺습니다. 곧 안식일은 모든 성도가 하나님 앞에 나와 "하나님의 안식"에 다 함께 참여하는 날입니다. 한편 사람과 사람 사이에 일어나는 모든 정죄감으로부터 해방을 맛보는 날이 바로 안식일입니다. 모든 정죄로부터 자유를 얻고 하나님과 더불어 평화의 교제를 누리는 성도의 안식은 하나님의 안식으로부터 기원합니다. 여러분이 섬기는 소그룹을 안식 공동체로 만드셔야 합니다. '우리 공동체가 안식 공동체인 것을 어떻게 확인할 수 있는가' 하면 자기의 부끄러운 허물을 자유롭게 고백하고 기도하고 서로 치유하는 공동체, 그것이 안식 공동체입니다. 사람은 영물이라 다 압니다.

'내가 나의 약점을 이야기했을 때 이 사람이 나를 흉보겠다.' 이런 생각이 들면 절대로 자기 마음을 열지 않습니다. 그러나 정말 사랑의 공동체가 되고 정말 안식의 공동체가 되고 내 마음의 모든 약점을 드러내도 이 사람들은 나를 정죄할 사람이 아니라고 느끼면 본인의 모든 허물을 다 드러냅니다. 그것이 안식 공동체입니다. 그거 하라고 하나님이 여기에 불러 모으신 것입니다. 여러분 모두 하나님의 안식으로 평안을 누리시길 기원합니다.

제9장
# 충성

### 고린도전서 4:1-2

¹ 사람이 마땅히 우리를 그리스도의 일꾼이요 하나님의 비밀을 맡은 자로 여길지어다. ² 그리고 맡은 자들에게 구할 것은 충성이니라.

— ••• —

성경이 가르치는 "충성"이란 무엇일까요? 본문에서 쓰인 "충성"이라는 헬라어 단어는 "피스토스"(πιστός)입니다. "피스토스"는 우리나라에서

"충성"이라는 단어가 활용되는 방식과 차별화되는 면이 있습니다. 우리는 보통 "충성"을 아랫사람이 윗사람에 대하여 취하는 태도로 이해합니다. 이를테면 부하 직원이 상사에게 갖는 태도, 혹은 군대에서 계급이 낮은 사람이 높은 사람에게 취하는 태도입니다. 하지만 성경에서 "피스토스"는 아랫사람에게만 아니라 하나님의 성품이나 태도를 묘사하는 단어로도 사용됩니다. 하나님이 "피스토스"의 주어가 될 때, "하나님은 신실하시다", 혹은 "미쁘시다"라고 번역합니다. 한편 형용사 "피스토스"에서 파생된 "피스토이"(πιστοι)는 "신자"라는 말로 번역되기도 합니다(참조. 행 10:45). 하나님께도 쓸 수 있는 단어가 사람을 나타내는 단어로 바뀔 때 "신자"를 의미할 수 있다는 사실이 흥미롭습니다. 헬라어 "충성"이라는 단어에는 과연 하나님은 어떤 분이시고, 신자는 누구이며, 하나님과 교회는 어떤 관계를 맺고 있는지를 알려 주는 깊은 의미가 내포되어 있습니다.

설교를 시작하며 성경 원어에 대해 자세히 말씀드리는 이유가 있습니다. 보통 우리는 교회 안에서 "충성"이라는 단어를 목사, 장로, 구역장 등과 같이 직분을 맡은 자들에게 적용하는 경향이 있습니다. 임직과 관련된 헌신 예배의 설교 제목에 자주 등장하는 단어가 "충성"이지요. 이러한 선입견은 깨어질 필요가 있습니다. "충성"이라는 단어는 교회의 직분자에게만 아니라 신자라면 누구에게나 적용되기 때문입니다. 이런 의미에서 오늘의 본문을 통해 주님은 우리 모두에게 말씀하고 계심을 알아야 합니다. 우리는 성경이 가르치는 "충성"을 쉽고 분명하게 이해하기 위해 신구약 성경에 등장하는 수많은 인물 가운데 "충성"의 모델이 될 만한 두 명을 선택하여 집중적으로 살펴보고자 합니다.

첫 번째 인물은 목동 다윗입니다.
목동 다윗을 통해서 성경이 우리에게 교훈하는 핵심적인 메시지는 "충성은 사랑이다"라는 가르침입니다. 성경은 다윗을 사랑이 많은 "선한 목자"로서 우리에게 제시하고 있습니다.

> 네 양 떼의 형편을 부지런히 살피며 네 소 떼에게 마음을 두라
> (잠 27:23).

아마 이 말씀이 다윗의 서재에도 걸려 있었을 것이라 생각합니다. 목동 다윗이 가진 가장 큰 특징은 맡겨진 양 무리를 자기 생명처럼 사랑했다는 것입니다. 그 당시 팔레스타인에는 말 그대로 돈을 받고 남의 양 떼를 목양하는 "삯꾼 목동"들이 많았습니다. 그래서 대부분의 목동은 자기 소유가 아닌 양을 기르고 있었던 것입니다. 그래서 위험한 상황이 닥치면 자기 것이 아니기 때문에 버리고 달아납니다. 그래서 예수님이 참된 목자와 삯꾼 목자를 대비하신 것은, 양을 버리고 가는 경우를 많이 체험할 수 있었기 때문입니다. 다윗도 "자기의 양 떼"라고 하지 않고 "아비의 양 떼"라고 말합니다. 아버지의 것은 자기 것이 아닙니다. 다윗에게는 형제들이 많아서 그가 목양하던 양들이 자기의 소유가 되지 않을 확률이 굉장히 높습니다. 양 떼를 맡아서 목양하는 대부분의 목동에게 양들은 자기의 것이 아닙니다. 그런데 이들에게 양을 정말 사랑하는 마음이 생

기면 자기 양 떼처럼 그것을 돌보게 됩니다. 다윗이 그랬습니다.

> **34** 다윗이 사울에게 말하되 주의 종이 아버지의 양을 지킬 때에 사자나 곰이 와서 양 떼에서 새끼를 물어가면 **35** 내가 따라가서 그것을 치고 그 입에서 새끼를 건져내었고 그것이 일어나 나를 해하고자 하면 내가 그 수염을 잡고 그것을 쳐죽였나이다(삼상 17:34-35).

다윗은 새끼 양 한 마리를 건지기 위해 참 무모하게도 사자와 곰을 "따라갔다"라고 말합니다. 다윗은 위급한 상황에 위험을 감수하면서 본능적으로 이 짐승을 따라가서 양 한 마리를 구했다는 것입니다. 짐승이 나타나면 "그 수염을 잡고 그것을 쳐 죽였나이다"라고 말합니다. 다윗은 돌팔매만 잘 던진 것이 아니고 자기 양 떼를 잘 돌보기 위해 평소에 부지런히 실력을 배양한 것입니다. 그런데 사자와 곰을 따라가는 것은 목동의 성실함만으로 되지 않고 양을 사랑하는 마음이 있어야만 가능한 일입니다. 평소에 실력을 배양한 다윗의 간증이 나옵니다.

> 여호와께서 나를 사자의 발톱과 곰의 발톱에서 건져내셨은즉 나를 이 블레셋 사람의 손에서도 건져내시리이다(삼상 17:37).

아버지는 다윗이 이런 위기 상황에서 양 한 마리 구하려고 생명을 걸고 싸웠다고 하면 혼을 냈을 것입니다. 다윗의 행동은 목동의 성실성만으로는 설명이 되지 않습니다. 기이한 사랑입니다. 유별나게 양을 사랑하는 다윗을 하나님은 지켜보셨습니다. '내 양 떼를 이 사람에게 맡겨야겠다.' 이렇게 결심하셨던 것입니다. 이렇게 다윗이 보여준 모습은 나중에 예수님께서 오셔서 "선한 목자는 양 떼를 위해 자기 목숨을 내어놓는 목자다"라고 말씀하신 선한 목자의 모델에 아주 가깝습니다. 그리고 아주 선한 목자의 유형은 예수님 자신입니다. 왜 예수님이 선한 목자의 모델로 다윗을 생각하셨을까요?

둘 사이에는 기묘한 공통점이 있습니다. 그것은 "기이한 사랑"입니다. 인간의 이성으로는 설명되지 않습니다. 사실 양의 가치와 사람의 생명은 비교할 수가 없습니다. 그런데 다윗의 입장에서는 그 양 한 마리를 위해서 자기의 목숨을 걸었다는 것입니다. 이런 사랑은 존재의 간극을 뛰어넘는 사랑입니다. 그것이 예수님의 사랑과 흡사하다는 것입니다. 예수님이 당신을 우리에게 선한 목자로 계시하실 때 우리가 그분의 양 떼입니다. 사실 사람의 생명의 존재 가치와 하나님의 생명이 지니는 가치는 비교할 수가 없습니다. 우리 인류 전체를 하나님의 생명과 바꾸신 것입니다. 그 사랑이 닮았습니다.

하나님이 우리에게 크건 작건 교회에서 맡기신 일이 있습니다. 하나님께서 우리에게 요구하시는 것이 무엇일까요? 충성은 사랑이라고 했듯이 유별난 사랑을 해야 합니다. 유별난 사랑으로 핀잔을 좀 먹어도 하나님께서 그것을 요구하시는 것입니다. 여러분, 좀 유난하게 사랑하시길 바랍니다.

두 번째 모델은 베드로입니다.

베드로를 통해서 우리에게 주시는 교훈은 "충성은 사랑이다"입니다. 그런데 대상이 좀 다릅니다. 첫 번째는 맡겨진 양 무리에 대한 사랑이고 베드로를 통해서 우리에게 가르쳐 주시는 교훈은 우리의 참 목자 되시는 예수님에 대한 사랑입니다.

제가 목사 안수를 받을 때가 생각납니다. '절대 만만하지 않은 현실, 즉 목회 현장으로 파송된 일꾼이 그것을 감당할 실력이 없는데도 과연 충성된 종이라는 가면을 쓰지 않고 참으로 충성된 일꾼이 될 수 있을까?' 그런 고민을 많이 했습니다. 그때 하나님이 저에게 주신 말씀이 베드로의 모델입니다.

> 그들이 조반 먹은 후에 예수께서 시몬 베드로에게 이르시되 요한의 아들 시몬아 네가 이 사람들보다 나를 더 사랑하느냐? 하시니 이르되 주님 그러하나이다. 내가 주님을 사랑하는 줄 주님께서 아시나이다. 이르시되 내 어린 양을 먹이라 하시고(요 21:15).

교회사에서 베드로만큼 충성스러운 사도는 없습니다. 베드로의 최후는 십자가를 거꾸로 지는 것으로 마무리된 것이 거의 확실합니다. 그러나 하나님께서 충성된 주의 사역자로 빚어 가시기 전에 베드로가 어떠한 실패를 경험했는지를 우리가 잘 알고 있습니다. 하나님께서 베드로를 어떻게 충성된 사역자로 변화시켰나를 보면 우리에게 주시는 큰 교훈이 있고 도전과 위로가 있습니다.

요한복음 21장은 굉장히 독특한 구조를 지니고 있습니다. 보통 공관복음은 마태, 마가, 누가복음 이렇게 말합니다. 사복음서에는 요한복음까지 들어갑니다. 요한복음은 공관복음과 사도행전 사이에 자리하고 있습니다. 공관복음의 마지막 엔딩은 "하늘과 땅의 모든 권세를 네게 주셨으니…." 이렇게 끝납니다. 대위임령입니다. 예수 그리스도가 승천하시기 전에 제자들을 불러서 어마어마한 권세를 주십니다. 그리고 예수님께서 승천하시는 것으로 무대가 끝납니다. 그다음에 사도행전의 시작은 오순절 성령강림으로 시작합니다. 대위임령을 주신 예수 그리스도의 화려한 승천, 그다음에 사도행전은 성령의 강림으로 정말 화려하게 시작합니다. 그 가운데에 요한복음이 있습니다. 이러한 상황에서 요한복음은 화려해야 하는데 뜻밖에 너무나도 고요합니다. 큰 태풍의 눈과 같습니다. 요한복음의 마지막 엔딩은 마치 태풍의 눈같이 고요한 곳에 모닥불이 피어있습니다. 예수님이 앉아계시고 베드로에게 물으십니다.

"네가 나를 사랑하느냐?"

마치 연인 사이의 고백처럼 모닥불 앞에서 잔잔한 분위기를 연출합니다. 사뭇 다릅니다. 요한복음은 제일 마지막에 쓰인 것으로 여겨집니다. 그때는 바울과 베드로는 순교했을 때고 사도 요한이 마지막까지 남아 있을 때입니다. 사도들의 권위가 하늘을 찌를 때입니다. 그때 요한이 이렇게 말합니다. 우리는 너희가 생각하는 것만큼 그렇게 대단한 사람이 아니라고 이야기합니다. 요한복음 13장부터 21장까지 사도들의 모습은 그야말로 못난 모습입니다. 우리는 너희가 생각하는 것만큼 대단한 사람들이 아니고 예수님이 붙잡힐 때 다 도망갔던 사람들이고 겁쟁이고 예수님이 용서를 선언했는데도 스스로 용서를 받아들이지 못하고 고향으로 낙향해서 절망 가운데 있던 사람들이라고 말합니다. 예수님이 오셔서 붙잡아 주시지 않으면 도저히 일어날 수 없었던 그 모습이 우리의 모습이라고 말하고 있습니다. 그것이 요한복음입니다.
베드로는 정말 요한복음 21장 이전에는 이런 모습이었습니다.

> 베드로가 대답하여 이르되 모두 주를 버릴지라도 나는 결코 버리지 않겠나이다(마 26:33).

> 그가 말하되 주여 내가 주와 함께 옥에도, 죽는 데에도 가기를 각오 하였나이다(눅 22:33).

베드로는 주님의 충성된 종이었습니다. 그런데 주님을 배반하고 나서 주님이 "네가 나를 사랑하느냐?"라고 물으실 때 완전히 겸손해진 모습으로 "그렇습니다. 주님 내가 주님을 사랑하는 것 주님께서 아십니다." 이렇게 대답합니다.
그런데 예수님이 베드로를 책망하지 않고 사랑의 고백을 받아내십니다. 베드로의 이 고백은 어떠한 성격을 지니고 있습니까? 하나님께서 우리에게 원하시는 것은 실력에 기초한 고백이 아니고 진심에 기초한 사랑의 고백입니다. 만약 하나님께서 우리의 실력으로 고백을 받으신다면 우리는 대부분 하나님께 찬양을 하지 못합니다. "주님 한 분만으로 나는 만족해!" 만족하십니까? 만족하지 못합니다. 여러분은 "그리 아니 하실지라도" 감사하십니까? 우리가 실력에 기초한 찬양만 할 수 있다면 우리는 아무도 찬양을 하지 못합니다. 하나님께서는 예배하는 자의 찬양을 진심에 기초하여 받으십니다. 내가 비록 그만한 실력을 갖추지 못해도 내가 드리는 찬양의 고백이 진심인 한 하나님께서는 그 고백을 받으시겠다는 것입니다. 그 고백에 걸맞은 사람으로 빚어 가시겠다는 것입니다. 하나님께서 염려하지 않으십니다. 예수 그리스도와의 관계가 열려 있는 한, 그리고 우리의 사랑 고백이 진실한 이상 하나님은 우리를 주의 종들로 변화시키십니다. 그 근원이 우리 안에 있는 것이 아니라 하나님 안에 있는 것입니다. 그래서 우리에게 요구하는 것은 실력에 기초한 고백이 아니라 진심에 기초한 고백이라는 것입니다.

이것이 깨달아지면서 저는 마음에 위로를 얻고 용기를 얻었습니다. 절대로 만만하지 않은 목회의 현장으로 베드로를 파송하시면서 "네 실력이 몇 점이냐?"를 확인하신 것이 아니라 주님께 대한 사랑을 확인하신 것입니다. 어차피 충성된 일꾼이 되는 힘의 근원, 그 주체가 베드로 안에 있는 것이 아니라 주님 자신이기 때문에 그렇습니다. 베드로가 주님을 따르고 있으면, 주님께 사랑의 고백을 드리고 있으면 어느덧 성숙한 모습으로 하나님께서 그렇게 변화시키신다는 것입니다. 나는 원래 그런 실력이 없었는데 어느덧 하나님께서 나를 바꿔주신다는 것입니다. 원래 나는 사랑이 없는 사람인데 주님이 은혜를 주시면 성령께서 내 마음에 사랑을 부어 주신다는 것입니다. 그래서 나와는 피가 섞이지 않았지만 내 공동체에 무슨 일이 생기면 밥도 거르게 되고 금식도 하게 되고 내 자식이 아니지만 그를 위해서 눈물을 흘릴 수 있게 되는 것입니다. 충성이 우선적으로 요구하는 것은 실력이 아닙니다. 기술이나 지식 이전에 사랑입니다. 학생 하나가 집을 나갔을 때 밥이 넘어가지 않는 안타까움을 느끼는 것, 구역 식구 한 명이 입원했을 때 함께 아파하는 것, 새 신자 하나가 실족했을 때 밤잠을 설치며 눈물의 기도를 드리는 것, 나와 무관한 이웃에게 관심을 가지고 고통을 나누는 마음. 이것이 바로 우리가 회개하며 구해야 할 실력입니다. 내가 교사이고 장로이고 권사이고 구역장임에도 혹 마음이 돌같이 굳어져 있지는 않나요? 누군가의 자녀가 군대 가고 이웃이 아파도 내 마음에 아무런 동요가 없나요? 이러한 마음이 어떻게 부드러워질 수 있을까요? 우리 힘으로는 되지 않습니다. 예수님께서 우리에게 성령을 부어 주실 때에야 비로소 예수님의 마음으로 무장되는 것입니다. 베드로는 교회의 반석처럼 쓰임을 받았습니다. 그는 최초의 배교자입니다. 그처럼 치명적인 약점을 가지고 있는 베드로가 십자가를 거꾸로 지는 데까지 나아가는 충성된 종이 되게 만들어 주신 예수님께서 우리도 빚어주실 줄 믿습니다.

## 제10장
# 새 언약의 일꾼

**고린도후서 3:6**

그가 또한 우리를 새 언약의 일꾼 되기에 만족하게 하셨으니 율법 조문으로 하지 아니하고 오직 영으로 함이니 율법 조문은 죽이는 것이요 영은 살리는 것이니라.

---

오늘 본문에 "새 언약의 일꾼"이라는 표현이 나옵니다. "새 언약"과 관

련된 중요한 성경 구절들 가운데 대표적인 말씀은 다음과 같습니다.

> **31** 여호와의 말씀이니라. 보라 날이 이르리니 내가 이스라엘 집과 유다 집에 새 언약을 맺으리라. **32** 이 언약은 내가 그들의 조상들의 손을 잡고 애굽 땅에서 인도하여 내던 날에 맺은 것과 같지 아니할 것은 내가 그들의 남편이 되었어도 그들이 내 언약을 깨뜨렸음이라. 여호와의 말씀이니라. **33** 그러나 그 날 후에 내가 이스라엘 집과 맺을 언약은 이러하니 곧 내가 나의 법을 그들의 속에 두며 그들의 마음에 기록하여 나는 그들의 하나님이 되고 그들은 내 백성이 될 것이라. 여호와의 말씀이니라. **34** 그들이 다시는 각기 이웃과 형제를 가리켜 이르기를 너는 여호와를 알라 하지 아니하리니 이는 작은 자로부터 큰 자까지 다 나를 알기 때문이라. 내가 그들의 악행을 사하고 다시는 그 죄를 기억하지 아니하리라. 여호와의 말씀이니라 (렘 31:31-34).

새 언약의 여러 요소 가운데 특히 34절은 "하나님을 아는 지식"과 관련되어 있습니다.

> 그들이 다시는 각기 이웃과 형제를 가리켜 이르기를 너는 여호와를 알라 하지 아니하리니 이는 작은 자로부터 큰 자까지 다 나를 알기 때문이라(렘 31:34).

앞으로 새 언약의 시대가 도래하면 "하나님을 아는 지식"이 얼마나 분명해지는지 어린아이로부터 노인에 이르기까지 "너는 여호와를 알라"고 말할 필요조차 없게 될 것이라고 예언합니다. "하나님을 아는 지식"이 그만큼 보편화되어 모든 사람이 하나님이 누구신지 잘 알게 된다는 것입니다. 이런 시대가 올 것이라고 하나님이 약속하셨는데, 지금 저와 여러분은 "새 언약"의 시대에 살고 있습니다. 교회에 다니지 않는 불신자들도 기독교의 하나님은 사랑의 하나님이라고 알고 있습니다. 복음을 마음으로 수용하지 않는 사람들 가운데도 적지 않은 이들은 복음의 내용을 지식적으로 알고 있습니다. 이런 의미에서도 이 예언은 이미 성취되었습니다. 굳이 증거를 통해 입증하지 않아도, 누구나 사실로 인정하는 진리를 보통 "자명한 진리"라고 말합니다. 예레미야 31:34에 따르면 "하나님을 아는 지식" 역시 자명한 진리입니다. 이제 "자명성"이라는 개념을 염두에 두면서 "새 언약의 일꾼"이 의미하는 바를 고린도후서의 맥락 안에서 살펴보겠습니다.

고린도후서에는 사도 바울이 자신의 사도권을 변증하는 내용으로 가득 차 있습니다. 고린도 교회 안에 바울의 사도권에 이의를 제기하는 비판 세력이 있었습니다. 잘 아시다시피 고린도 교회 안에 많은 문제가 있었습니다. 바울은 교회의 잘못을 바로잡기 위해 오늘 이전에 서신을 작성해서 보냈습니다. 어떤 교인들은 바울의 책망을 겸손함으로 받아 회개의 열매를 맺었습니다. 그런데 일부는 바울의 치리에 대한 반발한 것으로 보입니다. 때마침 팔레스타인 지역의 거짓 교사들이 고린도 교회에 들어와서 바울이 사도가 아니라고 모함했습니다. 이런 배경에서 바울은 자신의 사도권을 변증하는 내용으로 새로운 서신을 작성하지 않을 수 없었습니다. 바울을 반대하는 사람들은 십여 가지의 이유를 들어 바울의 권위에 도전했습니다. 이는 고린도후서 안에서 바울이 대답하는 항목들을 통해 어렵지 않게 추론할 수 있습니다. 이 가운데 다섯 가지만 추려서 소개하겠습니다.

첫째, 반대자들은 바울이 고린도 교회를 담임할 사도의 자격이 없다고 비판한 것으로 보입니다. 바울은 거짓말쟁이이고 약속을 안 지키며 교회를 경홀히 여긴다는 이유였습니다. 바울이 고린도 교회를 방문하기로 약속해 놓고 방문하지 않았다는 것입니다. 이에 대한 응답으로 바울은 고린도후서 1장과 2장에서 약속을 지키지 못한 이유를 해명합니다. 바울은 이렇게 이야기합니다.

> 내가 내 목숨을 걸고 하나님을 불러 증언하시게 하노니 내가 다시 고린도에 가지 아니한 것은 너희를 아끼려 함이라(고후 1:23).

자신이 고린도 교회를 결코 경홀히 여긴 것이 아니라 오히려 교회를 아끼기 때문에 방문을 연기한 것이라고 설명합니다. 치리권을 가진 사도가 문제를 해결하기 위해 교회를 방문한다면 그 만남은 죄인과 판사의 만남일 수밖에 없었을 것입니다. 이런 이유에서 바울은 때를 기다린 것입니다. 교회가 잘못을 스스로 교정할 기회를 준 것입니다. 다행히 다수는 바울 사도의 말을 잘 수용하여 치리를 수행했습니다. 교회는 어려움을 극복하고 잘 회복되었습니다. 결국 바울이 인내하며 때를 기다린 것이 오히려 교회에 유익을 가져왔다고 말합니다. 이러한 내용은 고린도후서 1장과 2장에서 잘 요약되어 있습니다.

둘째, 반대자들은 바울이 사도임을 입증하는 추천서 혹은 증명서가 없다고 비난한 것으로 보입니다.

> ¹ 우리가 다시 자천하기를 시작하겠느냐? 우리가 어찌 어떤 사람처럼 추천서를 너희에게 부치거나 혹은 너희에게 받거나 할 필요가 있느냐? ² 너희는 우리의 편지라 우리 마음에 썼고 뭇 사람이 알고 읽는 바라(고후 3:1-2).

오늘날은 SNS도 있고, 인터넷이 발달해서 한 사람의 신상을 금방 확인할 수 있습니다. 이와 달리 바울의 시대에는 처음 보는 사람이 누구인지를 확인하는 데 적지 않은 시간이 걸리기도 했습니다. 초대교회에는 순회 전도자들이 많았습니다. 우리 교회를 처음 방문한 사도나 순회 전도자가 정말 예루살렘에서 온 사람인지, 혹은 사람을 속이는 이단인지 분별하기 어려운 경우도 있었습니다. 아마도 이런 배경에서 사람들은 일종의 추천서와 같은 문서를 소지한 것으로 보입니다. 그런데 바울은 이러한 문서를 지니고 있지 않았던 것 같습니다. 바울을 반대하는 비판자들은 이것을 문제 삼았습니다. 이때 바울은 "너희가 바로 나의 추천서가 아니냐?"라고 반문합니다.

셋째, 반대자들은 바울이 고린도 교회의 헌금을 갈취했다고 주장했습니다. 예나 지금이나 사람들은 돈 문제에 무척 예민합니다. 바울은 금전적인 문제에 대해 분명하게 해명할 필요가 있다고 판단한 것 같습니다.

> 마음으로 우리를 영접하라 우리는 아무에게도 불의를 행하지 않고 아무에게도 해롭게 하지 않고 아무에게서도 속여 빼앗은 일이 없노라(고후 7:2).

한 걸음 더 나아가 바울은 고린도 교회로부터 사례를 받지 않고 사역했음을 주지시킵니다. 고린도 교회를 섬기기 위해 오히려 다른 교회들로부터 후원을 받았음을 밝힙니다.

> 내가 너희를 섬기기 위하여 다른 여러 교회에서 비용을 받은 것은 탈취한 것이라(고후 11:8).

이처럼 바울은 고린도 교회에서 목회할 때 사례비를 받지 않고 다른 교회에서 후원금을 받아서 생활하며 목회했습니다. 그런데도 반대자들은 바울이 고린도 교회 헌금을 유용했다고 거짓으로 비난한 것 같습니다. 바울은 이렇게 대답합니다.

> 내 자신이 너희에게 폐를 끼치지 아니한 일밖에 다른 교회보다 부족하게 한 것이 무엇이 있느냐? 너희는 나의 이 공평하지 못한 것을 용서하라(고후 12:13).

이 구절을 읽을 때 저는 사도 바울의 서운한 감정을 느낄 수 있습니다. 금전적인 문제에 관해 바울은 세 번에 걸쳐 언급합니다.

넷째, 반대자들은 바울이 설교를 못 한다고 비판한 것으로 보입니다.

> 그들의 말이 그의 편지들은 무게가 있고 힘이 있으나 그가 몸으로 대할 때는 약하고 그 말도 시원하지 않다 하니(고후 10:10).

이 비판에 대해 뜻밖에도 바울은 "내가 부족하다"라고 인정합니다.

> 내가 비록 말에는 부족하나 지식에는 그렇지 아니하니 이것을 우리가 모든 사람 가운데서 모든 일로 너희에게 나타내었노라(고후 11:6).

비록 언변은 부족하지만 진리 지식은 부족하지 않다고 바울은 대답합니다. 비록 요리를 잘 못해도 좋은 재료를 사용하여 만든 영의 양식을 신실하게 교회에 공급했다고 말하는 셈입니다. 그 결과 고린도 교회가 현재의 모습으로 성장한 것이 아니냐고 반문하는 것 같습니다.

바울의 설교가 모든 사람에게 항상 감동 있게 들린 것은 아닌 듯합니다. 사도행전 20장에 보면 바울이 드로아에서 설교했는데 상당히 길어졌습니다. 사도행전의 저자 누가는 다음과 같이 기록합니다.

> 그들에게 강론할새 말을 밤중까지 계속하매(행 20:7).

강론이 지루하고 길었다는 뉘앙스입니다. 바울의 설교를 듣는 회중 안에 유두고라는 청년이 있었습니다. 이 청년은 설교 시간에 졸았습니다. 그러다가 3층 높이에서 떨어지는 급작스런 사고를 당합니다.

> 유두고라 하는 청년이 창에 걸터 앉아 있다가 깊이 졸더니 바울이 강론하기를 더 오래 하매 졸음을 이기지 못하여 삼 층에서 떨어지거늘 일으켜보니 죽었는지라(행 20:9).

바울은 유두고를 위해 간절히 기도했고, 하나님의 은혜로 유두고는 다시 살아납니다. 다소 해학적으로 표현하자면 바울의 지루하고 긴 설교가 유두고를 사망에 이르게 했다고 말할 수도 있겠습니다.

다섯째, 반대자들은 바울의 외모가 부족하다고 비판했습니다. 여기서 "외모"란 얼굴의 생김새보다는 넓은 의미에서 자랑거리를 의미하는 것으로 이해할 수 있습니다.

> 너희는 외모만 보는도다. 만일 사람이 자기가 그리스도에게 속한 줄을 믿을진대 자기가 그리스도에게 속한 것 같이 우리도 그러한 줄을 자기 속으로 다시 생각할 것이라(고후 10:7).

> 내가 부득불 자랑할진대 내가 약한 것을 자랑하리라(고후 11:30).

바울에 따르면 하나님의 능력은 자신의 약점에서 오히려 온전해지고, 자신의 약함 때문에 그리스도의 능력이 자신에게 머물며, 그 결과 자신이 약할 때 오히려 강하다고 고백합니다.

앞의 다섯 가지 비판과 이에 대한 바울의 변증을 읽으면서 우리는 바울과 고린도 교회 안의 반대자들 사이의 관계가 얼마나 틀어졌는지 짐작할 수 있습니다. 우리는 한두 개의 비판에도 상처받고 낙심하기 쉽습니다. 그런데 바울은 십여 가지의 비판과 공격을 받으면서도 고린도 교회를 포기하지 않았습니다. 이제 바울이 사도 됨을 변증하는 과정에서 핵심적으로 드러나는 두 가지 요소를 살펴보기로 하겠습니다.

바울의 변증에서 첫째로 두드러지는 개념은 바로 '생명'입니다.

> ¹ 우리가 다시 자천하기를 시작하겠느냐? 우리가 어찌 어떤 사람처럼 추천서를 너희에게 부치거나 혹은 너희에게 받거나 할 필요가 있느냐? ² 너희는 우리의 편지라 우리 마음에 썼고 뭇 사람이 알고 읽

는 바라. ³너희는 우리로 말미암아 나타난 그리스도의 편지니 이는 먹으로 쓴 것이 아니요 오직 살아 계신 하나님의 영으로 쓴 것이며 또 돌판에 쓴 것이 아니요 오직 육의 마음판에 쓴 것이라. ⁴우리가 그리스도로 말미암아 하나님을 향하여 이같은 확신이 있으니 ⁵우리가 무슨 일이든지 우리에게서 난 것 같이 스스로 만족할 것이 아니니 우리의 만족은 오직 하나님으로부터 나느니라. ⁶그가 또한 우리를 새 언약의 일꾼 되기에 만족하게 하셨으니 율법 조문으로 하지 아니하고 오직 영으로 함이니 율법 조문은 죽이는 것이요 영은 살리는 것이니라. ⁷돌에 써서 새긴 죽게 하는 율법 조문의 직분도 영광이 있어 이스라엘 자손들은 모세의 얼굴의 없어질 영광 때문에도 그 얼굴을 주목하지 못하였거든 ⁸하물며 영의 직분은 더욱 영광이 있지 아니하겠느냐? ⁹정죄의 직분도 영광이 있은즉 의의 직분은 영광이 더욱 넘치리라. ¹⁰영광되었던 것이 더 큰 영광으로 말미암아 이에 영광될 것이 없으나 ¹¹없어질 것도 영광으로 말미암았은즉 길이 있을 것은 더욱 영광 가운데 있느니라(고후 3:3-11).

본문에 숨겨진 논리를 요약하면 다음과 같습니다. 사도의 직분은 "영의 직분", 곧 성령의 직분입니다. 성령님은 우리를 살리시는 분입니다. 만일 바울이 전해준 의의 복음을 듣고 고린도 교회의 교인들이 살아났다면, 바울은 "영의 직분"을 수행했음에 틀림없습니다. 결국 성령님께서 지금 바울의 서신을 읽고 있는 교인들을 살리신 것이 분명하다면, 바울은 사도가 맞는 것입니다. 요컨대 고린도 교회 교인이 바울의 사도성을 입증하는 증거가 되는 것입니다. '생명은 속성상 증거를 필요로 하지 않습니다. 생명은 그 자체로 자명합니다.

바울의 변증에서 두드러지는 또 하나의 개념은 '사랑'입니다. 사랑만큼 자명한 것이 없습니다. 사랑은 증거를 통해서 아는 것이 아닙니다. 사랑하고 사랑받는 사람은 자신 안에 있는 사랑을 자연스럽게 인식합니다. 결코 부정할 수 없습니다. 특히 내가 누군가를 진정 사랑한다면 자신을 속이는 것은 불가능합니다. 이러한 사랑이 지금 사도 바울 안에 존재합니다. 또한 고린도 교회 교인들의 마음에 분명히 존재합니다.

> 27 또 수고하며 애쓰고 여러 번 자지 못하고 주리며 목마르고 여러 번 굶고 춥고 헐벗었노라. 28 이 외의 일은 고사하고 아직도 날마다 내 속에 눌리는 일이 있으니 곧 모든 교회를 위하여 염려하는 것이라. 29 누가 약하면 내가 약하지 아니하며 누가 실족하게 되면 내가 애타지 아니하더냐(고후 11:27-29).

바울은 교인들의 양심에 호소하고 있습니다. 누구라도 고린도 교회를 향한 바울의 사랑을 의심할 수 없습니다. 바울 안에 있는 자명한 사랑은 "약함의 사랑"으로 표현되었습니다. 어떤 아이의 엄마를 구분해 내는 일은 아주 쉽습니다. 그 아이를 위해서 누가 가장 약한 모습을 보이는가를 보면 누가 엄마인지를 알 수 있습니다. 자식 때문에 부모는 늘 약자가 됩니다. 고린도후서 1장에서도 우리는 고린도 교회를 향한 바울의 애절한 사랑을 발견할 수 있습니다.

> **6** 우리가 환난 당하는 것도 너희가 위로와 구원을 받게 하려는 것이요 우리가 위로를 받는 것도 너희가 위로를 받게 하려는 것이니 이 위로가 너희 속에 역사하여 우리가 받는 것 같은 고난을 너희도 견디게 하느니라. **7** 너희를 위한 우리의 소망이 견고함은 너희가 고난에 참여하는 자가 된 것 같이 위로에도 그러할 줄을 앎이라. **8** 형제들아 우리가 아시아에서 당한 환난을 너희가 모르기를 원하지 아니하노니 힘에 겹도록 심한 고난을 당하여 살 소망까지 끊어지고 **9** 우리는 우리 자신이 사형 선고를 받은 줄 알았으니 이는 우리로 자기를 의지하지 말고 오직 죽은 자를 다시 살리시는 하나님만 의지하게 하심이라. **10** 그가 이같이 큰 사망에서 우리를 건지셨고 또 건지실 것이며 이 후에도 건지시기를 그에게 바라노라(고후 1:6-10).

바울이 당하는 고난은 모두 고린도 교회를 위한 고난이라는 것입니다. 누가 나를 사랑하는지 알려면 나를 위해 가장 수고하는 사람이 누구인지 확인하면 됩니다. 당연하게도 어머니들이 자녀를 위해 가장 큰 수고를 아끼지 않습니다. 자명한 사랑입니다. 고린도 교회를 위한 바울의 사랑은 어머니의 사랑을 닮아있습니다. 교회를 위해 가장 눈물을 많이 흘리고 가장 큰 수고를 감수했습니다. 바울은 죽을 고비를 여러 번 넘겼습니다. 이러한 체험의 목적도 마치 고난 가운데 있는 고린도 교회에 있는 교인들을 위로하기 위한 것인 듯이 바울은 말합니다.

이처럼 '생명'과 '사랑'은 바울의 사도권을 입증하는 두 가지 핵심 요소입니다. 한편 바울이 당연히 말할 수 있었음에도 언급하지 않는 몇 가지 요소들이 있습니다. 이를 통해 우리는 바울의 깊은 교회 사랑을 읽을 수 있습니다.

첫째, 바울은 자신을 통해 하나님께서 행하셨던 사도의 표적과 기사에 대해 언급하지 않습니다. 잘 아시다시피 바울은 사도로서의 신령한 체험(고후 12:1-6), 특별한 계시(고후 12:7-10), 표적, 기사, 능력(고후 12:12) 등을 경험했습니다. 바울은 이 가운데 한두 가지만 이야기해도 변증을 성공적으로 마무리할 수 있습니다. 그럼에도 바울은 이를 증거로 제시하지 않습니다. 오히려 이러한 것들을 무익하고 어리석은 자랑이라고 말합니다. 바울의 입장은 새 언약의 원리에 비추어 보면 잘 이해됩니다. 새 언약의 원리 가운데 대표적인 것이 "자명성"이기 때문입니다. 우리는 이미 생명과 사랑이 별도의 증거를 요구하지 않는 "자명성"과 잘 부합됨을 확인했습니다. 사도의 사도 됨을 외면적인 증거들을 통해서 입증해야 한다면 이는 새 언약의 일꾼으로서 사도가 가진 자격에 부합하지 않습니다. 일례로 엄마의 엄마 됨을 증명하기 위해 자녀는 DNA 검사를 요구하지 않습니다. 부모와 자녀의 관계가 DNA 검사를 통해서 유지된다면 그것은 이미 깨진 것입니다. 목사와 성도의 관계도 이와 유사합니다. 만일 교회가 목사에게 갑자기 이러한 증명을 요구한다면 양자의 관계는 이미 깨진 것입니다. 그래서 이런 것들은 무익하고 어리석은 증거라고 하는 것입니다.

둘째, 바울은 자신이 하나님과 누리는 관계가 교인들과 비교할 때 매우 비범하거나 탁월하다고 주장하며 자신을 차별화시키지 않습니다. 이 부분을 잘 이해하는 것이 중요합니다. 일찍이 반대자들은 "그리스도께서 바울에게 말씀을 계시해 주셨다는 사실을 입증하는 증거를 제시하라"고 요구한 것으로 보입니다.

> 이는 그리스도께서 내 안에서 말씀하시는 증거를 너희가 구함이니 그는 너희에게 대하여 약하지 않고 도리어 너희 안에서 강하시니라 (고후 13:3).

이는 바울의 사도권에 대한 심각한 도전입니다. 이들은 바울이 전하는 메시지가 과연 그리스도로부터 받은 계시인지 의심하고 있기 때문입니다. 그런데 바울은 이 질문에 대답하는 과정에서 질문 안에 있는 잘못된 전제를 끄집어냅니다. "그는 너희에게 대하여 약하지 않고 도리어 너희 안에서 강하시니라." 하나님께서는 일반 교인들보다 사도와 좀 더 친하다는 생각이 통념화 되어 있었던 것으로 보입니다. 바울은 이것이 결코 사실이 아님을 먼저 밝힙니다. 예를 들어 봅시다. 7살 아이와 5살 동생이 서로 싸웁니다. 형이 먼저 말합니다. 엄마와 지낸 시간이 동생과 비교할 때 자기가 더 많으니 엄마가 자신을 더 많이 사랑한다고 말합니다. 과연 이것이 사실일까요? 부모의 눈에는 큰아이나 작은아이나 똑같이 소중합니다. 하나님 앞에서도 마찬가지입니다. 사도라고 해서 예수님과 더 친한 것이 아닙니다. 이런 맥락에서 바울은 그리스도께서 너희

가운데 더 강하게 역사하신다고 말합니다. 이것은 바울의 지극한 교회 사랑을 보여 줍니다. 오늘 처음 교회 나온 사람이든 일평생 교회에서 헌신하는 사람이든 하나님의 눈에는 똑같이 사랑받는 자녀입니다.

셋째, 바울은 자신이 사도로 부르심을 받은 극적인 사건을 이야기하지 않습니다. "나는 부활하신 주님을 직접 만났다. 그분이 나를 사도로 부르셨다." 바울의 사도권 변호는 사실 이 한마디면 끝납니다. 교회사에서 사도를 구분하는 방법은 간단합니다. 신앙이 좋다고 사도가 되는 것이 아닙니다. 예수님이 직접 선택하여 사도로 삼은 제자만을 사도라고 부릅니다. 그 외 다른 조건을 보는 것이 아닙니다. 예수님께서 선택하셨다면 그것으로 충분합니다. 과연 바울은 사도일까요? 분명히 그렇습니다. 부활하신 예수님께서 이방을 위한 사도로 바울을 선택하여 파송하셨습니다. 그런데 고린도후서에서 바울은 한 번도 다메섹 도상에서의 체험을 이야기하지 않습니다. 그 대신 예수님 앞에서 자신은 당신들보다 더 특별한 존재가 아니라고 역설합니다. 그리스도께서는 오히려 고린도 교회 안에서 더욱더 강하게 일하신다고 강조합니다. 여기서 우리는 바울의 지극한 교회 사랑을 알 수 있습니다.

넷째, 바울은 사도의 권위가 다스리기 위함이라기보다는 섬기기 위함이라고 역설합니다. 한글 성경과 함께 영어 성경을 대조해서 읽으면 이 의미가 잘 부각됩니다.

그리스도께서 약하심으로 십자가에 못 박히셨으나 하나님의 능력으로 살아 계시니 우리도 그 안에서 약하나 너희에게 대하여 하나님의 능력으로 그와 함께 살리라(고후 13:4).

For to be sure, he was crucified in weakness, yet he lives by God's power. Likewise, we are weak in him, yet by God's power we will live with him to serve you(2 Corinthians 13:4; NIV).

사도의 권위라는 것은 철저히 교회를 섬기기 위한 권위라고 말하는 것입니다. 계속하여 바울은 예수 그리스도의 부활을 이야기합니다. 주님께서 부활의 능력으로 자신을 살리신 목적은 자신으로 하여금 교회를 섬기도록 하기 위함이라고 고백합니다.

그가 이같이 큰 사망에서 우리를 건지셨고 또 건지실 것이며 이 후에도 건지시기를 그에게 바라노라(고후 1:10).

목회하다가 한번 죽을 수 있습니다. 필요하다면 하나님께서 다시 살려 놓으시고 계속 교회를 섬기도록 하실 것입니다. 그런데 고린도후서 1:10에서 바울은 이 죽고 사는 과정이 계속될 것이라고 말합니다. "또 건지실 것이며 이후에도 건지기시를 그에게 바라노라." 어떤 상황에서든지 바울은 끝까지 주어진 길을 가겠다고 말합니다.
교회를 섬기다 보면 간혹 자존심 상하는 일을 경험할 것입니다. 예수님을 생각하며 잘 참으시길 바랍니다. 그러면 주님께서 부활의 능력으로 여러분을 다시 살리십니다. 다시 일어난 후에는 부활의 능력을 가지고 죽는 자리로 또다시 나아가시길 바랍니다. 바울만큼이야 어려운 일을 당하겠습니까? 이것이 "새 언약의 일꾼"으로 부르심을 받은 저와 여러분에게 하나님께서 주시는 소명이자 특권입니다. 부활의 능력은 아무나 체험하는 것이 아닙니다. 십자가의 죽음을 경험한 사람만이 부활의 능력을 체험할 수 있습니다. 교회를 섬기다가 죽을 만큼 힘든 일을 경험한 사람만이 다시 살아나는 기적을 체험합니다. 다시 일어선 후에 자신의 자리를 지키는 것입니다. 물론 쉽지 않습니다. 그러나 하나님께서 다 아십니다. 여러분이 섬기는 공동체를 위해 가장 눈물을 많이 흘리는 사람, 가장 수고하는 사람, 사랑에 제일 약한 사람, 이러한 모습으로 주님은 우리를 부르십니다. "새 언약의 일꾼"으로 우리를 초청하시는 하나님의 부르심에 순종으로 응답하는 우리가 되길 기원합니다.

제11장
# 하나님의 의

**로마서 1:17**

복음에는 하나님의 의가 나타나서 믿음으로 믿음에 이르게 하나니 기록된 바 오직 의인은 믿음으로 말미암아 살리라 함과 같으니라.

⎯⎯ ... ⎯⎯

종교개혁은 "하나님의 의"에 대한 관점을 바꾸어 놓았습니다. 중세인들에게 "하나님의 의"는 죄인을 심판하고 처벌하는 "의"였습니다. 종교개혁의 "이신칭의" 교리를 배운 교회는 성경에 계시된 "하나님의 의"에서 새로운 측면, 곧 "죄인을 의롭게 만드는 의"를 재발견했습니다. 이해를 돕기 위해 두 가지 질문을 드리겠습니다.

첫째, 죄인에게 먼저 필요한 것은 사죄하는 하나님의 은혜입니까? 아니면 하나님의 공의(혹은 정의)입니까?

둘째, 범죄한 하나님의 자녀가 우선적으로 구해야 할 것은 무엇일까요? 답은 "하나님의 의"입니다("그런즉 너희는 먼저 그의 나라와 그의 의를 구하라", 마 6:33). 이 질문에 대해 중세 교회도 고민했습니다. 하나님의 자녀라고 해도 범죄했다면 죄를 해결하기 위해서 먼저 하나님의 은혜를 구해야 한다고 결론 내렸습니다. 사실 은혜 혹은 은총이라는 단어를 종교개혁자들이 처음 강조한 것은 아닙니다. 로마 가톨릭교회 안에서도 항상 듣는 단어가 "은혜"입니다. 로마 가톨릭 문화권 안에서 "은혜"는 사람들이 주고받는 인사에도 흔히 등장합니다. 자녀에게 "그레이스"라는 이름을 지어 주기도 합니다.

이처럼 "은혜"라는 익숙한 단어에 노출되었지만 수도승이었던 마르틴 루터에게는 여전히 풀리지 않는 고민이 있었습니다. 무엇보다 사죄에 대한 확신이 없었습니다. 이 때문에 늘 마음에 평안이 없었습니다. 하나님이 자신을 받으시고 구원하셨다는 확신을 누리지 못했습니다. 루터는 원래 법을 공부하고 법학 학위를 취득한 학자였습니다. 법을 전공하는 사람 입장에서 하나님의 법을 생각해 보니 이는 세상의 법과 전혀 다른 측면이 있었습니다. 세상의 법은 사람의 외면적인 행위를 판단할 뿐 사람 마음에 깊이 뿌리내린 내면의 동기까지 다루지 못하는 한계가 있습니다. 그러나 하나님의 법은 마음에서부터 우러나오는 순종을 요구하시기 때문에 하나님 앞에서 떳떳이 설 수 있는 사람은 아무도 없다고 생각했습니다. 루터는 다음과 같이 말합니다.

> 하나님은 우리의 가장 깊은 마음속의 상태를 보고 이에 따라 우리를 판단하신다. 그의 율법 또한 우리 마음의 중심을 상대로 명령하는 것이다. 따라서 우리의 가장 깊은 속마음과 무관한 외면적 순종에는 결코 만족하지 않는다. 이 때문에 시편 116:11 말씀은 "모든 사람이 거짓말쟁이"라고 선언한다. [타락한] 사람은 그 자신의 마음속 깊은 곳으로부터 우러나오는 순종으로 하나님의 법을 지키지도 않고, 혹은 지킬 수도 없기 때문이다.

하나님의 법은 온 마음과 뜻과 정성을 다해서 하나님과 이웃을 사랑하는 마음으로 행할 것을 요구합니다. 이 요구에 부합하지 않는다면 겉으로 보기에 선행처럼 보여도 이는 일종의 위선이라고 루터는 이해했습니다. 만일 간음의 유혹을 받는 사람이 있다고 가정해 봅시다. "간음하지 말라"는 명령 때문에 이 사람은 음욕을 억제하고 죄를 범하지 않았습니다. 이 경우 세상의 법을 따르자면 이 사람은 무죄한 사람입니다. 그런데 하나님의 법을 따라서는 그렇지 않을 수도 있습니다. 만일 이 사람이 음욕과 싸우며 '차라리 간음을 금하는 법이 없었으면 좋겠다'라고 생각했다면 정말 문제가 있습니다. 루터에 따르면 이는 '차라리 하나님이 안 계시면 좋겠다'라고 생각하는 것과 마찬가지입니다. 한 걸음 더 나아가 이는 마음으로는 하나님을 미워하는 것이라고 루터는 생각했습니다. 루터에 따르면 이 사람은 전심으로 하나님과 하나님의 법을 사랑하는 동기에서 행동하지 않았기 때문에 이는 하나님께서 기쁘게 받을 수 있는 선행이 아닙니다. 과연 이러한 루터의 해석이 지나친 것은 아닐까요? 그렇지 않습니다. 루터의 설명은 성경의 가르침과 부합합니다

> 음욕을 품고 여자를 보는 자마다 마음에 이미 간음하였느니라 (마 5:28).

혹자에 따르면 구약의 율법은 외면적인 행위를 통제할 뿐이었는데, 예수님께서 산상수훈에서 율법을 새롭게 재해석하신 것입니다. 그런데 이는 사실이 아닙니다. 구약의 종교를 예수님이 업그레이드하신 것이 아닙니다. 처음부터 하나님께서 모세를 통해 주신 구약의 율법은 사람의 외면적인 행위만을 규제하지 않았습니다. 오히려 마음의 세계를 포함하는 전인격적인 명령으로 주어졌습니다. 일례로 모세의 율법은 마음으로 형제를 미워하지 말고 이웃을 자신과 같이 사랑하라고 명령합니다.

> 너는 네 형제를 마음으로 미워하지 말며(레 19:17).

> 네 이웃 사랑하기를 네 자신과 같이 사랑하라 나는 여호와이니라 (레 19:18).

> 네 마음을 다하고 목숨을 다하고 뜻을 다하여 주 너의 하나님을 사랑하라 하셨으니(마 22:37).

예수님에 의해 구약의 율법이 전혀 새롭게 재해석된 것이 아닙니다. 애초에 위의 율법은 이웃 사랑의 법으로 모세를 통해 주어졌습니다. 하나님은 우리 마음의 동기를 보십니다. 하나님 앞에 서서 과연 나는 미움도 탐욕도 없다고 자신 있게 말할 사람이 누가 있을까요? 이런 맥락에서 루터는 마음속으로 평안을 누릴 수 없었습니다. 양심의 법정에서 루터는 사죄의 확신을 누릴 수 없었습니다. 물론 몇 가지 해결책이 그에게 제시되었습니다.

첫째는 성례전적 해법이었습니다. 중세 교회는 성례를 열심히 행하라고 가르쳤습니다. 그래서 루터는 열심히 순종했습니다. 고행도 했습니다. 고해성사를 시작하면 평균 2시간을 했습니다. 어떤 날은 6시간을 하기도 했습니다. 작은 잘못까지 일일이 기억하려 노력했고, 마음에 일어났던 죄까지도 다 고해하니까 그렇게 길어진 것입니다. 최선을 다했습니다. 그런데 여전히 마음에 평안함이 없었습니다.

둘째 신비주의의 해법입니다. 루터가 두번째로 잠시 빠져들었던 해결책은 신비주의입니다. 외적인 행위를 통해서도 참여할 수 있는 것이 성례라면, 루터가 보기에 신비주의는 사람의 존재 전체에 호소하는 무엇인가가 있는 듯했습니다. 그러나 신비한 체험도 결국 안정적인 평안과 만족을 줄 수 없었습니다. 마지막 해법으로 루터는 로마로 성지순례를 떠납니다. 당시에는 웬만한 영적인 문제는 로마에서 해결된다는 통념이 있었습니다. 성지순례는 단순한 여행이 아니었습니다. 먼 지역에 사는 유럽인이 로마에 다녀오려면 일 년 중 절반을 투자해야 했습니다. 그런데 이 모든 것을 감수한 루터에게 성지순례는 아무런 해결책을 제시하지 못했습니다. 로마에서 루터는 교회의 타락을 목격하고 실망을 넘어 절망했습니다. 로마는 지저분하고 죄악이 넘쳐났습니다.

모든 해법이 실패했을 때, 새로운 출구가 열렸습니다. 비텐베르크 대학에서 성경을 가르치는 일을 계기로 말씀 신앙으로 입문하게 됩니다. 시편, 로마서, 갈라디아서, 히브리서 강해를 하면서 성경 말씀을 깊이 연구하다가 루터는 마침내 복음을 발견하고 자신의 근본적인 문제를 해결받습니다. 루터는 로마서 1:17을 읽고 고민합니다.

> 복음에는 하나님의 의가 나타나서 믿음으로 믿음에 이르게 하나니 기록된 바 오직 의인은 믿음으로 말미암아 살리라 함과 같으니라 (롬 1:17).

어떻게 "복음"이 무시무시한 "하나님의 의"라는 단어와 한 문장에 등장할 수 있을까? 복음은 하나님의 은혜와 어울리지만 "하나님의 의"와는 함께 손을 잡을 수 없다고 생각되었습니다. 그런데 성경은 루터의 상식을 깨뜨렸습니다. 시편 여러 곳에서 시인은 하나님의 의로 자신을 구원해 달라고 기도하고 있기 때문입니다.

여호와여 내가 주께 피하오니 나를 영원히 부끄럽게 하지 마시고 주의 공의로 나를 건지소서(시 31:1).
주의 의로 나를 건지시며 나를 풀어 주시며 주의 귀를 내게 기울이사 나를 구원하소서(시 71:2).

과연 "하나님의 의"가 어떻게 죄인을 구원할 수 있는지에 관해 루터는 깊이 묵상합니다. 이를 계기로 루터는 종교개혁자로 거듭나는 놀라운 변화를 체험합니다. 루터의 고백을 함께 들어 보겠습니다.

저에게는 한 가지 장애물이 있었습니다. 그것은 바로 로마서 1:17, "복음에는 하나님의 의가 나타나서…"에 나오는 "하나님의 의"라는 표현이었습니다. 당시 저는 "하나님의 의"라는 단어를 매우 싫어했습니다. 왜냐하면 전통적인 가르침에 따르면 이 "하나님의 의"라는 것은 불의한 죄인을 처벌하는 "의"였기 때문이었습니다. 그렇습니다. 저는 "하나님의 의"를 사랑할 수 없었습니다. 오히려 저는 죄인을 징벌하시는 "하나님의 의"를 증오했습니다. 그리고 마음속 깊은 곳에서부터 은밀하게 하나님에 대해 불평하며 그분에 대해 분노하고 있었습니다…밤낮으로 본문의 의미를 묵상하는 가운데 마침내 저는 하나님의 은혜로 "하나님의 의"가 어떤 맥락에서 기록되었는지를 발견하게 되었습니다. "(복음에는 하나님의 의가 나타나서) 믿음으로 믿음에 이르게 하나니 기록된 바 오직 의인은 믿음으로 말미암아 살리라 함과 같으니라." 바로 여기서 저는 "하나님의 의"라는 것이 하나님의 선물임을 깨닫게 되었습니다. 즉 본문이 말하는 의인들이란 믿음으로 "하나님의 의"를 받아 생명을 얻게 된 사람들이라는 사실을 비로소 이해하기 시작했습니다. 그렇습니다. 이것이야말로 복음에 나타난 "하나님의 의"가 지시하는 진정한 의미였습니다. 말하자면 이것은 은혜로운 하나님께서 우리에게 거저 선물로 주시고 이 "하나님의 의"를 믿음으로 받는 우리를 의롭다고 칭해주시는 칭의의 의라는 것입니다. "오직 의인은 믿음으로 말미암아 살리라"라는 말씀은 바로 이 같은 진리를 증거하고 있는 것입니다. 이 말씀 앞에서 저는 제가 완전히 다시 태어났다고 느꼈습니다. 또한 제 앞에 활짝 열린 문을 통해 천국에 들어가는 느낌을 얻었습니다. 이를 통해 성경 전체가 완전히 다른 모습으로 나에게 다가왔습니다. 이제 저는 "하나님의 의"를 (한때 제 가슴 속에 품었던) 미움이 아닌 사랑의 감정을 가지고 가장 달콤한 하나님의 말씀으로 찬양할 수 있게 되었습니다.

하나님의 의가 값없이 선물로 주어졌다는 것을 알고 루터의 인생은 완전히 바뀌었습니다. 물론 죄인에게 필요한 것은 하나님의 사죄하는 은총이 맞습니다. 성경에서 사죄의 은총은 종종 두 가지 방식으로 제시됩니다. 먼저 무조건인 탕감의 방식을 생각할 수 있는데 이는 하나님의 무조건적 은혜를 잘 드러내는 모델입니다. 한편으로 "의"를 결여한 죄인에게 "하나님 혹은 그리스도의 의"를 전가하는 방식으로 죄 문제를 해결하는 방식도 제시됩니다. 특히 로마서에서 루터가 발견한 모델입니다. 하나님께서는 그리스도를 믿는 신자에게 그리스도의 의를 "선물"로 주셔서 죄인을 의인으로 만드신다는 내용입니다. 여기서 하나님의 의는 그리스도께서 구속 사역을 통해 우리를 위해 확보하신 공로로서의 의를 뜻합니다. 그리스도의 공로로 인해 우리의 모든 죗값이 해결된 것입니다. 예수님은 십자가에서 마지막에 "다 이루었다"라고 말씀하셨습니다. 이는 "내가 다 갚았다"라는 의미입니다.

빚진 자에게 가장 필요한 것은 돈입니다. 탕감의 모델을 통해 하나님께서 값없이 베푸시는 은혜를 설명할 수 있습니다. 그리스도의 의를 전가하시는 모델을 통해 우리에게 "값없이" 베푸시는 은혜가 결코 무가치하다는 의미에서 "값없는" 은혜가 아니었음을 배울 수 있습니다. 오히려 값을 매길 수도 없을 만큼 값비싼 "그리스도의 의"를 대가로 치른 값진 은혜임을 잘 이해할 수 있습니다. 과연 의를 상실한 죄인에게 가장 필요한 것은 "의"입니다. 이것을 우리에게 복음 안에서 값없이 주신 것입니다. 참 복음을 알지 못했던 중세 교회는 사람들을 상대로 사기행각을 벌였습니다. 그 빚을 신자 자신의 힘으로 갚아야 한다고 가르쳤던 것입니다. 일평생 신자들은 교회가 요구하는 희생을 감수하는 "수고하고 무거운 짐을 진" 삶을 살아야 했습니다. 자기의 죄 문제를 해결하지 못한 채 죽음을 맞이한 대다수 신자들은 죽어서 연옥에 가야만 했습니다. 이생에서 청산하지 못한 죗값을 치러야 하기 때문입니다. 면벌부를 통해 살아 있는 가족이 죽은 가족의 빚을 대신 갚아 주기도 했습니다. 이러한 기회를 제공하는 일 자체가 교회가 베푸는 은총이라고 가르쳤습니다. 그리스도의 복음에 대해 크나큰 죄를 범한 것입니다. "너희는 먼저 그의 나라와 그의 의를 구하라." 이신칭의의 관점에서 볼 때, 이 말씀은 범죄한 하나님의 자녀들에게도 잘 적용됩니다. "의"를 상실한 죄인에게 필요한 것은 "하나님의 의"이기 때문입니다.

이제 "믿음에서 믿음으로"라는 말씀을 생각해 보겠습니다. 믿음을 강조하지 않는 신학 전통은 없습니다. 믿음은 어디에서 온 것일까요? "믿음은 시작에서나 완성에서나 다 하나님의 선물이다." 아우구스티누스가 말했습니다. 맞습니다. 믿음의 기원은 하나님에게 있습니다. 내가 믿고 싶어서 스스로 믿음을 만들어 낸 사람은 없습니다. 성경은 믿음이 하나님께서 주신 "선물"이라고 말합니다.

> **8**너희는 그 은혜에 의하여 믿음으로 말미암아 구원을 받았으니 이것은 너희에게서 난 것이 아니요 하나님의 선물이라. **9**행위에서 난 것이 아니니 이는 누구든지 자랑하지 못하게 함이라(엡 2:8-9).

> 예수께서 대답하여 이르시되 바요나 시몬아 네가 복이 있도다. 이를 네게 알게 한 이는 혈육이 아니요 하늘에 계신 내 아버지시니라 (마 16:17).

믿음의 기원은 하나님께 있습니다. 사실 기원만 하나님께 있는 것은 아닙니다. 성경은 "믿음에서 믿음으로 이르게" 한다고 선언합니다. 믿음으로 출생하는 신자의 삶이 믿음으로 마칠 때까지 그의 전 생애를 하나님께서 붙들고 간다는 의미입니다. 이것을 어려운 말로 "견인의 은혜"라고 합니다. 내가 죽는 순간까지 이 믿음을 놓지 않도록 믿음의 주권자이신 하나님께서 끝까지 우리를 붙들고 가신다는 것이 성경이 가르치는 진리입니다. 처음에 믿음을 가지고 우리를 의롭다고 칭하신 이가, 끝까지 우리를 버리지 않으십니다. 우리가 그리스도 앞에 다시 설 때까지 우리의 믿음을 유지해 가시는 주체가 하나님 자신이라는 것입니다. 얼마나 큰 은혜인지 모르겠습니다. 견인의 은혜는 두 가지 사실을 전제합니다.

첫째, 신자에게도 여전히 죄가 내재합니다. 신자도 크고 작은 죄를 범합니다. 죄가 신자 안에 있습니다. 이 때문에 신자도 사죄의 은총이 필요합니다. 우리가 예수를 믿는 순간 하나님이 새 마음을 창조하시고 새 영을 창조하십니다. 거듭난 자아가 생깁니다. 이 때문에 옛 자아와 더불어 전쟁이 일어납니다. 이런 의미에서 신자의 삶은 전투하는 삶이라고 말할 수 있습니다. 신자는 죄를 감각하고 내재하는 죄와 더불어 투쟁하는 것입니다. 그래서 루터는 이렇게 말합니다. "하나님은 가짜가 아닌 진짜 죄인들을 구원하시며 가짜가 아닌 진짜 죄와 더불어 싸워 죄를 죽이라고 가르치신다." 신자들에게 여전히 남아 있는 죄와 더불어 피 흘리기까지 싸우라고 권면하시는 것입니다. 날마다 나를 넘어지게 하는 그 죄와 더불어 싸우라고 하나님이 말씀하십니다.

> 너희가 육신대로 살면 반드시 죽을 것이로되 영으로써 몸의 행실을 죽이면 살리니(롬 8:13).

존 오웬 목사님이 이 구절을 주해하며 설교했는데 이것이 『신자의 죄

죽임』1656이라는 책으로 출판되었습니다. 이 책에서 오웬은 죄와 싸울 때 도움이 되는 지침을 소개합니다.

1. 정욕에 동반되는 여러 위험한 징후를 살펴라.
2. 당신을 괴롭히는 죄가 가진 죄책에 대해 분명한 인식을 가지라 (강퍅해짐, 평화와 힘을 상실, 유용성을 상실, 성령을 근심케 함).
3. 내면 깊은 양심으로부터 죄를 느끼라.
4. 죄로부터 해방되기를 강력하게 소원하라.
5. 어떤 죄는 사람의 자연적 기질에 뿌리내리고 있음을 인식하라.
6. 죄를 범할 수 있는 상황과 죄의 입장에서 유리한 것들을 예방하라.
7. 처음 죄의 유혹을 느낄 때 결사적으로 대항하라.
8. 하나님의 위엄이 지닌 탁월함을 깊이 묵상하라.
9. 죄로 인해 마음이 동요할 때, 하나님께서 그렇게 말씀하기 전까지 결코 자신에게 스스로 평안하다고 말하지 마라.

둘째, 자기 부정입니다. "오직 은혜"는 철저한 "자기 부정"을 의미합니다. 모든 것이 하나님의 은혜라는 것은 곧 내가 가진 모든 것을 부정하는 것과 같은 의미이기 때문입니다. 자신의 공로를 인정받고 싶어 하는 것은 사람은 본능입니다. 하나님이 사람의 공로를 하나도 취하지 않고 모든 것을 하나님의 은혜라고 선언할 때, 사람은 이를 꺼립니다. 그러므로 하나님의 전적인 은혜를 인정하는 우리의 고백은 곧 자기를 부정하는 것을 의미합니다. 자기를 부정하는 삶은 사실상 어렵습니다. 바울은 "내가 날마다 죽노라"라고 고백했습니다. 매일의 삶에서 부단히 자기 부정을 실천하지 않았다면 바울은 순교의 자리에 설 수 없었을 것입니다.

하나님은 "그리스도의 의"를 우리에게 주셨습니다. 우리가 왜 죄와 더불어 분투하며 하나님의 형상을 닮은 삶을 살아야 합니까? 이렇게 살아서 의롭다 함을 얻으려는 것이 아닙니다. 오히려 불의한 자였던 우리에게 믿음을 주셔서 신자가 되게 하시고, 그리스도와 연합한 우리에게 그분의 의를 전가해 주셨기 때문에 우리를 거룩한 삶으로 초청하신 것입니다. 이제 하나님의 자녀이기 때문에 하나님의 법을 온 마음과 뜻과 정성을 다해 지켜야 하는 것입니다. 마음으로부터 이웃을 사랑하고 하나님을 사랑하라는 법을 지키려고 분투하는 것입니다. 이것이 바로 종교개혁이 발견한 복음이 초래한 변화입니다. 루터는 우리가 참 자유인이 됐다고 했습니다. 이 자유를, 사랑을 위해서 써야 한다고 했습니다. 칼빈은 우리가 하나님의 영광을 위해서 산다고 했습니다. 중세 때 복음에 무지했던 교인에게는 하나님의 영광을 위하는 삶은 일종의 사치였습니다. 자신의 죄 문제를 스스로 감당하기에도 버거운 인생이었기 때문이었습니다. 그러나 이제 그리스도의 의를 선물로 받은 신자에게는 하나님의 영광을 위한 삶이 활짝 열리게 되었습니다. 이 모든 내용이 로마서 1:17에 계시된 복음 안에 포함되어 있습니다. 이 복음 안에 담긴 풍성한 은혜가 여러분 모두의 삶에서 아름답게 열매 맺기를 간절히 축원합니다.

## 제12장
# 그리스도의 영광

**요한복음 17:24**

아버지여 내게 주신 자도 나 있는 곳에 나와 함께 있어 아버지께서 창세 전부터 나를 사랑하시므로 내게 주신 나의 영광을 그들로 보게 하시기를 원하옵나이다.

⸻ ··· ⸻

사람은 무엇을 바라보고 사는가에 따라서 전혀 다른 결과를 맞이합니다. 대다수 자연인은 오욕수면욕, 식욕, 성욕, 재물욕, 명예욕의 달콤함에 취해 살아갑니다. 마치 불교의 "안수정등도"岸樹井藤圖에 등장하는 인물과 같습니다.

한 사람이 사나운 코끼리를 피해 등나무 줄기를 잡고 우물 속에 매달려 있습니다. 바닥에는 독을 품은 큰 용이 있고 사방으로는 독사 네 마리가 자신을 노려보고 있습니다. 위를 올려다보았더니 자기가 생명줄처럼 붙잡고 있는 등나무 줄기를 쥐 두 마리가 와서 갉아먹기 시작합니다. 멀리 보니 들판에 불이 났습니다. 결국 등나무에도 이제 불이 붙게 되었습니다. 매달려 있는 등나무 줄기가 흔들리다가 나무에 있는 벌집을 건드리고 말았습니다. 이제 많은 벌이 막 나와서 머리를 쏘기 시작합니다. 절체절명의 위기입니다. 그런데 갑자기 혀끝에서 달콤함을 느낍니다. 그 벌집에서 벌꿀 다섯 방울이 똑, 똑, 똑 떨어집니다. 그림 속의 주인공은 입을 벌리고 떨어지는 꿀을 받아먹느라 잠시 마음을 빼앗깁니다.

이 그림에서 주인공을 위협하는 것들은 죽음, 질병, 시간, 근심 등을 상징합니다. 꿀 다섯 방울은 "오욕"입니다. 석가모니는 이것이 인생의 실존적인 모습이라고 가르쳤습니다. 정말 그렇습니다. 인생은 이런 위기 상황 가운데 있습니다. 그런데 성경은 죽음의 위기에 처한 상황만 보고 살라고 말하지 않습니다. 오히려 우리가 일평생 바라보아야 할 것은 "그리스도의 영광"이라고 말씀합니다. 예수님께서 십자가에 돌아가시기 전에 대제사장으로서 우리를 위해 중보 기도를 하셨습니다. 다음 성경 구절은 예수님의 기도 내용입니다.

> 아버지여 내게 주신 자도 나 있는 곳에 나와 함께 있어 아버지께서 창세 전부터 나를 사랑하시므로 내게 주신 나의 영광을 그들로 보게 하시기를 원하옵나이다(요 17:24).

예수님의 기도인 만큼 우리 안에서 이 기도가 성취되어야 할 것입니다. "안수정등도"가 인생의 본질을 그려냈다고 하는데 성경은 인생의 본질을 하나님의 형상으로 지음 받은 영광스러운 존재라고 말합니다.

> 하나님이 자기 형상 곧 하나님의 형상대로 사람을 창조하시되 남자와 여자를 창조하시고(창 1:27).

또한 성경은 그리스도께서 곧 하나님의 형상이라고 선포합니다.

> 그 중에 이 세상의 신이 믿지 아니하는 자들의 마음을 혼미하게 하여 그리스도의 영광의 복음의 광채가 비치지 못하게 함이니 그리스도는 하나님의 형상이니라(고후 4:4).

> 그[그리스도]는 보이지 아니하는 하나님의 형상이시요 모든 피조물보다 먼저 나신 이시니(골 1:15).

> 이[그리스도]는 하나님의 영광의 광채시요 그 본체의 형상이시라(히 1:3).

요컨대 우리는 하나님의 형상, 곧 그리스도의 형상을 따라 지음 받았다고 말할 수 있습니다. 그러므로 그리스도의 영광을 보는 것은 곧 우리의 영광을 보는 것이라고 말할 수 있습니다. 그리스도의 영광은 곧 신자의 영광입니다. 그리스도가 가지고 있는 영광 자체를 찬양하는 의미도 있지만 그리스도의 영광을 바라봄으로써 그 안에 있는 신자의 영광을 바라보라는 것입니다.

> 우리가 다 수건을 벗은 얼굴로 거울을 보는 것 같이 주의 영광을 보매 그와 같은 형상으로 변화하여 영광에서 영광에 이르니 곧 주의 영으로 말미암음이니라(고후 3:18).

이 영광을 바라볼 때 우리에게는 큰 변화가 생깁니다. 그것은 나를 창조하실 때 원형으로 삼으셨던 그리스도의 형상이 내 안에서 이루어지는 것입니다. 그렇다면 그리스도의 영광을 바라본다는 것이 나에게 어떻게 변화를 일으키고 그리스도의 영광과 신자의 영광이 어떻게 연결되어 있는지를 한번 살펴보겠습니다.

성자 하나님께서는 하나님으로서 가지시는 찬란한 영광이 있습니다. 그런데 그분께서 가지신 영광 가운데 죄인에게 먼저 계시된 영광은 "은혜의 영광"입니다. 중보자 그리스도 안에서 우리에게 계시된 영광입니다.

> 말씀이 육신이 되어 우리 가운데 거하시매 우리가 그의 영광을 보니 아버지의 독생자의 영광이요 은혜와 진리가 충만하더라(요 1:14).

> 이는 그가 사랑하시는 자 안에서 우리에게 거저 주시는 바 그의 은
> 혜의 영광을 찬송하게 하려는 것이라(엡 1:6).

중보자 그리스도의 영광, 곧 "은혜의 영광" 안에는 신자의 영광이 계시되어 있습니다.

## 1. 성육신

첫째는 성육신에 나타난 그리스도의 영광입니다. 하나님께서 사람이 되신 것은 기독교의 신비입니다. 하나님은 창조주이시고 우리는 피조물입니다. 하나님은 무한자이시고 우리는 유한자에 불과합니다. 그런데 둘 사이에 어떻게 의미 있는 연합과 교제가 일어날까요? 사실 철학적으로 설명하기에는 난해한 질문입니다. 무한과 유한은 서로 의미 있는 만남을 이룰 수 없다고 철학은 말합니다. 일례로 스포이트를 가지고 물 한 방울을 떠서 태평양 바다 한가운데에 떨어뜨린다고 가정해 봅니다. 한 방울의 물과 무한한 바다가 만났습니다. 그 만남이 과연 무슨 의미가 있을까요? 한 방울의 물이 바닷속으로 흡수되는 순간 별다른 의미가 없어 보입니다. 무한자와 유한자의 만남도 유사합니다. 우리의 존재에는 하나님으로부터 받지 않은 것이 없습니다. 피조물이 무한하신 하나님과 만나 의미 있는 교제를 나눈다는 것은 이성적으로 잘 이해되지 않습니다. 신비에 가깝습니다. 그런데 이러한 신비한 교제와 연합이 실제로 가능할 수 있다는 증거가 있습니다. 바로 예수 그리스도입니다. 예수 그리스도께서는 참 하나님이신 동시에 참 사람이십니다. 그리스도의 인

격 안에 신성과 인성이 공존합니다. 그분은 추상적인 개념으로 존재하신 것이 아닙니다. 역사적인 존재로 이 땅 가운데 오셨습니다. 사도 요한은 태초부터 존재하신 주님을 우리가 보고 듣고 손으로 만졌다고 증언합니다(요일 1:1). 예수님 안에서 무한한 신성과 인성이 만났다면 유한한 피조물인 우리가 하나님과 더불어 교제하는 것도 불가능하지 않습니다. 그래서 예수님은 하나님과 우리가 누리는 교제가 실제로 가능할 뿐만 아니라 진실로 의미 있음을 보증하는 보증 수표로서 성육신의 영광을 우리 안에 계시해 주신 것입니다.

## 2. 십자가와 부활

둘째는 십자가와 부활에 나타난 그리스도의 영광입니다. 그리스도의 영광을 진실하게 생각하면 우리가 기쁨과 즐거움 가운데에 죽음을 맞이할 수 있습니다. 존 오웬은 "그리스도의 영광을 진실하게 숙고할 때 기쁨과 위안을 가지고 죽음을 맞이하여 그 관문을 통과하게 될 것이다"라고 말합니다.

이 세상의 삶이란 무엇인가? 시험과 환난, 격변과 슬픔, 위험과 두려움, 질병을 만나 본 사람이라면 누구든지 그러한 모든 고통들이 일생의 대부분을 차지하고 있음을 알 것이다.

……
그리스도의 영광을 묵상함으로써 얻게 되는 그 특별한 유익은, 바로 우리를 삶에서든지 죽음 앞에서든 기쁨과 안위에 차도록 이끌어 준다는 것이다. 그 영광을 묵상함으로써 우리는 살아 있을 때나 죽음을 맞이할 때 우리가 만나게 되고 갈등할 수밖에 없는 모든 것들을 능히 기쁨과 승리감 속에서 극복하게 될 것이다(『그리스도의 영광』 23).

아우구스티누스도 이렇게 말했습니다. "왜 그리스도의 죽음을 묵상하는 것이 우리에게 큰 위로와 신자의 영광이 되는가?"

하나님과 인간 사이의 중보자[예수 그리스도]는 일시적인 죽음을 당하는 동시에 영원한 복을 누림으로써, 일시적인 것을 통해서 죽을 운명을 지닌 존재들과 자신을 일치시켰으며 그들을 죽음으로부터 영원한 상태로 인도할 수 있게 되었다(『하나님의 도성』 9.15).

예수님의 죽음은 일시적인 죽음이었고 그분은 사흘 만에 부활하셨습니다. 예수 그리스도를 바라볼 때 우리는 신자의 죽음 역시 일시적인 죽음임을 알게 됩니다. 그 일시적인 죽음을 통과하면 그리스도께서 부활체의 영광을 입으신 것과 마찬가지로 우리 역시 영광스러운 부활체를 입게 될 것임을 압니다. 이 때문에 신자는 그리스도의 죽음과 부활을 묵상하고 그 안에서 위로와 소망을 발견할 수 있습니다. 존 오웬 목사님은 청교도의 대표적인 신학자입니다. 일평생 존경받는 분이셨습니다. 영국 전체가 자랑하는 대표적인 신학자요 목회자이고 "청교도의 황태자"라는 별명까지 가지고 있습니다. 그런데 오웬 개인의 삶은 고난으로 가득 차 있었습니다. 11명의 자녀가 있었는데 10명이 죽었습니다. 나

머지 한 명도 아버지 자신보다 먼저 세상을 떠났습니다. 사랑하는 아내도 자신보다 먼저 죽었습니다. 그는 가족의 죽음을 수없이 경험한 사람이었습니다. 오웬은 1683년에 사망했고 『그리스도의 영광』이라는 저서가 그 이듬해인 1684년에 출간되었습니다. 이 책에서 오웬은 신자의 죽음이 어떻게 영광스러운지를 이렇게 설명합니다. "그리스도의 영광을 진실하게 숙고할 때 기쁨과 위안을 가지고 죽음을 맞이하여 그 관문을 통과하게 될 것이다." 그리고 그는 죽음을 앞둔 모든 신자에게 네 가지를 권면을 합니다.

첫째, "의탁하는 믿음"을 사용하라고 권면합니다. 평소에 믿음 생활을 잘해온 신자라도 죽음 앞에서는 특별한 믿음을 행사하는 법을 배워야 합니다. 그것이 바로 "의탁하는 믿음"입니다.

> 내 영혼을 아버지 손에 부탁하나이다(눅 23:46).

죽는 순간, 우리는 영혼을 완전히 하나님 앞에 의탁하는 특별한 믿음을 행사해야 합니다. 하나님을 의지하는 마음으로 자신을 온전히 주님께 맡겨버리는 믿음의 점프를 시도해야 합니다. 하나님은 죽음을 맞이하는 신자에게 이것을 요구하십니다. 자신의 영혼만을 주님께 맡기는 것이 아닙니다. 죽음의 순간 신자는 남아 있는 모든 가족을 하나님 앞에 의탁해야 합니다. 평소에도 신자는 이런 믿음을 연습해야 합니다.

특별한 믿음의 행위가 요구된다. 곧 육체를 떠나게 되는 우리 영혼을 하나님의 손에 의탁하는 것이다. 하나님의 손은 우리의 영혼을 능히 받아주고, 지켜주고, 보호해 줄 수 있으며, 안식과 복락의 상태에 두실 수 있으시다(『그리스도의 영광』 29).

둘째, 육체와 결별할 준비를 하라는 것입니다. 하나님은 인간을 영혼과 육으로 지으셨습니다. 그래서 우리는 영혼과 몸이 분리되는 일에 대해 분리 불안을 느끼고 있습니다. 죽음의 순간 우리는 영혼과 몸이 잠시 떠나는 것에 대하여 불안해합니다. 이때 신자는 그리스도의 부활 안에서 보증된 부활체의 영광을 바라보며 잘 극복해야 합니다.

> 참으로 이 장막에 있는 우리가 짐진 것 같이 탄식하는 것은 벗고자 함이 아니요 오히려 덧입고자 함이니 죽을 것이 생명에 삼킨 바 되게 하려 함이라(고후 5:4).

이것은 그 시대에 획기적인 말씀이었습니다. 헬라의 세계관과 완전히 다른 세계관이 이 말씀 안에 계시되어 있습니다. 고대 그리스인들의 세계관에 따르면 육신은 악하고 영은 선합니다. 사람이 죽을 때 육체로부터 영혼이 떠나는 것을 이들은 긍정적으로 생각했습니다. 영혼이 육체로부터 해방된다고 믿었습니다. 그러나 성경은 전혀 다르게 가르칩니다. 타락한 세상에서 살아가는 신자의 영혼은 몸으로부터 해방되기 위해 탄식하는 것이 아닙니다. 성경은 신자가 "오히려 덧입고자" 원한다고 말씀합니다. 신자는 앞으로 새로운 부활체의 영광을 덧입는다는 것입니다. 이 땅에서 부활 소망을 가지고 살아가는 신자는 마지막 때에 옷을 갈아입는 것입니다. 이때를 바라보며 신자는 일시적인 죽음과 잠시 지속되는 영혼과 몸의 분리를 잘 극복할 수 있습니다.

우리가 지금 입고 있는 이 육체와 육체를 입고 있는 동안 우리에게 필요하고 바람직한 모든 것들과 언제라도 기꺼이 결별할 수 있도록 준비하는 것이다(『그리스도의 영광』 33).

그러나 결코 두려워하지 말라. 주저하게 만드는 모든 생각들을 떨쳐 버려라. 흙으로 돌아가라. 소망 안에서 안식하라. "너는 가서 마지막을 기다리라 이는 네가 평안히 쉬다가 끝날에는 네 몫을 누릴 것임이라(단 12:13)"(『그리스도의 영광』 37).

오웬은 죽음 앞에 서 있는 신자에게 안심하고 흙으로 돌아가라고 말씀합니다.

셋째, 죽음의 시기를 기꺼이 하나님 뜻에 맡기고 순복하라는 것입니다. 예수님은 십자가의 죽음을 아버지 뜻에 따라 그대로 수용하십니다.

그러나 나의 원대로 마시옵고 아버지의 원대로 하옵소서(마 26:39).

신자들 가운데 이렇게 생각하고 말하는 사람들이 종종 있습니다. 하나님께서 주신 사명을 완수할 때까지는 자신은 죽지 않으리라 생각하는 것입니다. 물론 하나님께서 병약한 신자들의 생명을 연장해주시는 경우가 있습니다. 때로는 죽음의 자리에서 건져주시기도 합니다. 그런데 하나님이 나 자신에게도 이러한 일을 반드시 행하셔야만 한다고 생각하는 데는 문제가 있습니다. 이러한 태도를 가진 신자에게 오웬 목사님은 다음과 같이 말씀합니다.

어떤 사람들은 자신이 이 세상에서 해야 할 일이 아직 남아 있다고 스스로 생각할 수도 있다. 하나님의 영광과 교회를 위해 자기가 감당해야 할 일이 있다고 생각하는 것이다. 그래서 자기 삶이 연장될 것이라고 상상한다.…그러나 따지고 보면 인간의 내면에 존재하는 이런 모든 소원의 바탕에는 이생에 대한 애착이 깔려있다. 이런저런 이유를 버리지 않는 한, 이생에 대한 애착은 끝없이 계속될 것이다. 죽음의 때와 기한에 대한 문제를 하나님의 뜻에 부단히 맡기지 않는 사람 중에는 위안 가운데서 기쁨으로 죽을 사람이 아마도 없을 것이다. 우리의 때는 하나님의 주권적인 손안에 있으며, 모든 일이 하나님의 뜻대로 이루어져야 한다. 이러한 결심과 이생에 대한 애착의 포기 없이는 이 세상에서 실질적으로 속이 꽉 차 있는 최소한의 평화도 누릴 수 없다(『그리스도의 영광』 38-39).

요컨대 이생에 대한 애착을 버리라는 것입니다. 이것이 신자의 태도입니다.

넷째, 죽음의 방식에 대해서도 온전히 하나님의 뜻에 순종해야 합니다. 우리는 종종 죽는 것은 두렵지 않지만 죽는 과정에서 겪는 고통이 두렵다고 말하기도 합니다. 하나님께서 나를 데려가실 때 평안한 가운데 죽음을 맞기를 바라는 소망은 우리 모두에게 있습니다. 그러나 하나님의 주권에 모든 것을 맡긴다는 말에는 죽음의 방식까지도 포함됩니다.

내 아버지여 만일 내가 마시지 않고는 이 잔이 내게서 지나갈 수 없거든 아버지의 원대로 되기를 원하나이다(마 26:42).

그리스도는 쓰디쓴 고난의 잔이 가져다주는 고통의 강도가 어떠하든지 그것까지도 하나님께 맡기셨습니다.

영혼이 몸을 떠나는 죽음에 대한 모든 두려움에서 완전히 벗어나 죽음 자체를 회의적으로 받아들이리라 다짐하면서도 그 죽음에 이르는 방식에 대해서는 아직도 마음이 착잡한 사람들이 있다. 그들은 죽음이라는 잔의 특별한 쓴맛이 제거되기를 간절히 바란다.…하나님께서 모든 인간이 무서워하는 어떤 일을 이루시기 위해 우리를 부르실 때는 능히 그런 일을 감당할 만한 신령한 능력과 인내심도 함께 주실 것이다. 물론 그 일들이 우리가 기뻐하면서 손쉽게 감당할 수 있는 것은 아니라 하더라도 우리가 생각한 것보다 훨씬 평화롭고도 고요한 심정으로 감당할 수 있도록 힘을 주실 것이다. 우리는 바로 그런 믿음을 행사하면서 살아야 한다. 그렇게 할 때 때때로 정말 압도당할 만큼 무서운 상황에 부닥칠 때도, 막상 가까이 다가서면 그에 대처할 수 있는 힘을 위로부터 받고 있으며, 그 일을 감당하는 데 필요한 뒷받침을 받고 있음을 발견하게 될 것이다. 많은 사람이 그것을 체험하였다(『그리스도의 영광』 39-40).

## 3. 승천

셋째는 승천에 나타난 그리스도의 영광입니다. 성육신하신 예수 그리스도께서 지상에서의 구속 사역을 완수하신 후에 승천하셔서 보좌 우편에 앉으셨습니다. 예수 그리스도께서 승천하시는 장면은 굉장히 영광스럽습니다. 예수님은 우리가 본 그대로 재림하실 것입니다. 승천은 예수 그리스도께 속한 영광이지만 신자에게 직접 관련된 영광입니다. 오웬은 이렇게 질문합니다. "우리의 연약한 본성을 소멸시킬 수 있을 것 같은 거대한 천체들의 우주 공간에서 영원한 삶을 영위하리라는 것을 어떻게 이해하고 즐거워할 수 있는가?"

우리는 이 땅에서 하루살이의 공격에도 부서져 버릴 만한 흙집에 살고 있다. 또한 우리가 밟고 있는 이 땅에서 한 치 높이로도 떠서 살 수가 없다. 우리 눈에 보이는 하늘의 밝은 별들은 그곳에서 우리가 함께 거하기에는 너무나도 크고 영광스러워 보인다. 그 거대한 존재들과 비교해 볼 때 우리는 메뚜기와 같다. 그것들이 우리의 연약한 본성을 단번에 삼켜 버리고 소멸시킬 수 있을 것처럼 보인다. 그런 우리가 어떻게 그 모든 것들보다 더 높이 올라갈 수 있겠는가? 어떻게 그 사실을 이해하고 즐거워할 수 있겠는가? 거대한 천체들이 거하는 우주 공간과도 비교할 수 없을 정도로 더 영광스러운 곳에서 영원한 삶을 영위하리라는 것을 어떻게 이해하고 즐거워할 수 있겠는가? 그런 곳에 거할 수 있으리라는 가능성이 우리 본성에 조금이라도 존재하는가?(『그리스도의 영광』 22)

오웬은 이 질문에 대한 해답을 그리스도의 승천에서 발견합니다. 예수님은 부활체를 입은 상태로 승천하셨습니다. 또한 그 모습 그대로 우리에게 오실 것입니다. 오웬은 이렇게 말합니다.

[그렇다!] 주 예수 그리스도께서 자신 안에서 우리에게 하나의 보증물을 주셨다. 바로 그리스도가 우리의 인성을 취하신 채로 눈에 보이는 하늘보다 훨씬 더 높이 오르신 것이다. 그리스도 안에 있는 인성이 거하는 영원한 처소는 바로 빛과 영광으로 충만한 복된 곳이다. 그리고 그가 계신 곳에 우리도 영원토록 함께 있게 될 것이라고 약속하셨다(『그리스도의 영광』 22).

승천하신 예수 그리스도를 생각할 때 나도 그 영원한 즐거움 가운데 영원한 처소에서 육적인 본성을 가진 그대로 살 수 있다는 일종의 보증 수표를 우리에게 주신 것입니다. 그리스도의 영광이 신자가 누리는 영광과 직결되어 있는 것입니다.

이처럼 그리스도의 성육신, 죽으심과 부활, 그리고 승천에 계시된 영광 속에서 신자의 영광을 바라볼 때, 우리는 어떤 변화를 경험할 수 있을까요? 오웬이 주장한 바대로 거듭난 신자는 기쁨과 평안함 가운데 소망이 있는 죽음을 경험할 수 있게 됩니다. 저도 아버지의 죽음 앞에서 이것이 사실임을 체험했습니다. 아버지의 병명은 담도암이었습니다. 투병 과정에서 고통이 있었지만 평안함 가운데 소천하셨습니다. 아버지의 맥이 점점 약해지다가 천사처럼 평안하게 세상을 뜨는 모습을 지켜봤습니다. 저희 아버지를 간호해 주시던 요양보호사님이 계셨습니다. 그분은 독실한 불교 신자였습니다. 그런데 약 3주 정도 저희 식구와 함께 생활한 후에 예수님을 믿게 되었습니다. 그분은 직업상 늘 죽음을 지켜보는 분이셨습니다. 얼마나 많은 죽음을 경험했겠습니까? 그런데 예수님을 믿는 사람의 죽음에서 무엇인가 다른 것을 발견했습니다. 부활 소망이 있는 죽음이 그분의 마음을 변화시켰습니다. 아버지의 장례를 치르고 한 2주 후에 저희 가정에 다음과 같은 메시지를 보내오셨습니다.

> 안녕하세요!! 요양보호사입니다. 잘 지내시죠? 안 목사님 가족 덕분에 하나님을 믿게 되었습니다. 너무너무 감사하답니다. 사모님이 주신 성경책을 매일매일 읽고 있습니다. 열심히 하나님 말씀 잘 듣고 먼 미래엔 꼭 천국에서 뵐게요. 고맙습니다. 가족님들 부디부디 건강하십시오. 그리고 행복하세요. 사랑합니다.

죽음 앞에서 신자가 그리스도의 영광을 바라볼 때, 신자 자신이 변할 뿐 아니라, 옆에서 그 모습을 바라보는 불신자가 영향을 받게 됩니다. 요양보호사님이 보낸 위의 메시지를 읽고 많이 울었습니다. '일평생 전도를 많이 하셨던 아버지가 마지막까지 전도하셨구나!'라는 생각이 들면서 하나님 앞에 참 감사했습니다.

광야와 같은 인생에 참으로 많은 고난이 있습니다. 이 땅에서 신자는 그리스도의 영광을 바라보면서 살아갑니다. 그리스도의 영광을 바라볼 때 그 눈부심으로 인해서 "안수정등도"와 같은 현실도 때로는 밝고 아름답게 보입니다.

> 우리가 다 수건을 벗은 얼굴로 거울을 보는 것 같이 주의 영광을 보매 그와 같은 형상으로 변화하여 영광에서 영광에 이르니 곧 주의 영으로 말미암음이니라(고후 3:18).

그리스도의 영광을 바라본다는 것은 단순히 지성적인 측면을 이야기하는 것이 아닙니다. 오웬 목사님은 이것을 서로 사랑하는 관계에서 애인이 서로를 바라보는 것에 빗대어 설명합니다. 온 애정을 가지고 마음을 다해 바라보는 것입니다. 사람도 그렇게 바라볼 때 변화를 경험합니다. 이처럼 지극한 애정을 가지고 신자는 그리스도를 묵상하고 그리스도의 영광을 바라봅니다. 그리스도를 바라보는 과정에서 신자는 점차 변화됩니다.

"나의 영광을 그들로 보게 하시기를 원하옵나이다." 이것은 예수님의 기도입니다. 흥미롭게도 이와 동일한 기도를 드린 구약의 인물이 있습니다. "원하건대 주의 영광을 내게 보이소서!"(출 33:18). 이것은 모세의 기도입니다. 잘 아시다시피 모세의 기도는 예수 그리스도 안에서 성취되었습니다. 예수님의 기도는 이를 확증하고 있습니다. 바라기는 주님의 기도가 우리 모두의 삶에서 온전히 성취되길 기원합니다. 아멘.

## 제13장
# 확실한 구원

**히브리서 9:15-17**

**15** 이로 말미암아 그는 새 언약의 중보자시니 이는 첫 언약 때에 범한 죄에서 속량하려고 죽으사 부르심을 입은 자로 하여금 영원한 기업의 약속을 얻게 하려 하심이라. **16** 유언은 유언한 자가 죽어야 되나니 **17** 유언은 그 사람이 죽은 후에야 유효한즉 유언한 자가 살아 있는 동안에는 효력이 없느니라

## 1. 성육신

하나님께서는 자녀들에게 천국을 약속하셨습니다. 하나님 나라를 약속하실 때, 하나님께서는 종종 특별한 단어를 사용하십니다. 바로 "기업"이라는 단어입니다.

> **15**이로 말미암아 그는 새 언약의 중보자시니 이는 첫 언약 때에 범한 죄에서 속량하려고 죽으사 부르심을 입은 자로 하여금 영원한 기업(inheritance)의 약속을 얻게 하려 하심이라. **16**유언은 유언한 자가 죽어야 되나니(히 9:15-16).

어떤 한글 역본은 "유업"으로 번역했는데 좀 더 이해하기 쉬운 단어입니다. 기업은 "유업" 혹은 "유산"과 같은 의미입니다. 하나님께서는 자녀들에게 "너희가 천국을 유산으로 상속받게 해 주겠다"라고 말씀하신 것입니다. 그런데 여기에 신학적 난제가 있습니다. 흔히 유산으로 무엇을 상속받는다고 말할 때 이는 유언자의 죽음을 전제합니다. 자녀가 부모의 재산을 법적으로 상속받기 위해서는 먼저 부모님께서 돌아가셔야 합니다. 어떤 의미에서 부모는 자신의 죽음으로 상속을 확정 짓는 것이지요. 그런데 하나님께서는 영원히 살아 계신 분입니다. 결코 죽으실 수 없는 존재이십니다. 유산을 약속하신 유언자가 죽지 않으시니, 그 약속된 유산은 어떻게 되겠습니까? 하나님의 백성 입장에서는 하나님 나라를 유산으로 상속받게 되는 것이 영원히 불확실하지 않겠습니까? 사실 하나님의 죽음을 언급하거나 생각하는 것은 그 자체로 신성모독이라고 할 수 있습니다. 그럼에도 히브리서 기자는 감히 하나님이신 유언자의 죽음을 화두로 던지고 있습니다.

> ¹⁶유언은 유언한 자가 죽어야 되나니 ¹⁷유언은 그 사람이 죽은 후에야 유효한즉 유언한 자가 살아 있는 동안에는 효력이 없느니라 (히 9:16-17).

히브리서 기자의 설교를 듣고 있는 유대인에게 하나님의 죽음은 일평생 한 번도 생각해 보지 못한 주제였을 것입니다. 하나님의 성호를 부르는 것조차 두려워서 성경을 읽다가 "하나님"이란 단어가 나오면 "주님" 아도나이으로 바꿔서 읽어야 했던 유대인 입장에서는 충분히 그럴 수 있습니다. 이러한 유대인에게 본문 말씀은 엄청난 충격으로 다가왔을 것입니다. 게다가 위에서 인용된 말씀에 따르면, 유언자이신 하나님께서 살아 계시는 한 천국을 유산으로 주시겠다는 유언은 효력이 없습니다. 신성모독뿐만 아니라 구원의 확신을 앗아가 버리는 선언입니다. 아마 제가 회당에서 이렇게 설교했으면 살아서 밖으로 못 나갔을 것입니다. 그만큼 오늘 본문에서 다루는 문제 제기는 매우 도발적인 주제였습니다. 이 내용을 처음 히브리서 기자가 오늘 그 질문을 던지는 것입니다. 이러한 신학적 난제를 해결하는 유일한 답은 예수 그리스도의 성육신

안에서 발견됩니다. 하나님께서는 사랑하는 자녀들에게 천국을 유업으로 주시길 원하십니다. 그런데 하나님은 죽으실 수 없는 분입니다. 그래서 하나님께서 선택하신 해법이 바로 성육신입니다. 죽으실 수 없는 하나님께서 죽을 수 있는 사람이 되신 것입니다. 사람이 되신 하나님께서는 유언자인 자신의 죽음으로 자녀들에게 천국을 보증해 주셨습니다. 이런 의미에서 성육신의 신비는 천국을 유업으로 주시겠다는 하나님의 약속 안에 처음부터 숨겨져 있었던 것입니다.

유대교는 일신교입니다. 유대인들은 하나님이 오직 한 분이라는 것을 알고 있습니다. 그런데 초대교회는 예수 그리스도께서 완전한 사람이자 완전한 하나님이라는 고백 위에 세워졌습니다. 유대인의 입장에서 보면 참 사람이신 예수님을 하나님으로 고백하는 것은 기적과 같은 사건입니다. 만일 예수 그리스도의 복음이 이들에게 전혀 새로운 계시와 전혀 새로운 신학으로 다가왔다면, 유대인은 초대교회의 구성원이 될 수 없었을 것입니다. 그러나 예수 그리스도의 복음은 이들에게 전혀 낯선 복음이 아니었습니다. 그들이 이미 받았던 구약의 계시 안에 그리스도의 복음이 포함되어 있었던 것입니다. 심지어 성육신의 신비와 논리도 포함되어 있었던 것이지요.

부모님께서 돌아가신 후에 자녀들은 부모님의 재산을 상속받습니다. 인간의 죽음도 상속권을 보증하는 확실한 효력을 발휘합니다. 하물며 영원히 죽을 수 없는 하나님께서 당신의 나라를 자녀들에게 유업으로 주시기 위해 죽을 수 있는 사람이 되셨고, 하나님의 죽음으로 상속권을 보증해 주셨다면, 우리가 얻은 구원이 얼마나 확실한 것이겠습니까?

## 2. 십자가

한 가지 생각해 보아야 할 질문이 있습니다. 자녀가 유산 상속을 받기 위해 부모님이 꼭 피를 흘리고 죽으실 필요가 있을까요? 유산 상속의 조건으로 부모님의 고통스러운 죽음을 요구하는 법은 세상에 없습니다. 이에 비해 본문은 하나님의 죽음이 어떤 죽음이어야만 하는 지를 규정하는 단서가 등장합니다. 바로 우리의 죄를 속량하는 죽음입니다.

> 이로 말미암아 그는 새 언약의 중보자시니 이는 첫 언약 때에 범한 죄에서 속량하려고 죽으사 부르심을 입은 자로 하여금 영원한 기업 inheritance의 약속을 얻게 하려 하심이라(히 9:15).

하나님의 죽음은 보통의 죽음이 아니고 영원한 속죄를 이루는 속죄의 죽음이라는 것입니다. 바로 십자가의 죽음입니다. 흥미로운 것은 본문 말씀 안에 성육신의 신비뿐만 아니라 십자가의 신비도 계시되어 있다는 사실입니다. 이 내용을 처음 배웠을 때, 저는 성경이 너무 재미있게 느껴졌습니다.

히브리서 9:15, 16, 17에는 "유언"이라는 단어가 반복적으로 등장합니다. 헬라어로는 디아테케(διαθήκη)라는 단어입니다. "디아테케"에는 "언약"Covenant 혹은 "유언"Testament이라는 두 가지 의미가 있습니다. 많은 경우 주로 "언약"으로 번역됩니다. 오늘 본문에 쓰인 "디아테케"의 경우는 "유언"으로 번역되어 있습니다. 문맥상 "유언"으로 번역하는 것이 자연스럽습니다. 그러나 어떤 학자들은 본문의 "디아테케"를 "언약"으로 번역해야 한다고 주장합니다. "디아테케"에 상응하는 히브리어의 "언약" 개념에는 "피"가 관련되어 있습니다. 그리스도의 죽음은 십자가의 죽음이고 언약적인 죽음임을 고려해 볼 때, "디아테케"를 "언약"으로 번역하는 것도 설득력이 있습니다. 신학교에서 신약 과목을 수강할 때의 일입니다. 오늘 본문의 "디아테케"를 "유언"으로 번역할지, "언약"으로 번역할지를 두고 조별로 연구하여 발표하는 과제물을 수행한 경험이 있었습니다. 그때에는 양자택일을 해야만 하는 줄 알고 많이 고민했던 기억이 납니다. 그런데 교회사를 공부하면서 보니 16-17세기 신학자들도 이 문제를 가지고 고민한 흔적을 발견했습니다. 흥미롭게도 우리의 선배들은 이 문제를 간단히 해결했습니다. 일례로 존 오웬John Owen 이나 프란시스 튜레틴Francis Turretin과 같은 유명한 개혁주의 신학자들은 모두 "디아테케"라는 단어 자체가 이중적 의미를 지닌다고 지적합니다. 따라서 "디아테케"를 "언약적 유언" 혹은 "유언적 언약"이라고 번역할 수 있다고 주장합니다. 이를 신학적으로 해석하자면 다음과 같습니다. 우리가 "디아테케"를 "유언"으로 해석할 때, 그리스도의 성육신을 쉽게 이해할 수 있습니다. 유언자의 죽음을 위해 하나님께서는 사람이 되신 것입니다. 한편 "디아데케"를 "언약"으로 해석할 때, 우리는 그리스도의 십자가를 발견할 수 있습니다. 그리스도의 죽음은 유언자의 죽음에 그치지 않습니다. 피를 흘리는 죽음입니다. 속죄의 죽음이 되기 위해서는 피가 필요하기 때문입니다. 죄인이 천국에 들어가기 위해서는 죄 문제를 해결 받는 것이 필수적입니다. 따라서 유언자의 죽음은 속죄의 죽음, 곧 십자가의 죽음이어야만 하는 것입니다. 결국 "디아테케"라는 단어

안에 그리스도의 성육신과 십자가의 신비를 푸는 열쇠가 들어있는 셈입니다. 아마도 이런 이유에서 성경은 의도적으로 이중적인 의미를 가진 "디아테케"를 사용한 것 같습니다.

우리는 이미 하나님께서 "하나님의 죽음"으로 천국을 확실하게 보증해 주셨다는 사실을 살펴보았습니다. 본문은 여기서 한 걸음 더 나아갑니다. 유언자의 죽음은 속죄의 죽음이기도 합니다. 죄인은 의인에게 예비된 천국을 상속받을 수 없습니다. 이 때문에 하나님은 십자가에서 자녀들의 죄를 완전히 사해 주시는 속죄의 죽음을 죽으신 것입니다. 하나님의 피로 죄인이 의인이 된 것입니다.

> 12염소와 송아지의 피로 하지 아니하고 오직 자기의 피로 영원한 속죄를 이루사 단번에 성소에 들어가셨느니라. 13염소와 황소의 피와 및 암송아지의 재를 부정한 자에게 뿌려 그 육체를 정결하게 하여 거룩하게 하거든 14하물며 영원하신 성령으로 말미암아 흠 없는 자기를 하나님께 드린 그리스도의 피가 어찌 너희 양심을 죽은 행실에서 깨끗하게 하고 살아 계신 하나님을 섬기게 하지 못하겠느냐?(히 9:12-14).

우리의 유월절 양이신 그리스도(고전 5:7)께서는 자신의 피, 곧 하나님의 피로 우리의 죄를 용서해 주셨습니다. 우리에게 천국을 확실히 상속해 주시기 위해 하나님께서는 속죄의 죽음과 하나님의 피로 천국을 보증해 주신 것입니다. 이 얼마나 확실한 구원입니까?

## 3. 부활과 승천

다음으로 살펴볼 주제는 그리스도의 부활입니다. 유월절 어린양으로서 돌아가신 그리스도께서 부활하셨습니다. 성경은 그리스도의 직분을 삼중직으로 제시합니다. 그리스도는 선지자로서 하나님의 말씀을 우리에게 계시하시고, 제사장직과 왕직을 수행하셨습니다. 그리스도께서는 두 가지 방식으로 제사장직을 성취하셨습니다. 하나는 유월절 어린양으로서, 다른 하나는 대제사장으로서 직무를 완수하셨습니다. 유월절 어린양으로서 예수 그리스도께서는 십자가에서 속죄의 죽음을 죽으셨습니다. 무덤에 장사되신 예수님은 3일 만에 부활하셔서 대제사장으로서의 직무를 수행하셨습니다. 히브리서 기자는 부활하신 그리스도께서 대제사장으로서 하늘 성소에 들어가셨다고 표현했습니다.

> 11 그리스도께서는...대제사장으로 오사... 12 자기의 피로 영원한 속죄를 이루사 단번에 성소에 들어가셨느니라(히 9:11-12).

> 오직 둘째 장막은 대제사장이 홀로 일 년에 한 번 들어가되 자기와 백성의 허물을 위하여 드리는 피 없이 아니하나니(히 9:7).

이 구절이 중요합니다. 구약의 제사법에 따르면 일 년에 한 번 대제사장은 희생제물의 피를 가지고 지성소 안으로 들어갑니다. 새 언약의 중보자이신 예수 그리스도께서도 유월절 희생양의 피를 가지고 하늘 지성소로 들어가심으로 우리를 위한 대제사장직을 수행하셨다는 것이 바로 히브리서 기자가 논증하고 있는 내용입니다.

여기서 잠시 부활하신 주님께서 승천하신 의미에 대해 생각해 보겠습니다. 과연 우리의 죄가 사함 받는 데 있어, 그리스도의 승천이 꼭 필요했을까요? 만일 그리스도께서 승천하시지 않고 제자들과 함께 머물러 계셨다면 어떻게 되었을까요? 우리의 구원을 위해 그리스도의 십자가와 부활이 꼭 필요하다고 믿는 신자들도 그리스도의 승천이 우리의 구원을 위해 어떤 역할을 했는지에 대해서는 깊이 생각하지 않는 경향이 있습니다. 이 주제에 대해서는 초대교회 안에 있었던 유대인 신자들이 훨씬 쉽게 이해할 수 있었다고 생각합니다. 유대인들은 전통적인 속죄 예식의 틀 안에서 예수 그리스도의 자가 부활, 승천, 재위의 의미를 쉽게 파악할 수 있었기 때문입니다.

유대인의 입장에서 볼 때, 예수 그리스도께서 유월절 어린양으로서 죽으셨다는 것만큼 십자가의 의미를 잘 설명하는 것은 없을 것입니다. 이는 곧 십자가의 죽음이 우리의 죄를 사하기 위한 속죄의 죽음임을 드러냅니다. 여기서 한 가지 중요한 차이가 존재합니다. 예수님은 완전한 사람이자 완전한 하나님이십니다. 예수님께서 유월절 어린양으로 희생되셨다는 것은 곧 속죄를 위한 하나님의 피가 마련되었음을 의미합니다. 하나님의 피는 짐승의 피와 다릅니다. 짐승의 피는 썩습니다. 아무리 냉장고에 보관을 잘해도 몇 개월 지나면 썩습니다. 이와 달리 하나님의 피는 썩지 않습니다. 영원히 효력을 갖습니다. 그래서 더 이상 반복하여 짐승을 희생시킬 이유가 없습니다. 영원히 사시는 하나님께서 사람이 되셔서 유월절 어린양으로 희생되심을 통해 우리를 위한 영원히 썩지 않는 완벽한 희생제물의 피를 마련하신 것입니다. 이런 의미에서 그리스도의 십자가는 완전한 속죄제사를 위한 가장 완벽한 재료가 마련되었다는 의미를 갖습니다.

이제 죽으신 예수님께서 부활하셨습니다. 유월절 어린양일뿐만 아니라 대제사장으로서 부활하셨습니다. 유대인의 관점에서 볼 때 그리스도의 부활은 필수적입니다. 속죄제사가 이루어지기 위해서는 희생제물과 더불어 대제사장이 반드시 필요하기 때문입니다. 대제사장은 이스라엘의 죄를 위해 희생제물의 피를 가지고 지성소 안으로 들어가서 피를 뿌리고 나와 사죄를 선언합니다. 이러한 속죄 예식을 위해 지금 십자가를 통해 희생양으로서의 하나님의 피가 마련되었고, 부활을 통해 대제사장이 마련된 것입니다. 부활하신 대제사장은 인간 대제사장과 완전히 차별화됩니다. 인간 대제사장은 단회적으로 사역을 수행합니다. 매년 속죄 예식을 반복해야 합니다. 또한 인간 대제사장은 나이가 들면 죽습니다. 이 때문에 늘 새로운 대제사장이 필요합니다. 이에 비해 부활하신 대제사장은 영원히 죽지 않고 살아계십니다. 더 이상 새로운 대제사장이 필요 없습니다.

그리스도의 십자가와 부활로 완벽한 희생제물의 피와 완전한 대제사장이 마련되었습니다. 속죄 예식에 필요한 제일 중요한 두 가지가 마련된 것입니다. 이제부터가 시작입니다. 이제 영원하신 대제사장은 하나님 자신의 피를 들고 지성소로 들어가셔야 합니다. 구약에서 대제사장은 희생제물의 피를 가지고 두 번째 휘장 안에 있는 지성소 안에 들어가서 뿌림의 예식을 수행해야 하기 때문입니다. 그런데 여기서 문제가 생겼습니다. 예수님께서 십자가에서 "다 이루었다"라고 말씀하시고 돌아가셨을 때, 예루살렘에 있던 지성소의 휘장이 위로부터 아래로 찢어졌습니다. 주님께서 친히 지성소를 파괴하신 것입니다. 이 지성소는 이 세상에 단 하나밖에 없었습니다. 예루살렘 성전 안에 있었던 지상의 유일한 지성소였던 것입니다. 그렇다면 대제사장으로서 부활하신 예수님은 어디로 가셔야 할까요? 지상의 유일한 지성소가 이미 파괴되었으니 선택은 오직 하나입니다. 주님께서는 하늘 지성소로 올라가신 것입니다. 이것이 바로 그리스도의 승천입니다. 유대인의 시각에서 볼 때, 그리스도의 승천은 속죄 사역의 완성을 위해 필수적이었습니다. 여기서 잠시 하늘 지성소와 예루살렘 지성소의 관계에 대해 살펴보겠습니다.

> 그리스도께서는 참 것의 그림자인 손으로 만든 성소에 들어가지 아니하시고 바로 그 하늘["하늘에 있는 성소"; 현대인의 성경]에 들어가사 이제 우리를 위하여 하나님 앞에 나타나시고(히 9:24).

> 그들이 섬기는 것은 하늘에 있는 것의 모형과 그림자라. 모세가 장막을 지으려 할 때에 지시하심을 얻음과 같으니 이르시되 삼가 모든 것을 산에서 네게 보이던 본을 따라 지으라 하셨느니라(히 8:5).

예루살렘 성전이 건축되기 이전에 이미 성막이 존재했습니다. 하나님께서 모세를 시내산에서 부르시고 성막의 설계도를 주셨습니다(출 25-27장). 환상 중에 모세는 하늘에 있는 성소를 보았습니다. 성막의 원형에 해당합니다. 그것을 보고 일종의 모형을 만든 것이 바로 성막입니다. 쉬운 말로 하면 하늘에 원본이 있고 지상에는 복사본이 있는 것입니다. 신학적인 개념으로는 원형과 모형에 해당합니다. 성경은 이 세상에 있는 성막과 성전이 일종의 그림자라고 설명합니다. 그 원본은 하늘에 있는 것이지요. 예수 그리스도께서 십자가 위에서 "다 이루었다"라고 말씀하시며 파괴하신 것은 바로 모형입니다. 지상에 있는 모형이 파괴되었으니, 이제 남은 것은 하늘에 있는 원본입니다. 그래서 대제사장으로서 부활하신 예수는 하늘에 있는 지성소로 자기 피를 가지고 들어가신 것입니다.

이러한 내용을 알고 나면 부활하신 주님이 남기신 말씀들의 의미가 명확해집니다. 일례로 무덤 앞에서 마리아가 부활하신 주님을 붙잡으려고 했을 때, "나를 붙들지 말라 내가 아직 아버지께로 올라가지 아니하였노라"(요 20:17)라고 말씀하셨습니다. 아직 끝난 것이 아니라고 말씀하신 것입니다. 다시 한번 말씀드립니다. 구약의 속죄 예식의 틀에서 그리스도의 사역을 조명하면, 예수 그리스도의 승천은 필수적입니다. 우리의 죄를 속하기 위해 대제사장이 지성소를 반드시 들어가야 했듯이, 부활하신 그리스도께서도 승천하여 하늘 지성소로 들어가셔야만 했던 것입니다.

### 4. 재위(하나님 보좌 우편에 앉으심)

오직 그리스도는…하나님 우편에 앉으사(히 10:12).

> 죽으실 뿐 아니라 다시 살아나신 이는 그리스도 예수시니 그는 하나님 우편에 계신 자요 우리를 위하여 간구하시는 자시니라 (롬 8:34).

> 여호와께서 내 주에게 말씀하시기를 내가 네 원수들로 네 발판이 되게 하기까지 너는 내 오른쪽에 앉아 있으라 하셨도다(시 110:1).

마지막으로 "하나님 우편에 앉으사"라는 문구에 대해 생각해 보겠습니다. 한 단어로 "재위"라고 표현하기도 합니다. 승천하여 하늘 지성소로 들어가신 주님께서는 하나님의 보좌 우편에 앉으셨습니다. 이 의미가 무엇일까요? 지성소 안에는 법궤 혹은 언약궤가 있습니다. 법궤는 일종의 의자입니다. 하나님께서 보좌에 앉아 다스리심을 상징하지요. 하나님께서는 대제사장이신 그리스도께 "너는 내 오른쪽에 앉아 있으라"(시110:1) 하고 말씀하십니다. 우리를 위한 대제사장께서 하늘 보좌 우편에 앉으셨습니다. "보좌 우편"은 왕권을 상징합니다. 왕 같은 대제사장으로서 주님께서는 하나님의 보좌 우편에 앉으신 것입니다. 인간 대제사장과 달리 영원한 대제사장께서는 하나님 보좌 우편에 영원히 머물러 계시며 다스리십니다. 그리고 우리를 위해 간구하십니다. 그리스도께서는 구속 사역을 온전히 성취하시고 자신의 공로에 근거해서 우리를 의롭다 칭할 수 있는 공로적 의를 확보하셨습니다. 이를 근거로 대제사장이신 그리스도께서는 자기 백성의 죄를 사할 것을 당당하게 요구하고 스스로 시행하실 수 있습니다. 왕 같은 대제사장이신 그리스도께서 우리를 위한 중보자가 되셔서 모든 구속 사역을 성취하시고, 지금도 하나님 보좌 우편에서 우리를 위해 간구하시니 이보다 더 우리의 구원을 확실하게 보장할 것이 무엇이겠습니까? 또한 우리에게 천국을 주시겠다고 약속하신 분이 그분 자신이시니 이 약속이 얼마나 확실한 것입니까?

히브리서 기자는 그리스도께서 성취하신 구속 사역을 유대인이 쉽게 이해할 수 있도록, 구약의 제도와 속죄 예식을 일종의 해석의 틀로 활용하여 복음을 자세히 설명하고 있습니다. 유대인의 입장에서 이 해석의 틀은 오랜 세월을 통해 완전히 체화된 것이었습니다. 히브리서의 메시지를 통해 이들은 예수 그리스도의 복음을 전혀 낯설지 않게 받아들이게 되었습니다. 구약 안에 이미 계시되었고, 이미 경험해온 복음을 재발견하고, 이 복음이 역사적으로 성취되었음을 확인한 것이었습니다. 같은 맥락에서 오순절 날 베드로의 설교를 통해 예수 그리스도의 복음이 선포되었을 때, 유대인 신자들은 그 복음을 온몸으로 흡수할 수 있었습니다. 유대인의 입장에서 상상해 보십시오. 이들이 오랫동안 기다리던 메시아가 바로 유월절 어린양이었다는 사실에 얼마나 놀랐겠습니까? 바로 얼마 전에도 유월절 의식을 치르지 않았겠습니까? 왜 어린양이 필요할까요? 내가 죽을 수 없으니까 나 대신 희생양이 죽는 것 아니겠습니까? 나와 우리 가족을 위해 그동안 수없이 많은 희생양이 대신 죽음을 맞이한 것입니다. 그런데 "예수 그리스도께서 바로 그 희생양이었다니!" 게다가 우리를 위한 희생양은 바로 하나님 그분 자신이었던 것입니다. 민족적인 고통 가운데서 "하나님은 어디 있는가?" 하고 외치며 울부짖었던 유대인들이 이제 하나님은 처음부터, 그리고 항상 그들 곁에 계셨다는 사실을 깨달은 것입니다. 얼마나 큰 전율이 있었겠습니까? 이러한 그리스도의 복음과 하나님의 사랑 앞에서 유대인들은 가슴을 찢고 아버지의 품으로 돌아온 것입니다. 그리고 그날 신약 교회가 탄생하게 된 것이지요. 이들에게 그리스도의 복음은 낯선 복음이 아니었습니다. 처음부터 그들에게 익숙했던 확실한 복음이었던 것입니다.

히브리서 기자는 하나님께서 우리에게 주신 구원이 얼마나 확실한 것인지를 설득력 있게 선포하고 있습니다. 그리스도의 존재와 사역이 확실한 이상, 우리의 구원도 확실한 것입니다. 오늘날 그리스도의 성육신, 십자가, 부활, 승천, 재위가 역사적으로 성취된 이래 그리스도의 재림을 기다리며 종말의 때를 사는 저와 여러분에게 하나님은 확실한 복음을 주셨습니다. 새 언약의 중보자이신 그리스도를 믿는 신자들은 적어도 하나님 나라를 상속받는 것을 의심하면 안 됩니다. 이를 의심하는 일은 그리스도께서 성취하신 이 모든 내용을 불신하는 것과 같습니다. 하나님께서 얼마나 마음 아파하시겠습니까? 하나님 아버지께서는 자기 자녀들이 구원의 확신을 가지고 건강하게 신앙생활 하기를 원하십니다.

> **8** 너희는 그 은혜에 의하여 믿음으로 말미암아 구원을 받았으니 이것은 너희에게서 난 것이 아니요 하나님의 선물이라. **9** 행위에서 난 것이 아니니 이는 누구든지 자랑하지 못하게 함이라 (엡 2:8-9).

오늘날 많은 신자들은 공예배에 참여할 때 사도신경의 내용을 고백합니다. 사도신경의 내용을 살펴보면 예수 그리스도의 성육신, 십자가, 부활, 승천, 재위가 핵심을 차지하고 있습니다.

"나는 그의 유일하신 아들, 우리 주 예수 그리스도를 믿습니다. 그는 성령으로 잉태되어 동정녀 마리아에게서 나시고(성육신), 본디오 빌라도에게 고난을 받아, 십자가에 못 박혀 죽으시고(십자가), 장사된 지 사흘 만에 죽은 자 가운데서 다시 살아나셨으며(죽음과 부활), 하늘에 오르시어(승천), 전능하신 아버지 하나님 우편에 앉아계시다가(재위), 거기로부터 살아 있는 자와 죽은 자를 심판하러 오십니다(심판)."

우리의 모든 신앙 고백은 오직 예수 그리스도께 초점이 있습니다. 그동안 우리가 사도신경의 의미를 완벽하게 파악하지 못했을지라도 우리는 이미 우리 구원의 확실한 근거에 대해 수없이 신앙 고백을 해왔던 것입니다. 우리의 입이 이미 사도신경의 내용에 익숙해 있습니다. 이미 하나님께서는 우리의 입술을 통해 예수 그리스도와 그분의 속죄 사역에 대한 신앙 고백을 받으신 것입니다. 우리는 이미 우리의 확실한 구원에 대해 고백한 것입니다. 앞으로의 과제는 우리가 이 고백의 내용을 실제로 얼마나 누리고 사는가 하는 것입니다. 오늘 하나님께서는 우리로 하여금 구원의 확신 문제에서 더 이상 흔들리지 말고 확신 가운데 건강한 신앙생활을 누리라고 도전하십니다. 이 말씀에 "아멘"으로 응답하는 저와 여러분 되시길 기도합니다.

## 제14장
# 부활 논쟁

**마태복음 22:23-33**

²³ 부활이 없다 하는 사두개인들이 그 날 예수께 와서 물어 이르되 ²⁴ 선생님이여 모세가 일렀으되 사람이 만일 자식이 없이 죽으면 그 동생이 그 아내에게 장가 들어 형을 위하여 상속자를 세울지니라 하였나이다. ²⁵ 우리 중에 칠 형제가 있었는데 맏이가 장가 들었다가 죽어 상속자가 없으므로 그 아내를 그 동생에게 물려 주고 ²⁶ 그 둘째와 셋째로 일곱째까지 그렇게 하다가 ²⁷ 최후에 그 여자도 죽었나이다. ²⁸ 그런즉 그들이 다 그를 취하였으니 부활 때에 일곱 중의 누구의 아내가 되리이까? ²⁹ 예수께서 대답하여 이르시되 너희가 성경도, 하나님의 능력도 알지 못하는 고로 오해하였도다. ³⁰ 부활 때에는 장가도 아니 가고 시집도 아니 가고 하늘에 있는

천사들과 같으니라. **31** 죽은 자의 부활을 논할진대 하나님이 너희에게 말씀하신 바 **32** 나는 아브라함의 하나님이요 이삭의 하나님이요 야곱의 하나님이로라 하신 것을 읽어 보지 못하였느냐? 하나님은 죽은 자의 하나님이 아니요 살아 있는 자의 하나님이시니라 하시니 **33** 무리가 듣고 그의 가르치심에 놀라더라.

---
...
---

오늘의 주인공 사두개인들은 이스라엘의 지배층이었습니다. 이들은 예루살렘 성전을 중심으로 많은 재화를 축적했던 부자였습니다. 정치적인 권력도 가지고 있었습니다. 23절에 "부활이 없다 하는 사두개인들"이라고 말합니다. 이들은 부활도 천사도 최후 심판도 믿지 않았습니다. 오늘날 자유주의 신학자와 유사하다고 말할 수 있습니다. 물론 이들은 성전 제사와 예루살렘 중심의 종교적 행위가 중요하다고 강조했습니다. 토라를 중요하게 생각하지만, 경전을 지나치게 보수적으로 해석하는 바리새파 사람들을 경멸했습니다. 일반인의 입장에서는 바리새파 사람들이 하나님 율법에 좀 더 충실한 지도자라고 간주한 것 같습니다. 예수님은 바리새인과 사두개인 모두로부터 견제와 비판을 받으셨습니다. 이들이 보기에 예수님은 대중의 인기를 얻으며 점차 자신들의 기득권을 위협한다고 생각했기 때문입니다.

본문에서 사두개인들은 예수님께 나아옵니다. 갈릴리 지역을 중심으로 영향력을 확대하며 예루살렘까지 올라온 예수 그리스도를 견제하고 넘어뜨리고자 하는 의도에서 질문을 하나 준비해 옵니다. 질문의 내용은 흥미롭습니다. 일곱 형제가 있었는데 가문의 기업을 잇기 위해 장자는 반드시 후손이 있어야 합니다. 이스라엘에는 만일 후손 없이 장자가 죽으면 동생이 형수와 결혼하여 자녀를 낳고, 그 자녀가 가업을 이어가도록 하는 제도가 있었습니다. 사두개인의 이야기 속에 등장하는 일곱 형제가 차례로 다 죽었다고 합니다. 일곱 형제의 장남과 결혼한 그 여자는 "형사취수"兄死娶嫂 제도에 따라 동생들과 차례로 결혼합니다. 마침내 그녀는 일곱 형제 모두의 아내가 된 것입니다. 이것은 아주 특이한 사례입니다. 이제 사두개인들이 묻습니다. "부활했을 때 그 여자는 일곱 형제 중에 누구의 아내가 되겠습니까?" 만일 부활이 있다면 마지막 날 모든 사람이 부활할 때, 얼마나 큰 혼란이 있겠는가 질문하는 것입니다. 여기서 우리는 한 가지 짚고 넘어갈 내용이 있습니다. 사두개인들은 왜 일곱 명이나 되는 형제를 동원했을까요? 부활이 가져올 수 있는 혼란을 부각하기 위해서는 두세 명의 형제만으로도 충분합니다. 이 자체가 굉장히 의도를 가진 설정입니다. '예수가 가르치는 부활 신앙이라는 것이 얼마나 상식적으로 볼 때 터무니없는 일인가?' 이를 부각하고자 하는 의도가 보입니다. 우리 주변에도 사두개인과 같은 태도로 우리의 신앙을 조롱하는 사람들이 많습니다. 같은 맥락에서 사두개인들은 부활 신앙이 얼마나 터무니없는 것인가를 부각하여서 진리를 웃음거리로 만들려는 의도였다고 칼빈은 해석합니다.

아마도 사두개인들은 감정적으로 대응하거나 대답을 잘 못하거나 우물쭈물하는 예수님의 모습을 기대했을 것입니다. 하지만 예수님의 대답은 간단명료했습니다.

> 부활 때에는 장가도 아니 가고 시집도 아니 가고 하늘에 있는 천사들과 같으니라 (마 22:30).

"너희의 질문 자체가 성립되지 않는다. 왜냐하면 부활 때는 천사와 같이 시집, 장가가는 것이 없으니 크게 문제 될 것이 없기 때문이다"라고 말씀하십니다. 그런데 만일 이것이 다라면 다소 의아한 문제가 생깁니다. 오늘 이야기의 마지막은 이렇게 끝납니다.

> 무리가 듣고 그의 가르치심에 놀라더라 (마 22:33).

언뜻 보기에 주님의 대답은 무리를 깜짝 놀라게 할 정도로 심오한 진리나 지혜가 있어 보이지 않습니다. 그럼에도 성경은 무리가 놀랐다고 기록합니다. 그렇다면 예수님의 교훈 안에 무리와 사두개인들의 마음을 꿰뚫는 심오한 진리가 계시되었음이 분명합니다.

> 너희가 성경도, 하나님의 능력도 알지 못하는 고로 오해하였도다 (마 22:29).

예수님은 사두개인들이 성경과 하나님의 능력도 모른다고 말씀합니다. 이 말씀의 의미는 다음과 같습니다.

첫째, 성경을 다시 읽으라는 의미입니다. 예수님이 인용하신 말씀은 출애굽기 3:6입니다.

> 또 이르시되 나는 네 조상의 하나님이니 아브라함의 하나님, 이삭의 하나님, 야곱의 하나님이니라(출 3:6).

> 나는 아브라함의 하나님이요 이삭의 하나님이요 야곱의 하나님이로라 하신 것을 읽어 보지 못하였느냐? 하나님은 죽은 자의 하나님이 아니요 살아 있는 자의 하나님이시니라 하시니(마 22:32).

하나님께서 자신을 계시하실 때 즐겨 쓰시는 표현이 "살아 계신 하나님"입니다. 이 세상의 다른 모든 신은 죽은 신입니다. 이와 달리 하나님은 영원히 살아 계시는 하나님입니다. 우리가 주일마다 예배하는 대상인 하나님은 살아 계신 하나님입니다. 금요일에 십자가에서 죽으신 주님은 주일 이른 새벽에 부활하셨습니다. 우리로 하여금 주일에 무덤에 계신 주님을 예배하도록 하지 않으셨습니다. 이 때문에 안식 후 첫날 이른 새벽에 여인들이 오기 전에 예수님이 먼저 부활하신 것입니다. 우리의 경배를 받으시는 하나님은 항상 살아 계신 하나님이십니다. 지금 이 순간에도 주님은 살아 계신 하나님으로서 우리의 예배를 받으십니다.

그런데 예수님은 이 교훈을 위해서만 출애굽기 3:6을 인용하신 것이 아닙니다. 예수님의 논리에 따르면 하나님만 영원히 살아 계신 것이 아니라, 하나님의 백성 또한 영원히 사는 존재로 지음 받았습니다. 하나님은 죽은 자의 하나님이 아니라 산 자의 하나님이시기 때문입니다.

> 나는 아브라함의 하나님이요 이삭의 하나님이요 야곱의 하나님이로라 하신 것을 읽어 보지 못하였느냐? 하나님은 죽은 자의 하나님이 아니요 살아 있는 자의 하나님이시니라 하시니(마 22:32).

원문의 뜻을 따라 예수님의 말씀을 재해석하면 "나는 지금도 살아 있는 아브라함의 하나님이요, 나는 지금도 살아 있는 이삭의 하나님이요, 나는 지금도 살아 있는 야곱의 하나님이다"라는 의미입니다. 하나님께서 모세에게 나타나셨을 때는 이미 아브라함과 이삭과 야곱이 죽은 후였습니다. 그럼에도 하나님은 죽은 자의 하나님이라고 하지 않으시고 지금도 살아 있는 아브라함과 이삭과 야곱의 하나님이라고 계시하셨다는 것입니다. 이 사실을 깨닫는 것이 중요합니다. 주님의 말씀은 우리에게 "하나님이 어떤 분이신가?"라는 주제와 함께 과연 "우리는 어떤 존재인가?"에 관해 교훈하십니다. 하나님은 영원하신 존재로서 찬양받으십니다. 그리고 하나님을 찬양하기 위해서 지음 받은 존재가 바로 사람입니다. 고작 백 년 살다 죽는 인간이 영원하신 하나님을 올바르게 이해하고 찬양할 수 있을까요? 하루살이가 영원하신 하나님을 찬양하는 것과 마찬가지입니다. 무한 앞에는 하루나 백 년이나 별 차이가 없습니다. 영원하신 하나님을 찬양하기 위해 하나님은 우리에게도 영원성을 부여하셨습니다. 하나님만 영원히 오래 사는 존재가 아니고 "너희는 하나님을 영원토록 찬양하는 존재다", "이를 위해 너희는 영원성을 부여받은 존재다", "너희는 너희 생각보다 훨씬 대단한 존재다"라고 말씀하십니다. 따라서 우리는 자신을 너무 평가절하하면 안 됩니다. 이 세상을 살다가 끝나면 그냥 다 끝나는 존재가 아니라는 것입니다. 칼빈은 "자녀 없이 아비 없고, 신민 없이 국왕 없다"라고 말했습니다. 하나님은 살아 있는 자기 백성 없이 주 하나님으로 불리기를 원치 않으십니다. 하나님은 영원토록 살아 계신 분이라고 말할 때는 내가 영원토록 존재하면서 그 하나님을 찬양하는 존재로 있어야 하는 것입니다. 그래서 성경을 잘 읽어보면, 사람이 얼마나 영광스러운 존재로 지음 받았는가를 알 수 있습니다.

둘째, 예수님은 사두개인들이 하나님의 능력을 믿지도 않고 알지도 못하기 때문에 그러한 질문을 한다고 말씀하십니다. 이들을 쉽게 이해시키기 위해 천사라는 존재를 비유로 사용하십니다(마 22:30). 부활 때 우리가 천사와 같이 된다는 말은 무슨 뜻일까요? 부활 때 천사처럼 몸이 없는 영적인 존재가 된다는 의미가 아닙니다. 천사의 영광스러움을 말씀하시는 것입니다. 주님은 육체의 부활을 부정하는 사두개인을 논박하시기 위해 천사를 동원하시는데, 만일 우리의 부활체가 육체적인 현존이 없이 영적인 현존만 가지고 있다고 가정하는 것은 논리적으로도 맞지 않습니다. 예수님께서 우리의 부활체를 천사와 비교하는 이유는 타락한 질서 가운데 사는 우리의 비참함에 비해 천사가 가지고 있는 영광스러움 때문입니다. 그렇다면 천사를 영광스러운 존재로 만드신 분은 누구일까요? 하나님입니다. 천사의 영광스러움은 이 존재를 그렇게 창조하신 하나님의 능력에 철저히 의존하고 있습니다. 부활 때에 우리의 모습도 하나님의 능력으로 말미암아 매우 영광스러울 것입니다. 우리가 덧입을 부활체의 영광은 현재 우리가 상상하는 것 그 이상일 것입니다. 이런 맥락에서 주님은 사두개인들이 "하나님의 능력"을 알지도 믿지도 못한다고 말씀하셨던 것입니다.

씨앗 하나를 심으면 아름다운 꽃이 핍니다. 또는 큰 나무가 되기도 합니다. 남아프리카에 있는 육천 년 된 바오밥나무도 처음에는 하나의 보잘것없는 씨앗이었을 것입니다. 그 작은 씨앗 하나와 육천 년 된 큰 나무의 연관성을 우리는 잘 상상하지 못합니다. 이 씨앗 하나에 그런 영광스러운 형체를 부여하신 분이 하나님이십니다. 이것이 하나님의 능력입니다.

> [35] 누가 묻기를 죽은 자들이 어떻게 다시 살아나며 어떠한 몸으로 오느냐 하리니 [36] 어리석은 자여 네가 뿌리는 씨가 죽지 않으면 살아나지 못하겠고 [37] 또 네가 뿌리는 것은 장래의 형체를 뿌리는 것이 아니요 다만 밀이나 다른 것의 알맹이 뿐이로되 [38] 하나님이 그 뜻대로 그에게 형체를 주시되 각 종자에게 그 형체를 주시느니라 (고전 15:35-38).

사도 바울은 씨앗의 초라함과 그 씨앗으로부터 성체가 된 피조물이 가진 아름다운 영광을 가지고 현재의 몸과 부활체의 영광을 비교합니다. 오감으로 체험할 수 있는 현재 경험 세계 안에서도 하나님의 능력이 이처럼 일상적으로 목격됩니다. 그럼에도 회의론자였던 사두개인들은 우리가 현재 일상에서 경험하는 하나님의 능력을 깨닫지 못하기 때문에 부활과 영적인 세계를 부정하게 된 것입니다.

예수님은 사두개인들에게 강력히 경고하십니다. 천사는 그 어떤 것에도 얽매인 존재가 아니고 개별자입니다. 독립된 인격을 가진 자유로운 존재입니다. 이것이 천사의 영광스러움을 구성하는 여러 부분 가운데 하나입니다. 예수님이 이것을 지적하십니다. 예수님께서 천사의 존재를 언급하시는 문장 안에서 "부활 때"$_{\text{at the resurrection}}$라는 개념을 주목해 보아야 합니다. 사람이 부활할 때 어떤 상태로 부활하는지를 숙고해 보는 일이 중요합니다. 부활 때에 우리는 사두개인의 생각대로 이생에서의 종속적인 인간관계에 여전히 얽매인 상태로 부활하는 것이 아닙니다. 부활 때 모든 사람은 각각 하나님 앞에서 다 개별자로, 독립된 인격체로, 진정한 의미의 자유인으로 부활한다는 것입니다. 바로 이러한 면에 있어서 (현재 인류의 조건과는 구분되어) 천사와 같다는 것입니다.

사두개인들은 부활이 우습다는 것을 논증하기 위해 무리한 설정을 했습니다. 주인공 여자가 7형제 중 어떤 이에게 종속된 상태로 살아나게 될 것인가를 물었습니다. 여기서 우리는 본문에 등장하는 결혼 관계의 의미를 확인해야 할 필요가 있습니다. 이 여인은 참으로 비참한 처지에 놓여 있습니다. 그럼에도 사두개인들은 이 여인의 처지에 조금도 공감해 주지 않는 듯 보입니다. 이 여인이 어떤 집안에 시집을 갔는데 남편이 죽었습니다. 그럼에도 이 여인이 애곡했다는 말이 없습니다. 바로 당시의 관습에 따라서 자기 의사와 상관없이 그 집안의 둘째 아들인 시동생과 결혼합니다. 그런데 시동생이 또 죽습니다. 이번에도 이 여인에게는 말이나 감정 표현의 기회가 주어지지 않습니다. 그저 순서에 따라 계속 남아 있는 시동생과 결혼을 반복할 뿐입니다. 사두개인의 묘사 속에서 우리는 여자에 대한 인격적인 배려의 흔적을 전혀 찾아볼 수 없습니다. 일곱 명의 남편을 여의는 동안 그녀에게 아무런 감정 표현의 기회가 주어지지 않습니다. 심지어는 상속자가 없으므로 동생에게 이 여인을 물려줬다는 표현이 등장합니다. 이 여인은 사실상 물건이고 재산일 뿐입니다. 사두개인들의 지독한 가부장적인 사고방식이 이야기 속에 표현되어 있는 것입니다.

요컨대 사두개인의 비유 가운데 등장하는 여인에게 혼인은 오늘날 낭만적인 사랑과는 전혀 무관합니다. 비유 속의 주인공에게 혼인은 본인의 의지와는 무관하게 인습과 법에 얽매여서 한 집안에 철저히 종속되는 예속적 관계를 의미했습니다. 그녀는 마치 아무 발언권이 없는 노예와 같은 존재이고 남성 우월주의에 종속된 이름 없는 존재일 뿐이었습니다.

이런 맥락에서 오늘날 설교자가 청중에게 본문을 이해시키기 위해 두 가지 요소를 잘 주지시켜야 합니다.

첫째는 천사의 존재입니다. 현대인은 천사의 존재를 믿지 않고 천사를 영광스럽게 생각하지도 않습니다. 따라서 부활 때에 천사와 같이 되어 결혼하지 않는다는 개념이 오늘날 젊은 사람들에게는 별로 와 닿지 않습니다. 이에 비해 과거에는 천사가 훨씬 인기 있고 영광스럽게 인식되는 존재였습니다.

둘째, 본문의 주인공이 경험하는 결혼은 오늘날 결혼의 의미와 매우 다릅니다. 오늘날 결혼의 이미지는 낭만적입니다. 청춘남녀가 만나서 사랑을 하고 인격적 교제를 나누다가 결혼으로 열매 맺는 아름다운 그림입니다. 이에 비해 본문에서의 결혼은 종속적이고 예속적인 관계입니다. 이런 정황에서 지금 사두개인들은 예수님께 나아와 질문하고 있습니다. 이때 이들의 뇌리에서 당연하게 전제하는 생각이 있습니다. 만일 부활이 있다고 가정한다면, 부활 때 자기들은 여전히 지배 계층이고 부자이며 여자에 대해 가부장적인 지위를 여전히 누릴 수 있으리라고 상상하는 것입니다. 이 때문에 현세에서 노예처럼 살았던 이 여자가 부활할 때, 그녀는 또다시 누군가에게 종속된 관계에서 부활 것이라고 전제한 것입니다. 현세에 다양한 형태로 존재하는 종속적인 인간관계가 부활 이후의 세상에서도 그대로 이어질 것이라는 전제를 가지고 사두개인들은 이야기를 꾸며 주님께 질문한 것입니다.

잘 아시다시피 중국의 진시황이 죽었을 때 많은 시종이 함께 순장되었습니다. 죽어서도 왕 노릇 할 것을 당연하게 생각한 것입니다. 이처럼 사두개인들은 부활 이후에도 현재의 예속적인 관계가 지속된다는 것을 전제로 하고 있습니다.

예수님의 대답은 이러한 생각을 한마디로 부정하시는 것입니다. 세상 법정에서 모든 사람은 (적어도 원칙상) 법적으로는 동등한 인격체입니다. 그래서 법 앞에 평등이라는 말이 있습니다. 인간 법정 앞에서도 모든 사람은 성별, 인종, 종교, 지위고하 등과 같은 허울을 벗어버리고 공평하게 재판받습니다. 하물며 우리가 부활하여 하늘 법정에, 게다가 가장 공의로우신 하나님 앞에 설 때, 이생에서의 예속적인 인간관계에 여전히 매여 있다는 것은 말이 되지 않습니다. 장차 우리는 하나님 앞에서 독립된 인격체로, 진정한 의미에서 자유인의 자격으로 서게 될 것입니다. 지금 예수님은 사두개인들의 뼛속에 깊이 박혀 있는 교만과 부패한 우월의식을 공개적으로 드러내십니다. 어떤 의미에서 사두개인들은 스스로 판 함정에 빠진 것입니다. 진리를 웃음거리로 만들기 위해 고안해낸 무리한 설정이 오히려 주님 앞에서 그들의 악한 생각과 부패한 마음을 드러내는 것입니다. 그 결과 하나님으로부터 책망받는 것을 피할 수 없게 되었습니다. 예상치 못한 결과에 빠진 것입니다.

칼빈은 본문을 주해하면서 "[부활 때] 사람들은 현세의 모든 연약함으로부터 해방될 것이다"라고 설명합니다. 여기에 좀 더 의미를 부여하자면 현세에 존재하는 온갖 종속관계로부터의 해방도 포함될 수 있을 것입니다. 이것은 사두개인들에 대한 경고일 뿐만 아니고 우리에게도 적용될 수 있는 해석입니다. 부활의 순간에 우리의 자녀들도 내 자식이 아닌 개별적인 인격체로 하나님 앞에 설 것입니다. 부활의 순간 각 개인의 신분은 말 그대로 "자유인"입니다. 현존하는 모든 종속적인 관계의 사슬망으로부터 해방되어 각 개인이 하나의 독립적인 인격체가 되고 이들 사이에 인위적인 차별이 존재하지 않는 상태가 실현될 것입니다. 이생에 존재했던 종과 자유인, 부하와 상사, 그리고 심지어 가족관계로부터의 해방도 이루어질 것입니다. 우리는 이러한 사실을 늘 염두에 두고 현재 우리의 인간관계 안에 있는 모든 사람을 존중하고 인격적으로 대우해야 합니다. 여기에는 남편과 아내, 부모와 자녀의 관계도 예외가 될 수 없습니다.

바로 이러한 맥락에서 예수님은 "천사와 같이"라는 표현을 쓰신 것입니다. 타락한 세상이 만들어 낸 여러 가지 형태의 죄악 된 종속적 정치/사회/경제의 억압 구조 속에서 너희가 고통을 받는 대신에 오히려 부당한 특권과 쾌락을 누리고 있다면, 부활 세상에서 하나님께서 이 모든 것을 무효화시키고 정의로운 심판을 시행하실 것이라는 사실 앞에서 두려워하라는 암묵적 경고를 하시는 것입니다. 당신의 백성들에게 영광스러운 부활체를 부여하실 하나님의 창조적인 능력이 사두개인들에게는 무서운 심판의 능력으로 다가올 수 있다는 것을 예수님은 경고하신 것입니다.

이제 본문의 교훈을 우리의 삶에 적용해 보겠습니다. 본문 말씀을 사두개인뿐만 아니라 저와 우리 모두에게 주시는 말씀으로 받을 때 크게 세 가지 적용점을 말씀드릴 수 있습니다.

첫째, 감사해야 합니다. 나를 현재의 모습이 아닌 미래의 모습, 부활체의 아름답고 웅장한 영광스러운 모습으로 보시는 하나님께 감사해야 합니다. 꽃씨를 파는 상품 광고는 모두 화려합니다. 파는 것은 모두 작고 보잘것없는 꽃씨뿐인데 사진은 모두 아름다운 꽃 사진들입니다. 이것을 누가 과대광고라고 고소하지 않습니다. 꽃에 비하면 꽃씨는 아주 작고 못생겼습니다. 하지만 하나님은 꽃씨를 보면서 미래의 아름다운 장미꽃을 보십니다. 이것이 지금 하나님이 저와 여러분을 보시는 관점입니다. 내 모습 이대로를 하나님이 받으시지만, 창조주 하나님은 그것으로 만족하지 않으시고 앞으로 나에게 덧입히실 부활체의 영광을 보시면서 기뻐하신다는 것입니다. 이것이 하나님이 우리를 보시는 관점이라면 우리 역시 현재 우리 옆에 있는 교우를 그렇게 봐야 합니다. 현재 우리가 보고 만나는 우리의 가족, 친구, 이웃 그리고 이방인까지 모두 이러한 시각에서 바라봐야 합니다. 서로를 이렇게 볼 때, 우리는 감사하는 마음을 가질 수 있습니다.

둘째, 회개해야 합니다. 사두개인처럼 현재 내가 맺고 있는 모든 인간관계 속에서 내가 누군가를 비인격적으로 대하고 있었다면 이것을 회개해야 합니다. 직장에서 피고용인, 학교에서 내가 지도하는 학생들, 그리고 가족관계 안에서도 우리는 배우자나 자녀가 나에게 종속된 "나의 소유"이니 내 맘대로 해도 된다는 생각을 결코 해서는 안 됩니다. 부활의 순간에 나와 동등한 인격체로서 영광스러운 부활체를 입고 내 앞에 화려하게 나타날 귀한 하나님의 자녀라는 마음가짐으로 우리는 모든 인간관계를 맺어야 합니다. 자녀나 배우자의 잘못을 지적하는 순간에도 이들을 인격적으로 대우해야 합니다. 그렇게 하지 못한 것을 회개해야 하는 것입니다. 우리가 부활체의 영광스러운 그날에 너무 부끄럽지 않도록 지금 주변의 사람들에게 인격적으로 대하시길 바랍니다.

셋째, 축복해야 합니다. 나와 관계 맺는 모든 이에게 "너는 영광스러운 존재야!" 이렇게 말해 주시길 바랍니다. 예전에 제가 다니던 교회에 한 의사가 한 분 계셨는데 소심한 성격을 가진 주일학교 학생 한 명을 진맥하시더니 "너는 크게 될 인물이야" 이렇게 말씀하더군요. 한의사가 맥 한번 짚어주고 격려해 준 말 한마디가 한 어린이의 삶의 태도를 바꾸어 놓는 것을 옆에서 지켜 보았습니다. 그런데 하나님은 성경에서 "너는 하나님의 형상을 가진 영광스러운 존재야", "왕 같은 제사장이야", "너는 하나님의 것이야", "영광스러운 부활체를 입을 귀한 신분이야" 등과 같은 보약과 같은 말씀을 우리에게 끊임없이 주시고 있습니다.

이러한 하나님의 음성이 우리를 변화시켜 지금 이 자리까지 인도하셨음을 믿습니다. 바라기는 오늘 본문을 통해 주신 교훈이 먼저 자신과 자신의 인간관계를 변화시키면 좋겠습니다. 한 걸음 더 나아가 우리가 경험한 것과 똑같은 변화를 우리의 이웃이 경험할 수 있기를 원합니다. 오늘 이후 우리도 누군가에게 다가가서 "넌 영광스러운 존재야!"라고 말씀하시는 주님의 음성을 들려주시길 바랍니다. 그리하여 예수님의 교훈을 받고 그분의 가르치심에 놀랐던 무리의 감격에 이들과 함께 참여하는 기쁨과 복을 누리시길 축원합니다.

# 제15장
# 진리가 무엇이냐?

**요한복음 18:37-38**

37 빌라도가 이르되 그러면 네가 왕이 아니냐? 예수께서 대답하시되 네 말과 같이 내가 왕이니라. 내가 이를 위하여 태어났으며 이를 위하여 세상에 왔나니 곧 진리에 대하여 증언하려 함이로라. 무릇 진리에 속한 자는 내 음성을 듣느니라 하신대 38 빌라도가 이르되 진리가 무엇이냐 하더라. 이 말을 하고 다시 유대인들에게 나가서 이르되 나는 그에게서 아무 죄도 찾지 못하였노라.

2007년 11월 1일, 저는 약 17년 동안 고민했던 문제가 해결되는 은혜를 체험했습니다. 늘 마음에 품고 있었던 의문이란 "하나님은 왜 설교에 은사가 없는 사람을 설교자로 부르시는가?"라는 질문이었습니다. 아버지는 40대 중반에 소명을 받아 신학교에 입학하셨습니다. 그 이전에는 무역회사를 경영하셨습니다. 어느 날 갑자기 저는 사장님 아들이었다가 목사님 아들이 되었지요. 초등학교 고학년이었기 때문에 아버지의 변화를 생생히 기억할 수 있습니다. 아들 눈에 비친 목사 아버지는 설교를 무척 힘들어하셨습니다. 아버지를 기억할 때 먼저 떠오르는 모습은 밤새도록 끙끙거리며 설교 준비하시는 모습입니다. 매일 새벽 3시 15분에 일어나셔서 그날의 새벽 설교를 준비하셨습니다. '왜 하나님은 늦은 나이의 아버지를 부르셔서 이렇게 고생을 시키실까?' 이런 생각도 들었습니다. 세월이 흘러도 아버지는 능숙한 설교자가 되었다고 생각하지 않으셨습니다. 은퇴할 때까지도 설교는 여전히 아버지에게 버거운 사역이었습니다. 옆에서 아버지를 지켜보면서 저는 설교가 과연 무엇인지 많이 고민했습니다. 우리 집에는 약 이천오백 개 정도의 설교 테이프가 있었습니다. 대부분 영미권 설교자들의 육성 설교였습니다. 대학 시절 저는 학교를 오고 가며 하루에 2-3개씩 영어 설교를 들었는데, 졸업 전까지 모든 설교를 다 들어 보았습니다. 나름대로 아버지의 고민에 동참했던 것이지요.

고민이 해결되는 시점에 이르기 전까지 나름대로 정리한 두 가지의 전제가 있었습니다. 첫째, 설교자의 소명에 있어 수사학과 기술은 핵심적인 요소가 아니다. 둘째, 설교의 핵심은 바른 "진리를 증거함"에 있다. 신자들이 설교를 들으러 나아올 때 갖는 기대 역시 "진리"와 관련이 있습니다. 진리를 배우기 위해 To Know the Truth 나오거나 진리를 살 깊이 느끼기를 원하는 To Feel the Truth 마음을 가지고 교회에 나옵니다. 과거에 비해 현대인은 특히 후자를 중요시하는 경향이 있습니다. 설교를 통해 감동받기를 원하고 눈물 흘리기를 원하는 것입니다. 지극히 주관적인 판단이지만 경험상 약 100편 정도의 설교를 들으면 눈물을 흘릴 정도의 감동적인 설교는 10편이 채 안 되는 것 같았습니다. 그러니까 감동을 주는 설교만을 맹목적으로 찾다 보면 스스로 지쳐버리기 쉬웠습니다. 그래서인지 어느 시점부터 저는 그 욕구를 내려놓게 됐습니다. 설교자가 하나님의 진리 말씀을 잘 해석하여 교리적으로 건전한 설교를 한다면, 저는 그것으로 충분히 만족하고 은혜를 받는 것이 습관화되었습니다. "진리를 바르게 증거"하여 회중으로 하여금 진리를 바로 알게 하는 것이 설교자의 제일 큰 과제라는 확신은 제 마음에서 한순간도 떠난 적이 없습니다.

그런데 2007년 11월 1일 수업을 듣다가 뜻밖에도 이 오랜 확신을 기꺼이 내려놓게 되었습니다. 설교의 본질을 구성하는 왕좌는 "진리를 아는 것" To Know the Truth 대신에 "진리가 되어야" To Be the Truth 한다는 존재의 문제가 차지한다는 사실을 깨달은 것입니다. 이것을 깨닫게 된 계기는 비전공 과목이었던 철학 수업에서 마련되었습니다. 당시 수업은 유신론적

실존주의 철학자 키르케고르의 원서를 강독하며 진행되었습니다. 키르케고르는 목사 안수를 위해 요구되는 모든 과정을 통과한 사람이었습니다. 우리식으로는 강도사님 정도 되겠죠. 오늘 설교 제목이기도 한 "진리가 무엇이냐?"라는 빌라도의 질문을 가리켜 키르케고르는 말하기를, 태초 이래로 인류가 질문한 모든 질문 중에 가장 어리석은 질문이라고 했습니다. 인류가 진리이신 하나님을 만나길 학수고대하다가 막상 진리 그 자체이신 예수님이 지금 눈앞에 있는데 빌라도가 그 분께 "진리가 무엇이냐?"라고 묻고 있기 때문입니다. 이것은 마치 태양이 떠 있는데 "빛이 어디 있습니까?"라고 묻는 것과 같습니다. 혹은 두 사람이 대화를 나누다가 뜬금없이 "당신은 존재하십니까?"라고 묻는 것과 같다는 것입니다. 얼마나 어리석은 질문입니까? 이 질문 자체가 나는 진리에 대해서 무지하다고 인정하는 것과 똑같다고 말합니다.

빛이 어둠에 비치되 어둠이 깨닫지 못하더라(요 1:5).

빛은 속성상 자명합니다. 어두운 데서 누군가가 촛불 하나를 켜면 모든 사람이 다 볼 수 있습니다. 그런데 태양보다도 더 밝은 하나님의 빛이 세상에 비춰었습니다. 그럼에도 세상은 이 빛을 보지 못합니다. 즉 이 말씀은 세상이 어두움이라는 영적 사망 상태에 있음을 보여주고 있습니다. 죽은 사람이라면 대낮에 빛을 비춰도 그 빛을 깨닫지 못합니다. 빌라도가 "진리가 무엇이냐?"라고 물은 것은 빌라도가 "나는 영적 사망 상태에 있습니다!"라고 고백하는 것과 마찬가지입니다. 만일 이 자리에 계신 분 가운데 하나님을 향해 빌라도와 동일한 질문을 하시는 분이 있다면 그분은 아마도 예수님이 누구인지 모르는 영적 사망 상태에 있을 확률이 높습니다.

대다수 신자는 설교를 통해서 처음 주님을 대면하는 것은 아닙니다. 이미 진리이신 예수님을 만나고 거듭난 신자가 되었기 때문에 하나님 앞에 나아와 그분께 예배하는 것입니다. 엄밀한 의미에서 우리는 설교를 통해 선포되는 말씀을 조금씩 배워가며 그 지식이 누적되어 마침내 진리에 도달하는 것이 아닙니다. 진리 그 자체이신 주님이 말씀하시기 때문에 그분의 말씀을 믿음과 순종함으로 받아 "아멘"으로 응답하는 시간이 바로 설교 시간입니다. 군인이 되어 훈련소에 들어가 첫 주일 예배를 드릴 때 울지 않는 훈련병이 없답니다. 저도 교환학생으로 처음 미국에 가서 드리는 첫 예배에서 얼마나 울었는지 모릅니다. 영어 설교를 제대로 알아듣지 못했는데도 얼마나 은혜로웠는지요. 설교가 시작되기 전 예배당에 들어오는 순간부터 이미 저는 하나님을 만나고 은혜를 받은 것입니다. 그리고 하나님께서 목사님을 통해 선포하시는 말씀에 온 마음을 열고 귀를 기울인 것입니다. 여러분, 지금 이 설교를 통해 감동을 받으면 그때 비로소 하나님을 만나겠다고 생각하시면 안 됩니다. 예배자는 이미 하나님 앞에 나아와 그분을 만났기 때문에 하나님의 말씀을 듣고 있는 것입니다.

진리를 감각적으로 느끼기를 원하는 신자들은 마치 동물원에서 맹수들을 가까이 가서 보고 싶어 하는 마음과 비슷한 심리를 가지고 있습니다. 이러한 신자들에게 키르케고르는 말합니다. "진리를 관찰하는 자가 되지 말고 진리 자체가 되어라." 진리를 관찰한다는 말은 진리가 쇠창살 안에 갇혀 있다는 것을 전제합니다. 일례를 들어 오늘 설교 주제가 "선교"라고 가정해 봅시다. 신자들이 기대하는 일은 목사님이 선교에 대하여 실감 나게, 그리고, 감동적으로 설교하는 것입니다. 단 설교를 통해 목사가 내 손을 잡고 위험한 선교 현장으로 직접 뛰어 들어가는 것은 원하지 않습니다. 최대한 감동은 받고 싶은데 그 진리가 철창을 열고 나아와 나를 잡아먹을까 봐 두려워하는 것입니다.

키르케고르는 목사들에게 연극배우와 같이 연기하지 말라고 경고합니다. 연기자는 최대한 실감 나게 연기를 해서 관객들에게 감동을 줍니다. 그런데 설교는 연기가 아닙니다. 설교자의 삶이 혁명적으로 변하지 않았는데도 설교가 늘었다고 누군가 칭찬을 한다면 설교자는 긴장해야 합니다. 이것은 단지 연기력이 향상되었음을 말해 주기 때문입니다. 신자들도 마찬가지입니다. 나의 삶에 주요한 변화가 없음에도 지난주 설교에는 은혜를 못 받고 이번 주에는 은혜를 받았다면 이는 진짜 은혜받은 것이 아닐 수도 있습니다. 단지 배우의 실감 나는 연기를 보고 감동을 받은 관객의 관람 후기일 수 있습니다. 여러분은 설교를 들을 때 연극이나 영화를 관람하러 온 관객이 되어서는 안 됩니다. 실감 나는 연기를 기대하고 왔다가 실망하면 설교를 못 한다고 생각합니다. 반면에 감동을 받고 눈물을 흘리면 아주 감탄을 합니다. 은혜받았다고 말하며 설교자를 칭찬하기도 합니다. 자기의 삶에는 아무런 변화가 없는데도 말이죠. 이런 경우 우리는 은혜받았다는 말로 자신을 속이는 것입니다. 연기자의 입장에서 생각해 봅시다. 연기자와 그가 표현하는 극 중의 주인공이 실제로 같아야 한다고 기대하는 사람은 아무도 없습니다. 실제로 그렇게 될 필요도 없습니다. 그러나 설교자의 경우는 다릅니다. 성경은 진리를 증언하는 설교자 자신이 그 진리 되신 예수님과 연합하여 자신의 삶 자체로 진리를 증언할 것을 요구합니다.

예수님을 통해 우리는 좋은 설교자와 설교의 모델을 배울 수 있습니다.

세상에 있는 자기 사람들을 사랑하시되 끝까지 사랑하시니라 (요 13:1).

설교자는 예수님이고 설교 본문은 요한복음 13:1입니다. 설교 제목은 "끝까지 사랑하시니라"입니다. 최후의 만찬은 이 설교의 서론에 해당합니다. 평소에 저는 궁금한 것이 하나 있었습니다. 예수님이 자기와 같이 그릇에 손을 넣는 자가 나를 팔 자라고 이야기하니까 가룟 유다가 손을 넣었죠. 바보가 아니라면 그 순간을 피하는 것이 정상 아니겠습니까? 그런데 요한복음을 보면 이 궁금증이 해소됩니다. 그날의 상황은 이렇습니다. 예수님이 중앙에 계시고 좌우에 사도 요한과 가룟 유다가 있습니다. 가장 나이가 어린 제자였던 요한은 예수님의 품에 의지해서 반쯤 누워있었습니다. 그 건너편에 베드로가 있습니다. 예수님이 "너희 중에 나를 팔 자가 있다"라고 크게 말씀하시자 제자들이 동요합니다. 그때 베드로가 머릿짓을 하여 사도 요한에게 사인을 줍니다. 요한에게 그자가 누구인지 예수님께 살짝 물어보라는 것입니다. 예수님이 "나와 함께 그릇에 손을 넣는 자가 나를 팔 자"라고 한 말씀은, 예수님의 품에 의지한 채로 요한에게만 하신 말씀입니다. 이후 가룟 유다가 손을 넣었을 때 요한만 가룟 유다가 배신자임을 미리 알았습니다. 제일 먼저 베드로에게 알렸을 수 있겠죠. 주님은 가룟 유다에게 "네 할 일을 속히 하라"고 말씀하셨습니다. 유다가 자리를 떠났을 때 다른 제자들은 그가 어디로 가는지 몰랐습니다. 회계를 맡은 제자였기 때문에 맡겨진 돈을 가지고 쓸 물건을 더 사든지 가난한 자들에게 구제금을 전달하려고 나가는 줄 알았습니다. 요한은 이 모든 내용을 자세하게 기술합니다.

21 예수께서 이 말씀을 하시고 심령이 괴로워 증언하여 이르시되 내가 진실로 진실로 너희에게 이르노니 너희 중 하나가 나를 팔리라 하시니 22 제자들이 서로 보며 누구에게 대하여 말씀하시는지 의심하더라. 23 예수의 제자 중 하나 곧 그가 사랑하시는 자가 예수의 품에 의지하여 누웠는지라. 24 시몬 베드로가 머릿짓을 하여 말하되 말씀하신 자가 누구인지 말하라 하니 25 그가 예수의 가슴에 그대로 의지하여 말하되 주여 누구니이까? 26 예수께서 대답하시되 내가 떡 한 조각을 적셔다 주는 자가 그니라 하시고 곧 한 조각을 적셔서 가룟 시몬의 아들 유다에게 주시니 27 조각을 받은 후 곧 사탄이 그 속에 들어간지라. 이에 예수께서 유다에게 이르시되 네가 하는 일을 속히 하라 하시니 28 이 말씀을 무슨 뜻으로 하셨는지 그 앉은 자 중에 아는 자가 없고 29 어떤 이들은 유다가 돈궤를 맡았으므로 명절에 우리가 쓸 물건을 사라 하시는지 혹은 가난한 자들에게 무엇을 주라 하시는 줄로 생각하더라. 30 유다가 그 조각을 받고 곧 나

가니 밤이러라(요 13:21-30).

이제 "끝까지 사랑하시니라"라는 설교의 본론을 살펴봅시다. 본론의 무대는 겟세마네 동산입니다. 여기에도 의아한 부분이 있습니다. 군인과 무리가 와서 예수님만 잡아간 것이 참 이상합니다. 적어도 세 명의 제자가 예수님과 함께 있었는데 말이죠. 게다가 베드로는 칼을 휘둘러 사람을 다치게 하지 않았습니까? 예수님과 함께 체포당하지 않은 이유가 궁금합니다. 이에 대한 답도 요한복음에 잘 나타나 있습니다. 겟세마네 동산에서 예수님이 기도를 마치셨을 때, 군인들이 검과 몽치를 들고 주님을 잡으러 왔습니다. 예수님이 먼저 다가가십니다. "너희가 누구를 잡으러 왔느냐?" 예수님이 물으시자 "나사렛 예수요." 하고 대답합니다. "내가 그니라." 예수님께서 대답하셨을 때 신기한 일이 발생합니다. 일순간에 군인들이 땅에 엎드러졌다고 요한이 기록합니다. 마치 장풍에 맞아 나가떨어지듯이 군인들이 쓰러진 것입니다. 예수님께서 공생애 기간에 신적인 능력을 사용하여 사람을 제압하신 일이 없습니다. 항상 사람을 치료하고 사람을 돕기 위해서 사용하셨지, 사람을 겁주는 데 사용하지 않으셨습니다. 지금 이 장면이 유일한 예외입니다. 군인들이 엎드러진 후에 예수님께서 나아가 두 번째 묻습니다. "너희가 누구를 찾느냐?" "나사렛 예수를 찾나이다." 성경에 자세한 지문까지 기록되지는 않았지만, 틀림없이 처음에 비해 훨씬 낮아진 자세로 대답했을 것입니다. 그러자 비로소 예수님께서 이 기적을 행하신 이유가 드러납니다. "너희가 찾는 사람은 나니까 이 사람들[나와 함께 있는 제자들]이 가는

것을 용납하라." 겟세마네 동산에 함께 있었던 못난 제자들의 탈출로를
터주신 것입니다. 예수님은 제자들을 한 명도 잃지 않으시고 마지막까
지 이처럼 보호하셨습니다. 베드로는 예수님께서 엄청난 능력으로 무
리를 제압하시는 모습을 보고 용기를 내어 칼을 **뺍**니다. 그리고 말고의
귀를 베어버렸습니다. 그러자 예수님이 베드로를 막으시고 검을 칼집에
도로 꽂으라고 말씀합니다. 평소처럼 신적인 능력을 사용하여 말고를
치료해 주십니다. 그리고 예수님은 순순히 체포에 응하십니다.

> 4 예수께서 그 당할 일을 다 아시고 나아가 이르시되 너희가 누구
> 를 찾느냐? 5 대답하되 나사렛 예수라 하거늘 이르시되 내가 그니라
> 하시니라. 그를 파는 유다도 그들과 함께 섰더라. 6 예수께서 그들에
> 게 내가 그니라 하실 때에 그들이 물러가서 땅에 엎드러지는지라. 7
> 이에 다시 누구를 찾느냐고 물으신대 그들이 말하되 나사렛 예수라
> 하거늘 8 예수께서 대답하시되 너희에게 내가 그니라 하였으니 나
> 를 찾거든 이 사람들이 가는 것은 용납하라 하시니 9 이는 아버지
> 께서 내게 주신 자 중에서 하나도 잃지 아니하였사옵나이다 하신
> 말씀을 응하게 하려 함이러라. 10 이에 시몬 베드로가 칼을 가졌는
> 데 그것을 빼어 대제사장의 종을 쳐서 오른편 귀를 베어버리니 그
> 종의 이름은 말고라. 11 예수께서 베드로더러 이르시되 칼을 칼집에
> 꽂으라. 아버지께서 주신 잔을 내가 마시지 아니하겠느냐 하시니라
> (요 18:4-11).

그 다음 장면은 대제사장의 뜰에서 펼쳐집니다. 이곳에서 예수님은 온갖 모욕을 받으셨습니다. '이때 주님은 무슨 생각을 하셨을까?' 제자 베드로를 생각하셨습니다. 닭이 울었을 때 예수님은 베드로와 눈을 마주치셨다고 기록되어 있습니다. 눈빛과 표정으로 무엇인가 메시지를 주셨을 것입니다. "거봐라. 꼴 좋다. 내가 미리 말한 대로 너는 나를 배신했지?" 그러셨을까요? 아닙니다. "괜찮다. 괜찮다. 내가 이 상황을 미리 다 알고 너에게 미리 말하지 않았느냐?" 아마도 이러한 메시지를 전달하지 않으셨을까요? 예수님이 보내신 용서의 눈빛이 베드로의 가슴을 찢어 놓았습니다. 그래서 베드로는 통곡했던 것입니다. 대제사장의 뜰에서 예수님은 온갖 모함과 모욕과 폭행을 감수해야 하셨습니다. 그런데 이 순간에도 그분의 마음은 사랑하시는 제자에게 있었습니다. 혹여라도 베드로가 낙심해서 절망할까 봐 그에게 시선을 맞추신 것입니다.

> **60** 베드로가 이르되 이 사람아 나는 네가 하는 말을 알지 못하노라고 아직 말하고 있을 때에 닭이 곧 울더라. **61** 주께서 돌이켜 베드로를 보시니 베드로가 주의 말씀 곧 오늘 닭 울기 전에 네가 세 번 나를 부인하리라 하심이 생각나서 **62** 밖에 나가서 심히 통곡하니라 (눅 22:60-62).

이 일에 앞서 시몬의 배신을 예고하셨던 이유도 분명합니다. 예수님은 이렇게 말씀하셨습니다.

> ³¹ 시몬아, 시몬아, 보라 사탄이 너희를 밀 까부르듯 하려고 요구하였으나 ³² 그러나 내가 너를 위하여 네 믿음이 떨어지지 않기를 기도하였노니 너는 돌이킨 후에 네 형제를 굳게 하라(눅 22:31-32).

그렇습니다. 예수님은 사랑하는 제자를 위해서 기도하셨습니다. 베드로가 스스로 낙심해서 실족하지 않도록 기도하셨습니다. 한편 베드로에게 할 일도 맡기셨습니다. 돌이킨 후에 다른 제자들을 돌아보라고 사명을 주신 것입니다. 용서한다고 해 놓고 아무 일도 맡기지 않으면 이 때문에 베드로가 불안해할 수 있었을 것입니다. '과연 나를 용서하신 것이 맞을까? 이제는 나를 신뢰하지 못하시겠지?' 이런 생각들로 마음이 심란해질 수도 있었습니다. 아마도 이러한 이유에서 예수님은 베드로를 미리 용서하셨을 뿐만 아니라 회개한 베드로를 사역자로 미리 세우신 것입니다.

요한복음의 마지막 장에서 예수님은 베드로를 다시 만나십니다. 그리고 "네가 나를 사랑하느냐?" 세 번 물으시고 베드로에게서 세 번에 걸친 사랑의 고백을 받으십니다. 세 번 주님을 모른다고 부인함으로 자기 양심에 남겨진 상흔을 세 번의 사랑 고백으로 덮으신 것입니다. 또한 "내 양을 먹이라"라고 말씀하시며 베드로에게 사명을 주십니다. "너는 나를 따르라"라고 말씀하시며 베드로의 제자 됨을 확증해 주셨습니다. 이 장면을 묘사한 요한복음 21장이 "자기 제자들을 사랑하시되 끝까지 사랑하시니라"라는 설교의 결론입니다.

설교자로서 예수님은 자신이 선포하신 말씀과 정확히 일치하는 삶으로 제자들과 우리에게 설교하셨습니다. 물론 우리는 이런 생각을 할 수 있습니다. '예수님이니까 그렇게 할 수 있지. 우리가 어떻게 예수님과 똑같이 설교를 할 수 있을까?' 맞습니다. 그러나 설교자는 적어도 자신이 선포하는 말씀과 삶이 일치하는 설교가 될 수 있도록 최대한 노력하고 분투해야 합니다. 한편 회중을 위해서도 할 일이 있습니다. 설교자는 자신이 선포하는 말씀대로 제대로 살지 못하는 사실을 끊임없이 회중 앞에서 고백하라고 키르케고르는 권면합니다. 설교를 듣고 있는 청중으로 하여금 배우의 연기를 관람하는 것이 아님을 상기시키기 위함입니다. 연극의 흥을 깨라는 것입니다. 흥미로운 연극에 몰입하고 있는데, 갑자기 연기자가 마이크를 들고 "지금 여러분이 보시는 것은 연기일 뿐이니 따라하지 마세요"라고 말한다면 연극의 흐름이 깨어지지 않겠습니까? 설교자가 진지하게 자기의 실패를 고백하면, 회중은 그 순간 설교가 연기가 아님을 깨닫게 됩니다. 양심이 있는 신자들은 자신을 돌아보게 될 것입니다. 설교는 귀로 듣는 것이 아니라 삶으로 듣고 반응해야 하는 것임을 알게 되는 유익이 있다는 것입니다.

지난주 우리 학교에 일본 선교사님이 오셔서 설교하셨습니다. 얼마나 큰 은혜를 끼쳤는지 모릅니다. 선교가 어렵다는 일본에서 10년 목회를 하셨는데 80명 정도 신자들이 모였답니다. '일본 선교가 어렵다고 하더니 열심히 하니까 잘 되는구나'라고 생각하셨다고 합니다. 그리고 그 교회에서의 사역을 마치고 다른 곳으로 가서 선교사역을 이어 가셨습니다. 그런데 1년 정도 지난 시점에 슬픈 소식이 들렸습니다. 처음 섬겼던 교회가 선교사님이 떠난 후에 해체되었답니다. 마음이 무너져 내렸다고 합니다. 자신의 선교 첫 10년은 실패라고 선교사님은 고백하셨습니다. 이들이 교회에 나온 것은 예수님을 만나러 나온 것이 아니라 자신을 보러 나온 것임을 깨달았다고 말씀하셨습니다. 설교자가 자신의 부족한 부분을 고백할 때 청중은 숙연해집니다. 설교는 연기가 아님을 다시 한번 확인하는 시간이었습니다.

2007년 11월 1일 수업 시간에 배운 또 하나의 교훈을 말씀드리겠습니다. 예수님은 빌라도에게 말씀합니다. "나는 진리에 대한 증인이다." 키르케고르는 이것이 또 다른 역설이라고 주장합니다. 예수님은 요한복음 14:6에서 "내가 곧 진리이다."라고 분명히 말씀하셨기 때문입니다. 왜 주님은 빌라도 앞에서 스스로 진리라고 선언하시기보다 "진리에 대한 증인"이라고 말씀하셨을까요? 이는 마치 진리와 증인이 따로 서 있는데, 자신은 진리가 아니라 그 진리를 가리키는 증인일 뿐이라고 말씀하는 것으로 들립니다. 그런데 정확히 이러한 생각을 교정해 주시기 위해 예수님은 이렇게 말씀하셨다고 키르케고르는 주장합니다. "증인"과 "진리"예수님의 관계는 결코 분리될 수 없고 오히려 같아야 한다는 사실을 교훈하시기 위함이라는 것입니다. 잘 아시다시피 예수님은 우리 모두를 예수님의 증인으로 부르셨습니다. 증인이 누구입니까? 세상 법정에서 증인은 자신이 본 것만을 그대로 진술하면 됩니다. 그러나 예수님의 증인이 된다는 것은 전혀 다른 차원의 이야기입니다. 복음의 증인은 진리에 대한 "관찰자"나 그것을 실감 나게 보여주는 "배우"가 아닙니다.

예수님의 증인은 자신이 증언하는 대상인 예수님과 같이 되어야 합니다. 작은 예수가 되어 예수님의 복음을 세상에 전해야 합니다. 과연 우리가 어떻게 작은 예수가 될 수 있습니까? 진리이신 예수님과 연합해야 합니다. 예수님과 연합한 설교자는 작은 예수가 되어 말과 삶 전체를 통해 복음 진리를 세상에 전파해야 합니다. 이러한 교훈을 우리에게 주시기 위해 "나는 진리에 대한 증인이다"라고 주님이 말씀하셨다는 것입니다.

예수님이 이상적인 설교자의 모범을 보여주셨듯이 우리에게 이상적인 증인의 모범을 보여준 사람이 있을까요? 예, 있습니다. 예수님의 제자들이 좋은 모범이라고 생각합니다. 예수님이 승천하신 이후 베드로는 자신의 말과 삶으로 예수님을 증거했습니다. 삶의 마지막 순간 그는 십자가에 거꾸로 매달려 순교했습니다. 작은 예수가 된 것입니다. 베드로만 아니라 예수님의 다른 제자들도 다 그랬습니다. 중세 쾰른의 유명한 화가 스테판 로크너가 남긴 "사도의 순교"Die Apostelmartyrien, 1435라는 작품이 있습니다. 총 열두 개의 그림을 여섯 개씩 좌우대칭으로 만든 작품입니다. 각 장면은 열두 사도의 마지막 순교 장면을 묘사하고 있습니다. 두 개씩 묶어서 소개하면 다음과 같습니다.

① 베드로와 바울 – 로마에서 순교: 베드로(AD 64 or 68); 바울(AD 67)
② 안드레와 요한 – 안드레(AD 70): 에데사 X자형 십자가에서 순교함; 요한: 도미티아누스 황제에 의해 끓는 기름 가마에 던져지는 형벌을 받음. 이후 밧모섬으로 귀향(AD 100)

③ 야고보와 바돌로매(나다나엘) - 야고보(AD 44): 헤롯 아그립바에 의해 목 베임(행12:1-2); 바돌로매(AD 70): 아르메니아에서 가죽 벗김을 당함

④ 도마와 빌립 - 도마(AD 72): 인도 첸나이에서 창에 찔려 순교함; 빌립(AD 54): 히에라폴리스 십자가형을 당함

⑤ 작은 야고보와 마태 - 작은 야고보(AD 63): 예루살렘 성벽에서 떨어져 돌에 맞음; 마태(AD 60): 에티오피아에서 사역하고 나다바에서 창에 꽂혀 순교함.

⑥ 시몬과 다대오, 그리고 맛디아 - 시몬과 다대오(AD 65): 페르시아에서 함께 순교함(톱과 도끼); 맛디아(AD 73): 에티오피아에서 도끼로 맞고 예루살렘에서 참수당함

예수님을 버리고 도망갔던 제자들은 각자 부름 받은 소명의 현장에서 작은 예수가 되어 복음을 전파하는 예수님의 증인으로 일평생 헌신하다가 순교했습니다.

"진리가 되라." 이것이 설교의 본질을 구성하는 핵심입니다. 설교자는 진리를 관찰하거나 연기하거나 혹은 진리 지식을 전달하는 자로 부름 받은 것이 아닙니다. 진리이신 예수님을 닮은 작은 예수가 되어 언어로만 아니라 인격과 삶으로 복음의 증인이 되라고 부름 받았습니다. 물론 설교를 통해 진리를 배우고 느끼는 것도 중요합니다. 하지만 "무엇이 왕좌를 차지하는가"에 관한 한 설교는 지식과 감정보다는 이 모두를 포함

하는 존재의 문제입니다. "진리가 되는 것"To be the Truth. 이것이야말로 진리의 증인으로 부름 받은 설교자와 모든 신자에게 적용되어야 할 핵심입니다.

여러분, 존재는 자랑하지 않고 성숙합니다. 설교도 존재의 문제입니다. 설교는 자랑할 수 없습니다. 설교를 하시는 분은 하나님이시기 때문입니다. 설교자는 하나님의 일에 쓰임 받는 것뿐입니다. 하나님은 거짓 선지자 발람을 통해서도 순수한 복음을 선포하신 분입니다. 동물의 입을 통해서도 말씀하시는 분이십니다. 하나님이 하고자 하시면 마른 막대기와 돌멩이를 통해서도 설교하실 수 있습니다. 엄밀하게 말해 설교자가 중요한 것이 아닙니다.

이제 처음의 질문으로 돌아가 봅시다. 교회사를 살펴볼 때, 또한 현실을 돌아볼 때, 신자라면 누구나 생각할 수 있는 질문입니다.

"왜 하나님은 설교의 재능이 부족한 자들을 설교자로 부르시는가?"

설교는 하나님께서 하시는 것이기 때문입니다. 또한 설교는 "연기"가 아니기 때문입니다. 하나님은 배우설교자의 실감 나는 연기나 삶과 무관하게 체험되는 시청자회중의 감동을 원하시지 않습니다. 하나님은 모든 설교자와 성도가 한뜻이 되어 "작은 예수"가 되는 것을 원하십니다. "진리가 되는 것." 이것이 설교가 필요한 이유입니다. 진리를 배우고 느끼는 요소는 이 핵심에 자연스럽게 수반되는 부차적인 요소입니다. 너무

언변이 좋은 사람만을 설교단에 세우면 사람들이 이런 오해를 합니다. "너는 말을 잘하니까 앞으로 설교자가 돼라." 그러나 설교는 수사학이 아니라 삶입니다. 그래서 하나님은 모세와 같이 말주변이 없는 사람을 세워서 하나님의 뜻을 전달하는 선지자로 삼으셨습니다.

어느 날 새벽입니다. 여느 때처럼 아버지는 새벽 설교를 열심히 준비하고 계셨습니다. 너무 피곤하셨는지 눈이 벌겋게 충혈되었습니다. 아버지가 측은하다는 생각이 들었습니다. 조용히 소파에 앉아서 아버지에게 물었습니다. 왜 이런 질문을 했는지 기억이 나지 않습니다.

"아버지, 제가 무엇을 하면서 살까요?"
손에서 잠시 펜을 놓으시고 눈을 감으셨습니다. 한참을 생각하시더니 입을 여십니다.

"상혁아, 목사가 되면 말이야, 보통 사람들은 도저히 깨달을 수 없는 그런 기쁨을 하나님이 주시지."
이렇게 대답하시고는 본인의 가슴을 스스로 토닥거리셨습니다. 여전히 눈은 감고 계셨습니다. 아들을 쳐다보지도 않은 채 다시 펜을 들고 설교문을 작성하셨습니다.
'도대체 아버지가 말씀하신 설교자의 기쁨은 무엇일까?' 아버지는 설교를 그토록 힘들어하시고 못 하신다고 말씀하셨지만, 그럼에도 목회자로서 설교자의 기쁨을 누리고 계셨다는 인상을 받았습니다. 아마도 수년

후 아들이 신학교의 문을 두드릴 것을 기대하며 미끼를 던져 놓으셨다는 생각도 했습니다.

물론 설교자만 기쁨을 누리는 것은 아닙니다. 복음의 증인이 누리는 기쁨도 존재합니다. 내가 전하는 복음이 사람들을 거듭나게 하고 변화시키는 모습을 보는 즐거움이 있습니다. "당신 때문에 내 삶이 변화됐습니다." 누군가 이런 고백을 할 때, 말로 형용할 수 없는 기쁨을 누리게 됩니다. 한두 번 경험해보면 이러한 기쁨을 지속적으로 추구하게 됩니다. 은근히 중독성이 있습니다. 자신을 희생하면서도 증인의 삶을 살고 싶은 욕망이 생깁니다. 이것이 증인에게 주시는 기쁨입니다. 지금 이 자리에 있는 우리 모두 이러한 증인의 기쁨에 동참하시길 주님의 이름으로 축원합니다.